GUANLI DAODE XINLI DE
RENZHI SHENJING KEXUE YANJIU

# 管理道德心理的
# 认知神经科学研究

唐志文 著

中山大学出版社
SUN YAT-SEN UNIVERSITY PRESS

·广州·

**图书在版编目（CIP）数据**

管理道德心理的认知神经科学研究 / 唐志文著. —广州：中山大学出版社，2023.12
ISBN 978 - 7 - 306 - 07985 - 5

Ⅰ．①管… Ⅱ．①唐… Ⅲ．①管理学—道德心理学—认知心理学—研究 Ⅳ．① C93-05.

中国国家版本馆 CIP 数据核字（2023）第 246009 号

出 版 人：王天琪
策划编辑：张 蕊
责任编辑：张 蕊
封面设计：曾 婷
责任校对：舒 思
责任技编：靳晓虹
出版发行：中山大学出版社
电 话：编辑部 020-84111997，84113349，84111946，84110779
　　　　　发行部 020-84111998，84111981，84111160
地 址：广州市新港西路 135 号
邮 编：510275 传 真：020-84036565
网 址：http://www.zsup.com.cn E-mail：zdcbs@mail.sysu.edu.cn
印 刷 者：广东虎彩云印刷有限公司
规 格：787mm×1092mm 1/16 18 印张 343 千字
版次印次：2023 年 12 月第 1 版 2023 年 12 月第 1 次印刷
定 价：58.00 元

# 目　录

# 第一章
## 管理道德研究概述

## 第一节 管理道德的渊源

### 一、管理道德的定义

管理道德是指在组织管理过程中，管理者和员工所应遵循的道德准则和行为规范。它涉及管理决策、组织运作和员工关系等方面的道德问题。可以从不同角度对管理道德的概念进行定义。

首先，管理道德可以被定义为管理者和员工在组织中行事的一种道德标准和原则。这些道德标准和原则包括诚信、公正、责任、尊重和公共利益等。管理者和员工都应遵守这些道德标准，以保证组织的正当运作和员工的权益。

其次，管理道德也可以被定义为管理者在组织中履行职责时所展现的一种道德行为。这包括管理者在决策过程中的诚信和公正、对员工的尊重和关怀、对社会和环境的责任等。管理者的道德行为对于塑造组织的价值观和文化具有重要影响。

最后，管理道德还可以被定义为组织内部和外部利益相关者之间相互关系的一种道德规范。这包括与员工、客户、供应商、合作伙伴和社会大众等各方的关系。管理者应当在这些关系中秉持公正、诚信和负责任的原则，以维护组织的声誉和社会形象。

管理道德的核心概念包括以下四点。

（1）道德原则：管理道德建立在一系列的道德原则之上，如诚实、公正、尊重、责任和善良等。这些原则指导管理者在面临决策和行为选择时应遵循的基本规范。

（2）道德决策：管理道德涉及管理者在面临伦理困境时如何做出决策。管理者需要考虑不同利益相关者的权益、社会责任和道德风险，以及遵循道德原则和价值观来做出明智的决策。

（3）道德领导力：管理道德要求管理者以身作则，通过言语和行为示范来塑造道德文化。他们应该成为道德榜样，鼓励员工遵循道德准则，建立相互信任的关系。

（4）道德责任：管理道德强调管理者对员工、利益相关者和社会的道德责任。他们应该积极履行这些责任，关注员工的福祉，追求社会公正和可持续发展。

管理道德的定义可以从不同角度来解读，但其核心是将道德价值观和原则融入组织管理的方方面面。它强调管理者的责任和义务，以及他们对员工和社会的道德承诺。管理道德的实践有助于塑造正直、诚信和负责任的组织文化，提高组织的声誉和可持续发展能力。

总之，管理道德是管理者和员工在组织管理过程中所应遵循的道德准则和行为规范。它涉及在决策、组织运作和员工关系等方面的道德问题，对组织的可持续发展和社会责任具有重要意义。

## 二、管理道德的历史背景

### （一）道德管理研究的起源

管理道德的起源可以追溯到古代文明时期。在古代的各个文化和宗教中，都存在着关于道德和伦理的教导，这为管理道德的形成奠定了基础。例如，中国传统文化强调"中庸之道"的理念，主张管理者应该遵循适度和平衡的原则，以实现组织的目标和员工的幸福。另外，宗教信仰也对管理道德的发展产生了深远影响。例如，基督教强调爱、正义和仁慈，这些价值观在管理决策和员工关系中起到了指导作用。

随着现代管理学的兴起，管理道德逐渐成为组织管理理论和实践的重要组成部分。在20世纪，伦理学家和管理学者开始对管理道德进行系统研究，并提出了一系列关于管理道德的理论和模型。例如，美国管理学家彼得·德鲁克（Peter F. Drucker）提出了"管理伦理"的概念，强调管理者应该以道德和责任感为基础来做出管理决策和行为。① 此外，苏勇在其著作《管理伦理学》中强调，管理者应该在组织中塑造道德文化和价值观。②

道德管理研究的起源可以追溯到爱德华·弗里曼（R. Edward Freeman）等学者的开创性著作，他们在 20 世纪 80 年代初引入了利益相关者理论的概念。利益相关者理论挑战了传统观点，即企业的唯一目的是实现利润最大化。相反，该理论认为，企业应该考虑所有利益相关者的利益，包括员工、客户、供应商和更广泛的社区。③

在道德管理研究的发展中，另一位有影响力的人物是阿奇·卡罗尔（Archie B. Carroll），他在著作《企业与社会》中提出了企业社会责任金字塔（Carroll's Corporate Social Responsibility Pyramid）。这个金字塔是一个框架，用于描述企业在社会责任方面的不同层次和要求。④ 这一框架表明，企业不仅对股东负有责任，而且对整个社会负有责任，包括经济、法律、道德和慈善责任。

随着伦理问题在商业世界中日益突出，研究人员开始探索道德管理对组织成果的影响。这导致了各种理论框架和模型的发展，如伦理气候理论、伦理领导理论和企业社会责任框架。

道德管理研究也扩展到具体的关注领域，如工作场所道德、公司治理、可持续发展和企业社会责任报告。学者们开始研究影响伦理决策的因素、领导在促进伦理行为中的作用，以及伦理实践对员工态度和组织绩效的影响。

近年来，由于备受瞩目的公司丑闻和公众对商业行为的审查越来越多，道德管理研究获得了进一步深入的动力。这使得人们越来越认识到道德领导、组织文化和企业社会责任对确保长期成功和可持续发展的重要性。

总的来说，道德管理研究的起源可以归因于社会期望的转变、对伦理问题的认识的提高，以及认识到伦理行为不仅在道德上是正确的，而且对组织有益。随着研究人员努力理解道德决策的复杂性，并制定策略来促进组织中

---

① ［美］彼得·德鲁克：《德鲁克论管理》，何缨、康志军译，机械工业出版社 2019 年版，第 151 页。

② 苏勇：《管理伦理学》，机械工业出版社 2017 年版，第 125 页。

③ ［美］爱德华·弗里曼：《战略管理：利益相关者方法》，王彦华、梁豪译，上海译文出版社 2006 年版，第 147 页。

④ ［美］卡罗尔、巴克霍尔茨：《企业与社会：伦理与利益相关者管理》，黄煜平、朱中彬、徐小娟译，机械工业出版社 2004 年版，第 89 页。

的道德行为，这一领域将继续发展和扩大。

在当代社会，随着全球化和信息技术的发展，管理道德面临着新的挑战和机遇。全球化使组织面临着不同文化和价值观的碰撞，管理者需要在跨文化环境中处理道德冲突和价值观的差异。另外，社交媒体和大数据的普及也对管理道德提出了新的要求和考验。管理者需要在信息时代中处理隐私保护、数据安全和虚假信息等伦理问题。

综上所述，管理道德的起源可以追溯到古代文明时期，随着现代管理学的发展，管理道德逐渐成为组织管理理论和实践的重要组成部分。在当代社会，管理道德面临着新的机遇和挑战，需要管理者不断适应与应对。

### （二）管理道德在不同历史时期的演变

管理道德在不同历史时期有着不同的演变。在古代，管理道德主要是基于君主和统治者的权威和权力，管理者的道德责任主要是维护统治者的权威和保障社会秩序。例如，在中国古代的儒家思想中，管理者被要求以仁爱、忠诚和公正为原则来管理组织和社会。

在工业革命时期，管理道德的焦点逐渐从权威和权力转向劳工关系和组织运作。由于工业化带来的劳动力增加和劳动条件恶化，管理者被要求对员工的福利和权益负起更大的责任。例如，美国工业家安德鲁·卡内基（Andrew Carnegie）提倡"福利资本主义"理念，主张管理者应该为员工提供良好的工作条件和福利待遇。[①]

在20世纪，随着科技的发展和全球化的加速，管理道德面临着新的挑战和变革。在科技发展方面，信息技术的普及和社交媒体的兴起使得管理者需要处理隐私保护、数据安全和虚假信息等伦理问题。在全球化方面，组织面临着不同文化和价值观的碰撞，管理者需要在跨文化环境中处理道德冲突和价值观的差异。在这个时期，管理道德的关注点逐渐从内部运营转向外部社会责任。例如，企业社会责任的概念开始受到重视，管理者被要求在组织运营中考虑社会和环境的影响。

综上所述，管理道德在不同历史时期有着不同的演变。从君主权威到劳工关系再到全球化和科技发展，管理道德的关注点和面临的挑战也在不断变化。管理者需要不断适应和应对这些变化，以维护组织的声誉和社会形象。

---

① ［美］安德鲁·卡内基：《财富的福音》，译林出版社2016年版，第44页。

## 三、管理道德的研究领域和方法

### （一）管理道德的研究领域和范围

管理道德是一个广泛的研究领域，涉及组织管理中的道德价值观、道德决策、道德行为等方面。以下是管理道德的六个主要研究领域和范围。

（1）道德决策：研究管理者在面临道德困境时如何做出决策。这个领域探讨了管理者的道德判断和道德决策过程，以及影响其决策的因素，如道德观念、个人价值观、组织文化等。

（2）道德领导：研究管理者如何通过道德行为和领导风格来影响员工的道德行为和组织的道德氛围。这个领域关注管理者的道德榜样作用，探讨道德领导对员工道德行为、组织绩效和员工满意度的影响。

（3）组织道德文化：研究组织中的道德价值观、道德规范和道德行为的形成和传播。这个领域关注组织的道德文化对员工行为和组织绩效的影响，以及如何塑造和维护良好的组织道德文化。

（4）利益相关者管理：研究管理者如何平衡不同利益相关者的需求和利益，做出公正和负责任的决策。这个领域关注管理者对员工、股东、客户、供应商、社会等利益相关者的道德责任和道德义务。

（5）社会责任：研究组织在社会中承担的道德责任和义务。这个领域关注组织的社会责任行为，如环境保护、慈善捐赠、员工福利等，以及组织社会责任对组织形象和声誉的影响。

（6）职业道德：研究不同职业中的道德规范和职业道德行为。这个领域关注不同职业的道德标准和道德挑战，以及如何培养和维护良好的职业道德。

管理道德的研究领域和范围涉及组织管理中的伦理和道德问题，旨在提高管理者和组织的道德意识和道德行为水平，促进组织的可持续发展和社会责任。这些研究对组织管理实践和决策制定具有重要的指导作用。

### （二）管理道德的研究方法和途径

管理道德的研究方法和途径多种多样，通常结合定性和定量的研究方法，以及实证和理论建构的研究途径。以下是一些常用的研究管理道德的方法和途径。

（1）问卷法：问卷调查是管理学实证研究中常用的一种方法。研究者可以设计问卷，通过向受访者提问来收集数据。问卷调查可以用于获取大规模的数据，并且可以通过统计分析来揭示不同变量之间的关系。此外，问卷调查还可以用于收集受访者对某一特定问题的看法和态度，从而帮助研究者了解他们的意见和观点。

（2）理论建构：通过文献综述、理论分析和概念构建，构建管理道德的理论模型和框架。理论建构的研究方法可以帮助人们更好地理解管理道德的概念和内涵，深入挖掘其影响因素和机制。

（3）实地观察：通过直接观察和记录组织内的行为和活动，研究者可以获得真实的数据。实地观察可以帮助研究者了解组织的运作方式、员工的行为模式以及组织内部的沟通和决策过程。此外，实地观察还可以帮助研究者发现组织中存在的问题和隐患，并提出相应的改进建议。

（4）案例研究：案例研究是一种深入研究特定组织或事件的管理学实证研究方法。研究者可以选择一个具有代表性的案例，通过收集和分析案例相关的数据来深入研究特定问题。案例研究可以提供详细的信息和细节，帮助研究者更好地理解和解释管理问题。此外，案例研究还可以通过对比不同案例来揭示不同管理方法和策略的优缺点。

（5）跨学科研究：将管理道德与其他学科（如哲学、心理学、社会学等）进行跨学科研究，以丰富对管理道德的理解。跨学科研究可以从不同角度和层面来研究管理道德，拓宽研究视野和深化研究内容。

（6）实证研究和案例研究相结合：将实证研究和案例研究相结合，既可以通过大样本的实证研究来验证和测试管理道德的普遍性，又可以通过案例研究来深入理解和探索关于管理道德的特殊情境和问题。

管理道德的认知神经科学研究是一种将神经科学和管理道德领域相结合的研究方法，旨在探索和理解管理者在道德决策和行为中的神经机制和认知过程。这种研究方法通过使用神经影像技术，如功能性磁共振成像（fMRI）和脑电图（EEG），来研究管理者在道德决策中的脑活动和认知过程。

## （三）管理道德的认知神经科学研究

管理道德的认知神经科学研究主要关注以下四个方面。

（1）脑区活动：研究管理者在道德决策中涉及的脑区活动。通过观察和分析特定脑区的激活情况，可以揭示管理者在道德决策中的认知、加工和决策过程。

（2）神经机制：研究管理者在道德决策中的神经机制。通过分析脑区之间的连接和交互作用，可以揭示管理者在道德决策中的神经网络和信息传递机制。

（3）决策偏好：研究管理者在道德决策中的偏好和倾向。通过观察和分析脑区的激活情况，可以了解管理者在道德决策中对于道德准则和利益权衡的偏好和倾向。

（4）决策结果：研究管理者在道德决策中的结果评估和反馈处理。通过观察和分析脑区的激活情况，可以了解管理者在道德决策后对于结果的评估和反馈处理。

通过管理道德的认知神经科学研究，可以深入了解管理者在道德决策和行为中的神经机制和认知过程，为提高管理者的道德意识和道德行为水平提供科学的依据和指导。同时，这种研究方法也可以为组织管理实践和决策制定提供有益的启示和指导。

研究管理道德的方法和途径需要根据具体研究问题和目标进行选择和运用。综合运用不同的研究方法和途径，可以全面深入地研究管理道德的问题和现象，为实践提供有益的启示与指导。

## 四、管理道德的挑战和争议

### （一）管理道德面临的挑战和问题

当前，管理道德面临着一系列的挑战和问题。这些挑战和问题涉及全球化、科技发展、组织文化和社会期望等方面。

首先，全球化对管理道德提出了新的考验。随着企业跨国经营的增加，管理者需要在不同文化和法律环境中运营和做决策。这意味着管理者需要处理不同文化价值观和道德观念之间的冲突，同时也需要考虑当地社区和利益相关者的期望。

其次，科技的发展给管理道德带来了新的挑战。社交媒体和大数据的普及使得个人隐私保护、数据安全和虚假信息等问题成为管理者必须面对的伦理问题，管理者需要制定合适的政策并采取恰当的措施来保护员工和客户的个人信息，同时也需要确保数据的正确和透明使用。

再次，组织文化也对管理道德产生影响。如果组织的价值观和道德标准不明确或不一致，管理者可能面临道德冲突的困境。管理者需要在组织中树立正确的道德导向，并建立积极的组织文化，以引导员工的正确行为。

最后，社会对管理者的期望也在不断变化。越来越多的人关注企业的社会责任和可持续发展，对管理者提出了更高的道德要求。管理者需要在组织经营中考虑社会和环境的影响，并采取相应的措施来实现可持续发展。

综上所述，当前管理道德面临着全球化、科技发展、组织文化和社会期望等方面的挑战和问题。管理者需要积极应对这些问题，以确保组织的道德行为和社会形象。

## （二）对管理道德的争议和不同观点的讨论

对于管理道德存在着广泛的争议和不同观点。这些争议主要涉及道德相对主义与道德普遍主义之间的对立，以及利益相关者理论与股东利益优先理论之间的冲突。

首先，道德相对主义与道德普遍主义对道德价值观有不同看法。道德相对主义认为道德标准是相对的，因为不同的文化和社会有不同的道德观念。道德相对主义者主张管理者应该尊重不同的文化和价值观，不强加自己的道德标准。而道德普遍主义认为存在着普遍适用的道德原则，不受文化和社会差异的影响。道德普遍主义者主张管理者应该遵循普遍道德原则，而不论文化差异。

其次，利益相关者理论与股东利益优先理论之间存在着冲突。股东利益优先理论认为管理者的首要责任是为股东创造利益，因为股东是企业的所有者。这种观点强调经济利益的最大化。而利益相关者理论认为管理者应该平衡多方利益，包括员工、客户、供应商、社区和环境等。这种观点强调企业的社会责任和可持续发展。

在争议和不同观点中，一些学者提出了综合性的方法。例如，有一些学者主张管理者在尊重不同文化和社会的同时，应该遵循一些普遍适用的道德原则；还有一些学者认为管理者应该将利益相关者的利益纳入考虑，但不能忽视股东的权益。

综上所述，对于管理道德的争议和不同观点主要集中在道德相对主义与道德普遍主义之间以及利益相关者理论与股东利益优先理论之间的对立。在实践中，一些学者提出了综合性的方法，以平衡不同群众的利益。

# 第二节 道德下的管理决策

## 一、道德决策的概念和特征

### （一）道德决策的定义和基本特征

道德决策是指在面临道德问题或者道德困境时，个体或组织所做出的决策和行为选择。道德决策涉及对道德准则、价值观念、伦理规范等的认知和评估，以及在不同的道德选择之间进行权衡和决策的过程。

道德决策具有以下四个基本特征。

（1）道德认知：道德决策的基础是对于道德问题的认知和理解。个体或组织需要对道德准则、价值观念、伦理规范等有一定的了解和认知，以便在决策过程中进行评估和判断。

（2）道德权衡：道德决策涉及对不同道德选择的权衡和决策。个体或组织需要在不同的道德选择之间进行权衡，可通过考虑道德准则、伦理规范、利益权衡等因素，以确定最终的决策和行为选择。

（3）道德意识：道德决策需要个体或组织具备一定的道德意识和责任感。个体或组织需要意识道德决策的重要性，以及自身在道德决策中所承担的责任和义务。

（4）道德行为：道德决策最终会转化为实际的行为选择和行动。个体或组织需要将道德决策转化为具体的行为，以体现对道德准则和伦理规范的尊重和遵循。

道德决策在管理领域中尤为重要，因为管理者的道德决策和行为会对组织的形象、声誉和长期发展产生重要影响。因此，研究和理解道德决策的定义和基本特征对提高管理者的道德意识和道德行为水平具有重要意义。

### （二）道德决策与非道德决策的区别

道德决策和非道德决策是根据决策过程和决策结果的道德性质来区分的。下面是道德决策和非道德决策的四个主要区别。

（1）道德准则：道德决策是基于道德准则和伦理规范的决策。在道德决策中，个体或组织会考虑到道德准则、价值观念、伦理规范等因素，以确定最终的决策和行为选择。

（2）利益权衡：道德决策涉及对不同道德选择的权衡和决策。在道德决策中，个体或组织会考虑不同利益相关方的权益和利益，以确定最终的决策和行为选择。而非道德决策则可能更多地以自身利益为主导，忽视其他利益相关方的权益。

（3）道德意识和责任感：道德决策需要个体或组织具备一定的道德意识和责任感。在道德决策中，个体或组织会意识到道德决策的重要性，以及自身在道德决策中所承担的责任和义务。而非道德决策则可能缺乏道德意识和责任感，更多地以自身利益为出发点。

（4）后果评估和反馈处理：道德决策后，个体或组织会对决策结果进行评估和反馈处理。在道德决策中，个体或组织会考虑到决策结果对道德准则和伦理规范的契合程度，以及对利益相关方的影响。而非道德决策可能更多地关注短期利益，忽视了决策结果对道德准则和伦理规范的影响。

总之，道德决策和非道德决策的区别在于决策过程中是否考虑道德准则和伦理规范，以及决策结果对道德准则和利益相关方的影响程度。道德决策强调道德准则、伦理规范和利益权衡，具有道德意识和责任感，关注决策结果的道德性质。而非道德决策则更多地以个人或组织的利益为出发点，缺乏道德意识和责任感，忽视决策结果的道德性质。

## 二、道德决策的理论模型

### （一）伦理权利模型

伦理权利模型（Ethical Rights-based Model）强调个体的权利即人权，认为道德决策应该基于保护和尊重个体的自由和尊严。它常常依赖法律和权利的框架，力求维护公平和公正。然而，该模型在实践中可能存在一些困难，因为不同的权利可能会发生冲突，需要在不同权利之间做出权衡和取舍。以下是对伦理权利模型及其应用的进一步介绍。

（1）基本原则：伦理权利模型的基本原则是每个人都享有一些不可侵犯的基本权利，如生命权、自由权、隐私权等。这些权利均被视为道德决策的基础，决策者需要尊重并保护个体的权利。

（2）社会正义：伦理权利模型还强调社会正义和平等，认为个人的权利不应被滥用或剥夺，而是应该在社会中得到平等的保护和认可。决策者在权衡不同个体的权利时，应考虑社会正义的原则，避免产生不公平。

（3）法律和制度：伦理权利模型通常与法律和制度紧密联系。法律作为一种社会规范和权威，提供了对个人权利的保护和监管。在道德决策中，决策者经常会参考法律和制度的规定，以确保个体的权利得到合理的保护。

（4）应用领域：伦理权利模型广泛应用于各个领域。例如，在医学伦理中，该模型被用于保护患者的隐私和自主权，确保患者在医疗决策中拥有决定自己身体的权利；在商业伦理中，该模型强调员工的劳动权和公平待遇，以及消费者的知情权和权益保护。

总之，伦理权利模型在道德决策中强调保护和尊重个体的权利和尊严。该模型是一种重要的指导框架，鼓励决策者在做出决策时考虑个体权利和社会正义的原则。然而，具体的权利边界和权衡问题还需要针对具体情境和社会价值进行深入思考和讨论。

## （二）伦理功利模型

伦理功利模型（Ethical Utilitarian Model）以实现最大幸福为目标，强调行动的后果对于道德判断的重要性。根据该模型，道德决策应该追求最大化公共利益和社会福祉，然而，这种模型可能会面临一些困境，例如，如何衡量和比较不同个体的幸福，以及权衡短期利益和长期利益的问题。以下是对伦理功利模型及其应用的进一步介绍。

（1）最大化幸福原则：伦理功利模型的核心原则是追求最大化的幸福或福祉。根据该模型，道德决策的评估标准是它们对社会的整体幸福程度造成的影响。决策者应该选择那些能够最大化幸福或最小化痛苦的行动。

（2）数量和质量的权衡：在伦理功利模型中，决策者需要权衡数量和质量两个方面的影响。一方面，他们需要考虑行动的结果对人们幸福或福祉的总体贡献；另一方面，行动对于个人或特定群体的幸福程度的影响也应该被纳入考虑。

（3）公共利益：伦理功利模型注重追求公共利益和社会福祉，而不仅仅是个体的利益。决策者需要综合考虑不同群体和利益相关方的利益，以便做出最符合整体利益的决策。

（4）应用领域：伦理功利模型适用于各个领域。例如，在政策制定中，该模型可以用来评估政策对社会的整体效益；在企业决策中，决策者可以考虑员工、消费者和社会的福祉，以制定可持续和负责任的经营策略。

虽然伦理功利模型提供了一种量化和实用的指导框架，但它也面临着一些挑战。如何衡量和比较不同个体的幸福，以及如何平衡短期利益和长期利益等都是需要关注的问题。此外，应用该模型时也须考虑到道德原则和权利的保护，以避免对个人权利的剥夺或不公平待遇。

总而言之，伦理功利模型强调通过追求最大化幸福或福祉来进行道德决策。它提供了一种实用的方式来评估和选择行动，但具体的决策还需要在实践中结合其他道德原则、文化背景和具体情境进行综合考虑。

### （三）伦理义务模型

伦理义务模型（Ethical Duty-based Model）强调人们应该遵守的道德义务和责任，而不是追求特定的结果或效果。道德决策应该基于伦理原则和义务。一个著名的例子是康德的"绝对道德规则"，其中有一个重要原则是"将他人视为目的而不是手段"。①该模型强调人们的道德责任和自律，但也面临解决伦理冲突时的挑战。以下是对伦理义务模型及其应用的详细介绍。

（1）基本原则：伦理义务模型的基本原则是人们应该按照一定的道德规则和原则行事。这些规则和原则是由社会、文化、宗教或个人信念确定的。例如，将他人视为目的而不是手段、不撒谎、遵守承诺等都是此模型中的基本原则。

（2）自律和责任：伦理义务模型强调个体的自律和责任。决策者应该秉持正直和诚实的价值观，遵守道德规范和义务，对自己的行为和决策负责。该模型鼓励人们做出道德正确的选择，即使这可能会导致不利的后果。

（3）伦理冲突和权衡：在伦理义务模型中，决策者可能面临不同的伦理冲突，需要在不同的道义义务之间进行权衡和取舍。这可能需要考虑到各种因素，如道德规则的重要性、具体情境以及决策的后果。

（4）应用领域：伦理义务模型适用于各个领域。例如，在医学伦理中，该模型强调医生对患者的义务和责任，如保护患者的隐私；在商业伦理中，该模型要求企业在经营活动中履行公平竞争、诚实守信的道德义务。

伦理义务模型强调道德责任和自律，并对决策者的行为提出了要求。尽管该模型对于保护个体权利和遵守道德规则具有重要意义，但在实践中，决策者可能会面临复杂的道德冲突。在这种情况下，决策者需要综合考虑其他道德原则、伦理模型以及具体情境来做出决策。总的来说，伦理义务模型强

---

① ［德］伊曼努尔·康德：《纯粹理性批判》，蓝公武译，商务印书馆1960年版，第461页。

调人们应该履行的道义义务和责任。它提供了一种指导决策的框架，但具体的决策还需要在实践中结合其他道德原则和实际情况进行综合考虑。

### （四）伦理关怀模型

伦理关怀模型（Ethical Care-based Model）强调关注他人的需求和感受，以及与他人的关系和情感。它关注人际关系、关怀和互助，强调理解、责任和关爱。该模型在医疗、教育和社会工作等领域广泛应用，帮助医生、教师和社会工作者关注患者、学生和个体的需求，并做出相应的道德决策。以下是对伦理关怀模型及其应用的进一步介绍。

（1）关怀和情感：伦理关怀模型认为个体之间的关系和情感是道德决策中不可或缺的因素。它强调个体对他人的关怀、尊重和理解，并认为这种关怀和情感是评估道德行为和决策的关键。

（2）看护者道德：伦理关怀模型将道德行为比喻为看护者的行为。决策者被视为道义上的看护者，有责任关注和满足他人的需求，并确保他们的利益得到保护。该模型强调照顾他人、培养关怀和倡导公正与关爱的价值观。

（3）特殊关系的重要性：伦理关怀模型特别关注特殊关系和互助。它承认不同关系中的道德责任和义务可能是不同的。决策者在面对伦理冲突时，应考虑个体之间的特殊关系和情感。

（4）应用领域：伦理关怀模型在医疗、教育、社会工作等领域得到广泛应用。例如，在医学伦理中，该模型鼓励医生关注患者的身体和心理需求，并促使他们在决策过程中考虑患者的痛苦和价值观；在教育领域，该模型强调教师对学生的关爱和指导，鼓励教师以关怀的态度对待每名学生的需求和成长。

总而言之，伦理关怀模型强调人们对他人的关怀和关注。它强调个体之间的关系和情感，并在道德决策中重视理解、责任和关爱。该模型提供了一种综合考虑个体需求和关系的道德框架，帮助决策者在面对伦理冲突时，以关爱和关怀为导向做出决策。

### （五）可持续发展模型

可持续发展模型（Sustainability Development Model）强调经济、社会和环境的可持续性。它将道德决策置于更宽广的背景下，考虑长期影响和全球影响。企业和组织在制定业务策略和决策时可以遵循可持续发展原则，并在坚持经济效益的同时考虑环境和社会责任。该模型的核心理念是，在满足当前需求的同时，不损害未来世代满足其需求的能力。以下是对可持续发展模型及其应用的进一步介绍。

（1）综合性考虑：可持续发展模型强调综合性考虑，将经济、环境和社会因素纳入决策和规划过程中。该模型认识到经济增长和社会进步必须在可持续的环境基础上实现，以确保资源的长期可利用性和生态系统的稳定。

（2）跨世代视野：可持续发展模型注重维护与现有世代和未来世代的权益平衡。该模型鼓励将当前决策的后果和影响延伸到未来，并寻求长期解决方案，以确保资源和环境的可持续利用。

（3）生态系统保护和资源管理：可持续发展模型强调生态系统的保护和资源的可持续管理。该模型鼓励采取措施来减少环境污染、保护生物多样性、促进可再生能源的使用和提高资源的利用效率。

（4）社会公正与包容性：可持续发展模型强调社会公正和包容性。该模型关注缩小社会差距，提高人民的生活质量和福利，确保社会中弱势群体的参与和受益。

（5）应用领域：可持续发展模型的应用范围广泛。例如，在城市规划中，该模型鼓励以经济繁荣、社会进步和环境保护为目标，制定城市可持续发展策略；在企业管理中，该模型强调企业的社会责任和环境可持续性，促进企业的长期发展和利益相关者的共同繁荣。

总而言之，可持续发展模型旨在实现经济、环境和社会的平衡性和持续性。该模型强调综合性考虑、跨世代视野、生态系统保护和社会公正，是一个重要的指导框架，推动着可持续发展的实践和理念。

## （六）多元伦理模型

多元伦理模型（Pluralistic Ethical Model）认识到不同道德观念和价值观的存在，并允许在不同文化和背景中存在多种道德标准。它鼓励对多种观点和利益进行平衡，并提供解决不同伦理冲突的框架。该模型在跨国企业和国际组织中特别有用，因为它能够处理跨文化多样性和道德多样性的挑战，试图将这些不同观点融合在一起，以推导出一种更全面和包容的伦理观。多元伦理模型通常考虑以下五个方面。

（1）文化多样性：尊重不同文化之间的差异，认识到伦理观念的相对性和文化背景的影响。

（2）个人权利与义务：关注个人的自由和权利，同时也认识到个人在社会中的义务和责任。

（3）公共利益与社会正义：追求社会的整体利益和公正，考虑社会经济、政治和环境方面的因素。

（4）结果与过程：平衡行为的结果和行为的过程，考虑道德行为的后果和行为本身的道德性。

（5）爱与关怀：注重关怀和爱的价值，在伦理决策中考虑他人的利益与需求。

多元伦理模型的目标是促进理解、对话和协商，使不同观点能够在道德决策中得到尊重和考虑。它也可以帮助人们更好地处理道德困境和冲突，寻求一种更全面和综合的解决方案。然而，在实践中，多元伦理模型的应用可能面临挑战，需要平衡不同伦理观点之间的冲突，并找到一种最具包容性和可行性的解决方案。

道德决策模型的应用范围广泛，涵盖商业、医疗、教育、环保等各个领域。这些模型为决策者提供了更具综合性、实践性和包容性的指导。同时，现代道德决策模型也鼓励人们思考和讨论道德问题，并引导他们根据具体情境和价值观做出明智的决策。然而，这些模型并非万能的解决方案，决策者仍然需要在实践中灵活运用，结合道德原则、实际情况和个体判断来做出决策。

# 第三节　管理道德的重要性和作用

## 一、管理道德对组织的作用

### （一）管理道德对组织声誉和形象的作用

管理道德对组织的声誉和形象具有重要的影响。道德行为是组织的核心价值观和文化的重要组成部分，它直接影响着组织与利益相关者的关系以及公众对组织的看法。

首先，管理道德对组织的声誉产生直接影响。声誉是组织在利益相关者心目中的信任和尊重度量。管理者的道德行为可以增强组织的声誉，使其在市场竞争中具有竞争优势。相反，如果管理者在道德上出现失误或违反道德规范，组织的声誉将受到损害，可能导致客户流失、投资者失去信心、员工流失等不利后果。

其次，管理道德对组织的形象产生重要影响。组织的形象是公众对组织的整体印象和认知。管理者的道德行为直接塑造了组织的形象。如果管理者以诚信、透明和负责任的方式管理组织，公众将认为该组织是可信赖的，该组织就会有良好的形象。相反，如果管理者在道德上表现出不诚实、不负责任或不透明，公众就会对该组织产生负面印象，这可能导致其声誉受损、业务受阻等问题。

最后，管理道德对组织声誉和形象的影响是长期而持续的。一次道德失误可能导致组织长期受损，而良好的道德行为则可以建立和巩固组织的声誉和形象。因此，管理者应该重视道德行为，积极弘扬道德价值观，塑造诚信和负责任的组织文化。

综上所述，管理道德对组织的声誉和形象具有重要的影响。良好的道德行为可以增强组织的声誉和形象，而道德失误则可能导致组织声誉受损，形象受到负面影响。

【案例】

作为全球领先的信息通信技术解决方案供应商，华为的管理道德对其声誉和形象起到了促进作用。

首先，华为公司在管理道德方面注重诚信和透明度。华为公司的创始人任正非一直强调诚信和遵守法律法规的重要性，并将其作为公司文化的核心价值。华为积极提高信息的透明度，通过公开披露公司的财务信息和业务运营情况，增强了其经营行为的可信度。

其次，华为注重员工的道德教育和培训。华为公司致力于建立一个道德激励和约束机制，通过内部培训和教育活动，提高员工的道德意识和职业道德水平。华为还注重员工的职业发展和福利，为员工提供良好的工作环境和福利待遇，增强员工的归属感和忠诚度。

最后，华为积极履行社会责任，关注环境保护和可持续发展。华为公司通过推行绿色环保政策，减少碳排放和资源浪费，积极参与社会公益活动，为社会做出贡献。这些举措均有助于提升华为在社会中的形象和声誉。

由于华为在管理道德方面的努力，公司赢得了广泛的认可和信任。华为的品牌声誉在国内外市场上得到了提升，成为中国企业的骄傲。管理道德的实践不仅对华为的商业运营和业绩产生了积极影响，而且为华为树立了良好的形象和声誉，提高了其在全球市场的竞争力。

### （二）管理道德对组织内部文化和氛围的塑造

管理道德对组织内部文化和氛围的塑造具有重要的影响。道德行为是组织价值观和行为准则的核心，它直接影响着组织成员的行为和态度，进而塑造了组织的文化和氛围。

首先，管理道德对组织内部文化的塑造起到重要作用。组织文化是组织共同的价值观、信念和行为模式的集合体。管理者的道德行为可以成为组织文化的典范，激励和引导员工以道德的方式行事。如果管理者以诚信、公正和负责任的方式管理组织，员工将受到鼓舞，形成积极的组织文化。相反，如果管理者在道德上出现失误或违反道德规范，员工则可能感到沮丧和失望，组织文化可能变得消极和不健康。

其次，管理道德对组织内部氛围的塑造起到重要作用。组织氛围是组织内部的情感氛围和相互关系的氛围。管理者的道德行为直接影响着员工的情绪和态度。如果管理者以公正、尊重和关怀的方式对待员工，组织内部将形成积极的氛围，员工会感到被重视和支持。相反，如果管理者在道德上表现出不公正、不尊重或不关心，组织内部氛围可能变得消极和紧张，员工之间的关系可能受到破坏。

最后，管理道德对组织内部文化和氛围的塑造是长期且持续的。一次道德失误可能导致员工对组织的不信任或不满，而良好的道德行为则可以塑造和巩固积极的组织文化和氛围。因此，管理者应该重视道德行为，以身作则，塑造正面的组织文化和氛围。

综上所述，管理道德对组织内部文化和氛围的塑造具有重要的影响。良好的道德行为可以成为组织文化的典范，激励员工以合乎道德的方式行事，并形成积极的组织氛围。

## 二、管理道德对员工的作用

### （一）管理道德对员工工作满意度和忠诚度的作用

管理道德对员工工作满意度和忠诚度具有重要的影响。道德行为是管理者对员工的关心和尊重的体现，它直接影响着员工对组织的态度和行为。

首先，管理道德对员工工作满意度的影响是显著的。当管理者以公正、诚信和负责任的方式对待员工时，员工会感到受到尊重和重视，他们的工作满意度通常会得到提高。良好的管理道德可以建立信任和合作的关系，减少员工的不满和抱怨，提高他们对工作的满意度。

其次，管理道德对员工忠诚度的影响也是显著的。当管理者以关心和支持的方式对待员工时，员工感到被认可和需要，他们更有可能对组织产生忠诚感。良好的管理道德可以增强员工对组织的认同和归属感，减少员工的离职意愿，提高他们对组织的忠诚度。

最后，管理道德对员工工作满意度和忠诚度的影响是双向的。良好的管理道德可以提高员工的工作满意度和忠诚度，而员工的工作满意度和忠诚度也可以促使管理者更加关注和尊重员工的权益和福祉。因此，管理者应该重视道德行为，与员工建立良好的关系，提高他们的工作满意度和忠诚度。

综上所述，管理道德对员工工作满意度和忠诚度具有重要的影响。良好的道德行为可以增强员工对组织的满意度和忠诚度，使员工与组织建立相互信任的合作关系。

## （二）管理道德对员工道德行为的激励和引导

管理道德对员工道德行为的激励和引导起着重要的作用。管理者的道德行为可以影响员工的道德观念和行为，激励他们遵守道德规范并展现良好的道德行为。

首先，管理者的道德行为可以作为员工的榜样和引导。当管理者以诚信、公正和负责任的方式行事时，员工会受到启发和鼓舞，更有动力去遵守道德规范并展现道德行为。管理者的榜样作用可以帮助塑造员工的道德观念，使他们认识到道德行为的重要性，并受到激励去践行道德价值。

其次，管理者的道德行为可以通过激励机制来引导员工的道德行为。管理者可以通过奖励和认可来鼓励员工的道德行为，如提供激励措施来奖励遵守道德规范的员工。激励机制可以增强员工对道德行为的动机，并促使他们更加积极地践行道德价值。

最后，管理者还可以通过有效的沟通和培训来引导员工的道德行为。管理者可以定期与员工进行沟通，强调道德价值和行为准则，并提供相关的培训和教育资源，帮助员工理解和应用道德规范。通过这样的引导措施，管理者可以提高员工对道德行为的认识和理解，促使他们更好地践行道德价值。

综上所述，管理道德对员工道德行为起着重要的激励和引导作用。管理者的道德行为可以作为员工的榜样和引导，通过激励机制和有效的沟通来引导员工的道德行为。

## 三、管理道德对社会的作用

### （一）管理道德对社会责任的履行和社会影响力的塑造

管理道德对组织履行社会责任和塑造社会影响力起着重要的作用。管理者的道德行为可以影响组织的社会责任意识和行动，同时也可以塑造组织在社会中的声誉和形象。

首先，管理者的道德行为可以激发组织履行社会责任的意识和行动。当管理者以诚信、公正和负责任的方式经营组织时，组织成员会受到启发和激励，更有动力去履行社会责任。管理者的榜样作用可以帮助塑造组织成员的社会责任观念，使他们认识到组织对社会的影响力，并受到激励，从而做出有益于社会的行动。

其次，管理者的道德行为可以塑造组织在社会中的声誉和形象。当管理者以道德高尚的方式经营组织时，组织在社会中的声誉和形象会得到提升。这是因为道德行为可以赢得公众的尊重和认可，使组织在社会中建立起良好的信誉。管理者的道德行为可以成为组织的核心价值观和文化的体现，进而塑造组织在社会中的影响力。

最后，管理者还可以通过制定和推动社会责任计划来履行组织的社会责任。管理者可以制定并推动组织的社会责任计划，如环境保护、慈善捐助、员工福利等，以回馈社会并提升组织的社会影响力。管理者的道德行为可以为这些社会责任计划提供动力和指导，使其得到有效实施并取得积极的社会效应。

综上所述，管理道德对组织履行社会责任和塑造社会影响力起了重要作用。管理者的道德行为可以激发组织履行社会责任的意识和行动，塑造组织在社会中的声誉和形象，并通过制订和推动社会责任计划来履行组织的社会责任。

### （二）管理道德对社会可持续发展的贡献

管理道德对社会的可持续发展具有重要贡献。管理者的道德行为可以促进组织的经济、环境和社会方面的可持续性发展，从而推动社会的整体发展。

首先，管理者的道德行为可以促进组织的经济可持续发展。当管理者以诚信、公正和透明的方式经营组织时，可以建立起稳定的商业关系和信任，吸引更多的投资者和合作伙伴。这有助于增加组织的财务稳定性和盈利能力，为组织的长期发展打下坚实的基础。此外，管理者的道德行为还可以促进员工的工作满意度和忠诚度，提高组织的人力资源管理效果，进一步推动经济可持续发展。

其次，管理者的道德行为可以推动组织的环境可持续发展。管理者可以制定环境保护政策并践行之，从而减少组织对自然资源的消耗和对环境的污染。管理者的道德行为可以激励员工参与环境保护活动，并倡导可持续的生产和消费方式。通过采用可再生能源、减少废物和污染物的排放等措施，管理者可以为组织的环境可持续发展做出贡献。

最后，管理者的道德行为还可以促进社会的可持续发展。管理者可以关注社会公正和公平，推动组织与利益相关者之间的合作和共赢。通过制订和实施社会责任计划，管理者可以回馈社会，改善社会福利和公共服务。管理者的道德行为可以激发员工的社会责任意识，鼓励他们参与社会公益活动，推动社会的整体发展。

综上所述，管理道德对社会的可持续发展具有重要贡献。管理者的道德行为可以促进组织经济的可持续发展，推动组织环境的可持续发展，并促进社会的可持续发展。

## 第四节　管理道德的法律和伦理框架

### 一、管理道德与法律的定义和区别

管理道德和法律是组织管理中两个重要的概念，它们在定义和应用上存在一些区别。

　　管理道德是指管理者和组织成员在工作中所应遵守的道德标准和价值观。它涉及个人和组织在商业活动中的行为准则和道德原则，如诚信、公正、责任和尊重。而法律是由政府制定和实施的规则和法规，是用于管理和规范社会成员的行为。法律是一种强制性的规范，违反法律规定的行为将受到法律的制裁和处罚。法律是一种具有强制力的规则体系，旨在维护社会秩序和公共利益。

　　在定义上，管理道德更加宽泛和主观，它涉及个人和组织的价值观和道德判断。管理道德是基于道德原则和伦理价值观的，它强调正确和道德的行为。而法律更加具体和客观，它是由政府制定和实施的强制性规则和法规，用于管理和规范社会成员的行为。

　　管理道德和法律在实践中是相互关联和相互影响的。管理者和组织成员在工作中既要遵守法律规定，也要遵循管理道德的要求。管理者和组织成员应该以法律作为最低的行为标准，同时还要考虑道德和伦理的要求，以实现组织和社会的可持续发展。

## 二、法律对管理道德的规范和约束

### （一）法律对组织道德行为的规定和要求

　　法律对组织的道德行为提供了一系列的规定和要求，以确保组织在经营和管理过程中遵守道德原则和社会伦理。

　　首先，法律规定了组织在商业活动中的基本行为准则。例如，反垄断法规定了组织在市场竞争中应该遵循的行为规范，禁止组织进行垄断和不正当竞争；劳动法规定了组织在雇佣和管理员工方面的义务和责任，包括工资支付、劳动合同、工作环境安全等方面的规定；知识产权法规定了组织在知识产权保护和使用方面的规范，禁止组织进行盗版等侵权行为。

　　其次，法律要求组织在经营和管理过程中遵守道德原则和社会伦理。例如，环境保护法要求组织在生产和经营过程中采取环保措施，减少对环境的污染和破坏；反腐败法要求组织在商业交往中不得行贿和受贿，保证公正和诚信；消费者权益保护法要求组织在产品销售和服务提供中遵守公平交易的原则，保护消费者的权益。

　　最后，法律对组织的道德行为进行了监管和制裁。法律设立了相关的法律机构和司法程序，对违反法律规定的组织进行调查和处罚。违反法律规定的组织可能面临罚款、停业整顿、法律诉讼等法律后果，这些后果可能对组织的声誉和经营活动产生严重影响。

在实践中，组织应该认真遵守法律的规定和要求，建立健全法律合规体系，确保组织的道德行为符合法律的要求，从而做到合法经营和实现社会责任。

### （二）法律对个人道德行为的约束和保护

法律对个人的道德行为提供了一定程度的约束和保护，以确保社会秩序、维护公共利益。

首先，法律规定了个人在社会生活中的基本行为准则。例如，刑法规定了个人不得进行杀人、盗窃、诈骗等违法行为，以保护公民的生命、财产和人身安全；民法规定了个人在合同、财产、婚姻等方面的权利和义务，以促进公民之间的公平交往和对合理利益的保护；交通法规定了个人在驾驶、行车等方面的规范，以确保道路交通的安全和秩序。

其次，法律保护个人的基本权利和自由。宪法和人权法规定了个人的言论自由、宗教自由、人身自由等基本权利，以确保个人的尊严和自由发展；劳动法规定了个人在工作中的权益和保护措施，包括工资支付、工时限制、工作环境安全等方面的规定；消费者权益保护法规定了个人在购买商品和接受服务时的权益和保护措施，以保护个人的消费权益。

最后，法律对个人的道德行为进行了监管和制裁。法律设立了相关的法律机构和司法程序，对违反法律规定的个人进行调查和处罚，旨在维护社会秩序和公众利益。违反法律规定的个人可能面临罚款、拘留、刑事诉讼等法律后果。

在实践中，每个人都应该自觉遵守法律的规定和要求，树立正确的道德观念，遵循社会公德和职业道德，为社会和他人的利益做出贡献。

## 三、管理道德对法律的补充和引导

### （一）管理道德对法律的补充和提升

管理道德对法律起到了补充和提升的作用，它强调的是在法律规定之外，组织和个人应该遵循的道德准则和行为规范。

首先，管理道德强调的是超越法律的最低标准。法律通常规定了最基本的行为准则和禁止的行为，而管理道德则要求组织和个人在行为上要追求更高的道德标准。例如，法律可能规定了某些行为的合法性，但管理道德可能要求组织和个人在这些行为上兼顾社会责任和公共利益。

其次，管理道德强调的是自律和自我监督。法律通常是由政府和法律机构来制定和执行的，而管理道德则是由组织和个人自主决定和遵守的。管理道德要求组织和个人在日常经营和行为中要自觉遵守道德准则，自我约束和监督自己的行为。

最后，管理道德强调的是道德风险管理和预防。法律通常是在违法行为发生后才进行制裁和处罚，而管理道德则强调在行为发生之前要进行风险评估和预防措施。组织和个人应该建立健全道德风险管理体系，识别和防范可能的道德风险，并采取相应的措施来预防违法行为的发生。

在实践中，管理者应该注重道德教育和培训，塑造和弘扬良好的组织文化和价值观，推动组织成员遵循道德准则和行为规范，以实现合法经营，履行社会责任。

## （二）管理道德对法律的引导和影响

管理道德对法律具有引导作用，它可以对法律的制定和执行产生积极的影响，并引导组织和个人在法律框架内积极履行社会责任。

首先，管理道德可以对法律的制定产生影响。组织和个人的道德准则和价值观可以反映在法律的制定过程中，通过积极参与公共事务和立法过程，组织和个人可以为法律的制定提供道德和伦理方面的观点和建议，从而使法律更加符合社会公正和公共利益的要求。

其次，管理道德可以对法律的执行产生影响。组织和个人的道德准则和行为规范可以引导他们在法律框架内积极履行社会责任。管理者可以通过塑造良好的组织文化和价值观，强调道德行为的重要性，鼓励员工遵守法律和道德准则，从而提高组织成员的道德意识和行为水平，促进法律的有效执行。

最后，管理道德可以对法律的发展产生影响。随着社会的变化和发展，法律也需要不断适应新的道德和伦理要求。管理道德可以通过引领和推动道德创新和进步，促使法律不断更新和完善，以适应社会的变化和发展。

在实践中，组织应该注重道德领导和道德文化的建设，通过榜样的力量和道德教育的推广，引导组织成员遵守法律和道德准则，树立正确的道德观念和行为习惯，以实现合法经营，履行社会责任。

## 四、伦理准则对管理道德的引导和规范

伦理准则对管理道德的引导和规范起着重要的作用。伦理准则是指为组织和个人行为制定的基于道德原则和价值观的指导方针。以下是伦理准则对管理道德的引导和规范的五个方面。

（1）诚信和透明度：伦理准则要求管理者在组织管理中保持诚信和透明度。管理者应该诚实守信，遵守承诺，不做虚假宣传或没有欺骗行为。他们应该公开披露信息，与利益相关者分享必要的信息，确保决策的透明度和公正性。

（2）公正和公平：伦理准则强调管理者在组织管理中要秉持公正和公平的原则。他们应该平等对待员工和利益相关者，不偏袒个人或特定群体。管理者应该建立公正的奖惩制度，确保决策的公正性和合理性。

（3）社会责任：伦理准则要求管理者承担社会责任。他们应该关注社会的利益和福祉，积极参与社会公益活动，推动可持续发展。管理者应该遵守法律法规，遵循道德标准，不从事损害社会利益的行为。

（4）尊重和多样性：伦理准则强调管理者要尊重他人的尊严和权利，包括员工和利益相关者。他们应该重视多样性，不歧视或排斥任何个体或群体。管理者应该创造包容和平等的工作环境，鼓励员工积极参与和发展。

（5）负责任和可持续发展：伦理准则要求管理者对自己的行为负责，并为组织的可持续发展负责。管理者应该审慎决策，考虑长远利益，避免短视行为和利益冲突；应该追求经济、环境和社会的可持续发展，平衡不同利益相关者的需求。

伦理准则对管理道德起引导和规范的作用。伦理准则为管理者提供了行为的道德标准和行为准则，帮助管理者做出正确的决策和行为选择。遵循伦理准则的管理者能够树立良好的道德形象，与被管理者建立信任的关系，从而促进组织的可持续发展。

# 第二章
## 管理道德的东方哲学思辨

## 第一节　道家学派的管理道德哲学

### 一、道家学派概述

#### （一）道家学派的起源和发展

道家学派起源于我国古代春秋战国时期（公元前 770 年至公元前 221 年）。它是中国传统哲学的重要学派之一，与儒家、墨家等学派齐名。道家学派的起源可以追溯到老子（李聃）和庄子（庄周）两位重要的思想家。

老子被认为是道家学派的创始人，他的思想主要体现在《道德经》中。老子强调无为而治、道法自然，主张人们应该追求与道相合，追求内心的安宁与自由。他认为道是宇宙的根源，是一种无形无物的力量，超越了个体的欲望和功利。[1]

庄子是道家学派的重要代表，他的思想主要体现在《庄子》一书中。庄子强调自由自在、无为而无不为，主张人们应该追求心灵的宁静和自在。他强调超越对立的思维方式，追求心灵的解放和超越。[2]

在道家学派的发展过程中，道家思想逐渐形成了一整套独特的理论体系。除了老子和庄子，道家学派其他重要的代表还包括列子等。这些思想家

---

[1] 老子：《道德经》，张景、张松辉译注，中华书局 2021 年版，第 76 页。

[2] 庄子：《庄子》，方勇译注，中华书局 2015 年版，第 163 页。

对道家学派的理论进行了进一步的发展和完善，形成了不同的派别和观点。

### （二）道家学派的核心思想和价值观

道家学派的核心思想是"道"。"道"被看作是宇宙的根源和运行的规律，是一种无形无物的力量。道家学派强调个体应追求与道相合，即通过无为而治、顺应自然的方式来达到内心的安宁和自由。道家学派的价值观强调个体的内心追求和超越。道家思想主张人们应该超越对功利和欲望的追求，去追求心灵的宁静和自在。它强调自由、无为、无求、无欲，主张个体应该顺应自然的规律，摆脱对立和束缚，追求心灵的解放和超越。

道家学派的核心思想是对自然和宇宙的观察和理解，并将其运用于个人修养、社会伦理和政治治理等方面。道家强调个体内在的平衡和谐，提倡人与自然的和谐相处，主张无为而治、顺其自然、反抗权力。

道家学派的价值观强调自由、平等和谦逊，反对权力的滥用和人为的约束。道家追求无为而治的理念，强调不要过度干预和操控，而是尊重自然规律和个人的自主性。道家认为，通过追随道的原则，人们可以找到内心的平静和安宁，实现身心的和谐发展。

道家学派的影响不仅体现在个人的修养和生活方式上，还涉及政治治理、组织管理以及社会伦理等方面。在管理道德方面，道家思想强调谦逊、自律和无为而治，倡导领导者应该遵循自然规律，尊重员工的自主性和发展空间。在管理道德中，运用道家的道德理念可以提升管理决策的智慧和有效性，促进组织的和谐发展。

道家学派的思想对中国传统文化和哲学产生了深远的影响。它不仅对后来的儒家、佛家等学派产生了重要影响，而且对人们的生活方式和价值观念产生了深远的影响。

## 二、道家思想对管理道德的影响

### （一）道家思想中的道德观念和原则

道家思想是我国古代哲学中的一个重要学派，其道德观念和原则对于个体和社会的道德行为具有深远的影响。道家强调个体的内在道德追求和自我修养，主张追求道的境界和自然的无为而治。

首先，道家思想强调道德的内在追求。在道家看来，道是宇宙的根本规律和原则，是至高无上的道德准则。个体应该通过修身养性、追求道的境界，实现自我完善和道德升华。道家强调个体的道德实践应该是内在的、自发的，而不是受外在规则制约的。

其次，道家思想主张自然的无为而治。道家认为，自然界是无为而治的，个体应该顺应自然的规律，不做过多的干预和操控。在道德行为方面，个体应该以无为的态度对待，不强求、不执着，顺其自然地行事。这种无为而治的道德观念强调个体的谦逊、柔和、和谐。

最后，道家思想强调道德的无为无欲。道家认为，个体应该超越功利和私欲，不追求权力、地位和物质财富，而是追求内心的宁静和自由。个体应该摒弃功利主义和利己主义，以无为无欲的态度对待世界和他人，保持心境的平和和善良。

在实践中，个体可以通过追求道德的内在本质，修身养性并自我完善，以无为无欲的态度对待他人和世界，践行道家思想中的道德观念和原则。

## （二）道家思想对管理决策和行为的指导

道家思想作为我国古代哲学的一个重要学派，为管理决策和行为提供了独特的指导。道家思想主张无为而治、追求道的境界和自然的无为，这些观念对于管理者的决策和行为具有重要的启示和影响。

首先，道家思想强调无为而治。在管理决策中，管理者可以借鉴无为而治的理念，即不过度干预和操控。也就是说，管理者应该顺应事物的自然规律，不强求、不执着，而是以一种柔和的方式引导和影响他人。这种无为而治的思想可以帮助管理者避免过度干预和强制，从而更好地适应变化和应对挑战。

其次，道家思想强调追求"道"的境界。管理者可以通过修身养性，追求"道"的境界，实现自我完善和道德升华。道家强调个体的内在道德追求和自我修养，管理者可以通过培养自己的道德素养和提升自己的道德觉悟，从而更好地应对复杂的管理环境和伦理挑战。

最后，道家思想强调自然的无为。管理者可以借鉴自然界的无为而治的原则，即顺应自然的规律，不过度干预和操控。在管理决策和行为中，管理者应该以无为的态度对待，不强求、不执着，顺其自然地行事。这种无为而治的思想可以帮助管理者更好地处理复杂的问题和关系，实现管理的和谐与平衡。

在实践中，管理者可以借鉴道家思想中的无为而治、追求"道"的境界和自然的无为的观念，指导自己的管理决策和行为，实现管理的有效性和道德性。

## 三、道家思想中的管理道德原则

### （一）无为而治的道德原则

道家思想中的管理道德原则之一是"无为而治"。这一原则强调在管理和领导中，应该采取无为而不是过度干涉的态度。按照道家的观点，宇宙运行本身就有一条自然的规律，而人类社会也应该顺应这一规律。管理者应该放下个人的私欲和功利心态，以无为的心态去引导和管理团队或组织。

无为而治的道德原则强调管理者应该放弃过度控制和干预的行为，以柔软、包容的方式引导他人。这种无为的态度能够帮助管理者与他人建立信任关系，营造和谐的工作环境，从而达到有效管理和领导的目的。

无为而治是道家思想中的重要道德原则之一。它强调管理者在处理事务和引导组织时，不要过度干预和操控，而是以一种无为的态度来管理。这并不意味着管理者不采取任何行动，而是倡导管理者以柔性的力量、顺应自然的原则来引导组织的发展。

这一原则源自老子在《道德经》中的论述，他认为宇宙的运行是自发的，存在着一种无形的道，而人要顺应道而行。在管理道德中，无为而治强调领导者不要过分干预，而是尊重自然规律，给予员工自主的发展空间，并以平和的态度与环境互动。

无为而治的道德原则有三个重要的含义。首先，领导者要以谦虚、平和的心态对待组织问题，避免态度强横，要善于倾听和观察，以智慧的方式来引导组织的发展。其次，无为而治鼓励领导者在组织中创造自主性强和富有创造力的环境。管理者应该相信员工的能力，给予他们自主决策的权力，并为他们提供必要的支持和资源。最后，无为而治强调领导者要注重情绪的管理和平衡。管理者不应过分陷入情绪激动或冲动的状态，而应通过平和的态度和行为来平衡自己和组织的氛围，从而营造出和谐而稳定的工作环境。

在实际管理中，无为而治的道德原则提醒管理者要审慎思考和行动，避免过度控制和压抑，要尊重员工的个体差异和自主性。它鼓励管理者以一种开放、灵活的态度去处理问题，并注重组织的整体发展和个体的平衡发展。

通过遵循无为而治的道德原则，管理者可以实现高效的管理和组织的稳定发展。

## （二）非争的道德原则

道家思想中的管理道德原则之二是"非争"。在道家的理念中，争斗和竞争被视为人类欲望的表现，会导致社会的不和谐和冲突。因此，道家强调人与人之间的和谐合作和互助。

在管理和领导中，非争的道德原则意味着管理者应该避免斗争和竞争的态度，而是以协商、合作的方式处理问题和解决冲突。非争的道德原则强调管理者应该尊重他人的权益和意见，在团队中建立和谐的人际关系，共同追求团队的目标。

非争的道德原则是道家思想中的重要原则之一。它强调管理者在组织中应避免竞争和争斗的行为，以营造和谐的工作氛围和建立良好的人际关系。非争的道德原则源自道家对于人际关系和人类行为的观察与思考。

道家思想认为，人类之间的争斗和竞争常常带来矛盾和冲突，不利于整体的和谐和个体的发展。通过非争的原则，管理者可以倡导合作、共赢和互相尊重的行为，为员工创造相互支持和协作的工作环境。

非争的道德原则体现了管理者对个体价值和尊严的关注。它鼓励管理者与员工之间进行良好的沟通和互动，以提升相互之间的了解和信任。管理者应以谦逊和平和的态度对待员工，避免激烈的竞争和权力争夺，营造一种合作共生的氛围。

在实践中，非争的道德原则提醒管理者要注重团队合作和协同工作，鼓励员工之间互助和共同发展。管理者应倡导正面竞争，鼓励员工之间相互激励和互相促进，而不是以破坏性的方式对待竞争。

此外，非争的道德原则还要求管理者要重视员工的平等和公平。管理者应合理分配资源和机会，确保员工在工作中待遇的公正和公平。通过营造尊重和支持员工的工作环境，管理者可以激发员工的积极性和创造力，促进组织的协调发展。

总而言之，非争的道德原则是道家思想的重要观念，强调管理者在组织中应鼓励合作、互助和共同发展，避免竞争和争斗的行为。通过遵循非争的道德原则，管理者可以建立和谐、平等和公正的工作环境，促进组织的稳定和提高员工的满意度。

### （三）自然和谐的道德原则

道家思想中的管理道德原则之三是"自然和谐"。根据道家的观点，宇宙是一个和谐的整体，人类应该顺应自然的规律，与自然保持和谐的关系。

在管理和领导中，自然和谐的道德原则强调管理者应该通过与自然保持和谐的方式来引导他人。管理者应该关注员工的需求和情感，为员工提供和谐的工作环境，让员工能够充分发挥自己的潜力和才能。这种和谐的管理方式有助于营造积极的工作氛围，提高员工的工作满意度和工作效能。

自然和谐的道德原则是道家思想中的重要原则之一。它强调管理者应以尊重自然规律和追求和谐为导向，在组织中创造自然、平衡和可持续发展的环境。自然和谐的道德原则源自道家对于宇宙和自然的观察与思考。

道家认为，自然是一个充满智慧和秩序的存在，人类应与自然和谐共处。自然和谐的道德原则呼唤管理者顺应自然规律，不人为地干预和扰乱组织的发展，而是通过观察、理解和适应自然的方式来引导管理决策和行为。

在实践中，自然和谐的道德原则体现了管理者对于环境保护、可持续发展和生态平衡的关注。管理者应倡导组织在经营中秉承低碳、节能和环境友好的原则，减少资源浪费和环境污染。同时，管理者应关注员工的身心健康，为员工创造舒适、和谐的工作环境，并向员工提供适当的支持和资源。

此外，自然和谐的道德原则还要求管理者尊重员工的自然发展和个体差异。每个员工都有其独特的能力和潜力，管理者应遵循以人为本的观念，提供适合个体需求的发展机会和培训资源。通过尊重和支持员工的个体差异，管理者可以激发员工的潜能，提升员工的工作满意度和组织的绩效。

通过遵循自然和谐的道德原则，管理者可以在组织中建立起一个以自然、平衡和可持续发展为基础的管理模式。这种管理模式将促进组织的稳定和谐，提升员工的工作质量和生活质量，同时也有利于社会和环境的可持续发展。

道家思想中的这些管理道德原则对于现代管理实践仍然具有重要的指导意义。它们提供了一种以人为本、追求心灵和谐的管理方式，有助于形成积极的组织文化和增强团队的凝聚力。

## 四、道家思想的现代管理启示

### （一）道家思想对现代管理理念的启示

道家思想是我国古代哲学中重要的思想流派之一，它对现代管理理念有着深刻的启示。以下是一些道家思想对现代管理的启示。

（1）弹性与无为：道家思想强调弹性和无为的原则，即在管理中避免过度干预和控制。现代管理理念也强调灵活性和自主性，管理者应以谦逊的心态倾听员工意见，给予员工自主决策的权力，让事情自发地发展。

（2）自然和谐：道家思想强调与自然和谐共处，这对现代管理也有启示。管理者应尊重自然规律，创造一个环境友好、可持续发展的组织。同时，管理者要关注员工的身心健康，创造和谐的工作环境，以促进员工的个人发展和全面幸福。

（3）非争与合作：道家思想倡导非争的道德原则，反对竞争和争斗。现代管理理念也强调合作、团队精神和共赢观念。管理者应鼓励员工之间的合作和互助，营造和谐的团队氛围，共同追求组织的目标。

（4）德行与领导力：道家思想强调德行和道德修养。现代管理理念中，德行和领导力也被重视。管理者应以榜样的力量引领团队，树立良好的品德和价值观，提升团队的凝聚力和行动力。

（5）跨界思维与创新：道家思想鼓励跨界思维，超越传统框架思考问题。这与现代管理中的创新和跨领域合作密切相关。管理者应培养开放的思维方式，鼓励员工跨越传统局限，寻求新的解决方案和创新机会。

综上所述，道家思想对现代管理理念有积极的启示。它提醒管理者在管理中注重弹性、尊重自然规律、倡导非争与合作、强调德行与领导力，并鼓励跨界思维和创新。通过应用这些启示，管理者可以构建出适应变化和发展的管理模式，提升组织绩效和员工福祉。

### （二）如何将道家思想融入管理实践

将道家思想融入管理实践是一种追求自然、平衡和无为而治的管理方式。以下是一些可以帮助领导者将道家思想应用到管理实践中的方法。

（1）探索无为而治的理念：道家思想强调以柔克刚、不强求的原则。在管理实践中，领导者可以学会放手并相信员工的能力，给予员工自主权和自由度；同时，倡导注重自然流动，避免过度干预和控制的方法。

（2）追求平衡与和谐：道家思想崇尚自然的平衡和谐。在管理中，领导者可以注重平衡各方利益，促进组织内成员之间的和谐关系；同时，注重员工个人与工作之间的平衡，鼓励员工追求身心健康与工作的和谐。

（3）培养智慧与智能：道家思想强调发展个人的智慧和智能。在管理实践中，领导者可以鼓励员工培养自己的技能和知识，为员工提供学习和成长的机会；同时，通过提供启发性的问题和思考，激发员工的智慧和创造力。

（4）尊重自然法则：道家思想认为自然法则是人类行为的准则。在管理中，领导者应尊重组织的内在规律和自然的发展规律，遵循市场和潮流的变化；同时，推崇持续改进和适应变化的思维方式，以更好地适应外部环境。

（5）培养领导者的内在修养：道家思想注重内在修养和道德境界的提升。在管理实践中，领导者可以注重个人修炼，培养自身的道德品质和领导力。通过关注自身的潜能和内在成长，领导者可以更好地影响和激励员工，实现组织的共同目标。

总之，将道家思想融入管理实践需要领导者具备开放包容的心态和智慧，通过平衡、和谐、尊重自然和个人修养，构建积极、健康和有益的工作环境。这种管理方式能够促进员工的发展和创造力，提高组织的整体效能。

# 第二节　儒家学派的管理道德哲学

## 一、儒家学派的概述

### （一）儒家学派的起源和发展

儒家学派起源于我国春秋时期的孔子（公元前 551 年至公元前 479 年）。孔子是儒家学派的创始人，也被尊称为"圣人"。他的学说和思想对我国古代社会产生了深远的影响，并成为我国传统文化的重要组成部分。

儒家学派的发展可以分为两个阶段。第一个阶段是孔子及其弟子的时期，也被称为"先秦儒家"。在这个时期，儒家学派主要关注人的修养和道德伦理，强调个人的自我完善和社会的和谐发展。孔子强调"仁"的重要性，即对他人的关爱和善良。他认为，通过端正自己的品德和行为，可以影响和改善社会。第二个阶段是汉朝时期的儒家学派，也被称为"汉儒"。在这个时期，儒家学派成了我国古代的官方学说，并对政治、教育和社会制度产生了深远的影响。汉儒强调礼仪、孝道和忠诚等传统价值观，并将这些价值观作为社会秩序和道德规范的基础。

儒家学派的起源和发展对我国社会产生了深远的影响。儒家思想强调道德修养和人际关系的重要性，对个人的行为和社会的发展提出了积极的要求。儒家学派的核心思想和价值观在我国传统文化中仍然具有重要的地位，并对现代我国社会的发展和变革产生了影响。

### （二）儒家学派的核心思想和价值观

儒家学派的核心思想和价值观主要包括仁、义、礼、智、信五个方面。

（1）仁：仁是儒家学派的核心概念，指对他人的关爱和善良。儒家认为，人性本善，通过端正自己的品德和行为，可以实现仁的境界。仁的实践包括孝顺父母、友善他人、尊重长辈等。

（2）义：义指的是道德义务和责任。儒家认为，个人应该履行自己的义务和责任，为社会做出贡献。义的实践包括尽职尽责、公正正直、守信用等。

（3）礼：礼指的是社会礼仪和行为规范。儒家认为，通过遵循礼仪和行为规范，可以维护社会秩序与和谐。礼的实践包括尊敬长辈、守时守约、尊重他人等。

（4）智：智指的是知识和智慧。儒家认为，通过学习和修养，可以培养自己的智慧和才能。智的实践包括广泛学习、思考问题、实践创新等。

（5）信：信指的是诚信和信任。儒家认为，诚信是人际关系和社会秩序的基础，信任是人与人之间建立良好关系的重要条件。信的实践包括言行一致、守信用、信任他人等。

儒家学派的核心思想和价值观强调个人的修养和社会的和谐发展，注重人际关系和道德规范的建立。这些思想和价值观对我国传统文化和社会制度产生了深远的影响，也对现代社会的发展和人际关系的建立具有重要的启示作用。

## 二、儒家思想对管理道德的影响

### （一）儒家思想中的道德观念和原则

儒家思想中的道德观念和原则主要包括以下五个方面。

（1）仁爱：儒家强调人与人之间的关爱和互助，认为仁爱是道德的核心。个体应该关心他人的利益，尊重他人的尊严和权益。

（2）忠诚：儒家强调个体对家庭、社会和国家的忠诚。个体应该尽职尽责，履行自己的义务和责任，为集体的利益而努力。

（3）礼仪：儒家注重社会礼仪和行为规范。个体应该遵循礼仪，尊重他人，维护社会秩序与和谐。

（4）孝道：儒家强调对父母的孝顺和尊重。个体应该尊敬父母，照顾他们的生活，以回报他们的养育之恩。

（5）诚信：儒家认为诚信是人际关系和社会秩序的基础。个体应该言行一致，守信用，与他人建立良好的信任关系。

这些道德观念和原则在儒家思想中被视为个体行为和社会秩序的基础，对管理道德具有重要的指导意义。在管理决策和行为中，儒家思想要求管理者注重对员工的关爱和尊重，遵循公正和诚信的原则，履行自己的责任和义务，维护组织的利益和社会的和谐。儒家思想强调管理者应该以身作则，以德服人，通过自己的行为和品德影响他人，建立良好的人际关系和塑造和谐的组织文化。

### （二）儒家思想对管理决策和行为的指导

儒家思想为管理决策和行为提供了以下五个方面的指导。

（1）以德为先：儒家强调管理者应该以德行和品德为基础，通过自己的榜样作用来影响他人。管理者应该注重修身养性，培养自己的道德修养，以及时处理问题并做出正确的决策。

（2）仁爱为本：儒家认为管理者应该关心员工的利益和福祉，注重建立和谐的人际关系。管理者应该以仁爱之心对待员工，关心员工的成长和发展，为员工创造良好的工作环境和机会。

（3）尊重他人：儒家强调管理者应该尊重他人的尊严和权益，注重平等和公正。在管理决策中，管理者应该听取员工的意见和建议，尊重他们的权利和意见，避免任意批评和压制。

（4）诚实守信：儒家认为管理者应该言行一致，守信用，与员工建立良好的信任关系。管理者应该遵守承诺，履行自己的责任和义务，树立诚信的形象，以增强员工对管理者的信任和忠诚。

（5）理性决策：儒家思想强调管理者应该以理性和智慧来进行决策。管理者应该广泛收集信息，深入分析问题，思考长远利益，避免主观偏见和盲目决策。同时，管理者应该注重创新和实践，不断提升自己的智慧和能力。

这些儒家思想对管理决策和行为的指导，强调了管理者应该以德为先，关心员工和他人，尊重他人的权益，诚实守信，以理性和智慧进行决策。这些指导原则有助于组织塑造和谐的组织文化，增强员工的归属感和忠诚度，提升组织的绩效和竞争力。

## 三、儒家思想中的管理道德原则

### （一）仁爱的道德原则

仁爱是儒家思想中的核心概念之一，也是一种管理道德原则。仁爱强调关爱他人、关注他人的利益和福祉，以及建立和谐的人际关系。在管理中，仁爱的道德原则对管理者和组织有以下指导作用。

（1）关心员工：仁爱的道德原则要求管理者以关心员工为出发点，关注员工的成长和发展，关心员工的工作和生活情况。管理者应该倾听员工的需求和意见，为员工提供支持和帮助，以及时解决员工的困难和问题。

（2）尊重员工：仁爱的道德原则强调对他人的尊重，这同样适用于员工，即管理者应该尊重员工的个人权利和价值，不歧视或压迫员工。管理者应该与员工平等相处，建立互相尊重和信任的关系。

（3）倡导合作：仁爱的道德原则鼓励管理者倡导合作精神，以促进团队的协作和共同成长。管理者应该注重塑造合作的氛围和文化，鼓励员工之间的互助和支持，使团队成员可以共同追求组织的目标。

（4）公正平等：仁爱的道德原则要求管理者在处理员工之间的关系时保持公正和平等。管理者应该遵循公正的原则，不偏袒任何一方，公平地对待员工。同时，管理者应该避免由于个人情感和私人利益而影响其对员工的决策和待遇。

（5）倡导榜样：仁爱的道德原则要求管理者以身作则，成为员工的榜样。管理者应该展示仁爱的品质，以自己的行为和品德激励员工，引导员工发展积极向上的态度和行为。

通过遵循仁爱的道德原则，管理者可以建立良好的人际关系，增强员工的归属感和忠诚度，促进组织的稳定发展。同时，仁爱的道德原则也有助于管理者塑造良好的形象，赢得员工和业务伙伴的认可和支持。

### （二）礼治的道德原则

在儒家思想中，礼治被认为是维持社会秩序与和谐的一种管理原则。礼治强调以礼为准则来规范个人的行为和组织的运作，尊重传统、尊重他人，并追求社会的稳定和发展。在管理中，礼治的道德原则对管理者和组织有以下指导作用。

（1）尊重和关怀：礼治的道德原则要求管理者以尊重和关怀为出发点来处理人际关系。管理者应该尊重他人的身份、地位和意见，倾听他人的需求和建议。同时，管理者应该关心员工的福祉和成长，与员工建立互敬互信的关系。

（2）维护秩序和规范：礼治的道德原则强调维护秩序和规范的重要性。管理者应该以正义和公平的原则来管理组织，制定明确的规章制度并确保员工遵守。管理者应该积极引导员工遵循礼仪和行为准则，以维护组织的秩序和和谐。

（3）培养团队精神：礼治的道德原则鼓励管理者培养团队精神。管理者应该倡导合作、共赢的理念，鼓励员工之间相互帮助和支持，以提升团队的凝聚力和协作效能。同时，管理者应该赋予员工相应的责任和权力，营造良好的团队氛围。

（4）以身作则：礼治的道德原则要求管理者以身作则，成为员工的榜样。管理者应该以正确的姿态和行为示范，注重自身的修养和品德，以赢得员工的尊敬和信任。同时，管理者应该积极参与社会公共事务，履行社会责任，以推动社会的进步和繁荣。

通过遵循礼治的道德原则，管理者可以营造良好的工作氛围和塑造和谐的组织文化，提高员工的工作效率和满意度。同时，礼治的道德原则也有助于管理者在面对复杂的管理问题时做出明智的决策，推动组织的可持续发展。

### （三）忠诚的道德原则

忠诚是一种重要的道德原则，它强调对组织和人际关系的忠诚和责任。在管理中，忠诚的道德原则对管理者和组织有以下指导作用。

（1）对组织的忠诚：忠诚的道德原则要求管理者对组织忠诚。管理者应该以组织的利益为先，忠实履行自己的职责和义务。管理者应该积极推动组织的目标和使命，并为组织的利益而努力工作。管理者应该保守组织的机密信息，维护组织的声誉和利益。

（2）对领导的忠诚：忠诚的道德原则还要求管理者对领导忠诚。管理者应该尊重和服从领导的指示和决策，并为领导提供支持和协助。管理者应该积极与领导沟通，积极反馈问题和建议，并展示忠诚的态度和行为。同时，忠诚的道德原则也鼓励管理者为领导树立榜样，以带领团队向前发展。

（3）对团队的忠诚：忠诚的道德原则鼓励管理者对团队忠诚。管理者应该关注团队的整体利益，增强团队的凝聚力和合作精神。管理者应该支持团队成员的发展和成长，鼓励团队内部的协作和互相帮助。管理者应该积极参与团队活动，营造积极向上的团队氛围，以提高团队的工作效能。

（4）对员工的忠诚：忠诚的道德原则要求管理者对员工忠诚。管理者应该关心员工的福祉和发展，为他们提供支持和指导，帮助他们充分发挥自己的潜力。管理者应该倾听员工的需求和意见，并尽力满足员工的合理需求。管理者应该公平对待员工，给予他们公正的评价和奖励，为员工提供广阔的发展空间。

通过遵循忠诚的道德原则，管理者可以建立信任和稳定的人际关系，增强员工的归属感和忠诚度。同时，忠诚的道德原则也有助于管理者提高领导能力，推动组织的发展和壮大。此外，管理者的忠诚行为还将影响员工和团队，形成良好的组织文化和工作氛围。

## 四、儒家思想在组织管理中的应用

### （一）儒家思想对领导力和团队建设的影响

儒家思想是我国古代的一种重要哲学思想，对领导力和团队建设具有深远的影响。以下是儒家思想对领导力和团队建设的具体影响。

（1）仁爱的领导力：儒家思想中，仁爱是一种核心价值观，强调对他人的关怀、同情和爱护。在领导力中，儒家思想提倡领导者以仁爱之心对待员工，关心他们的发展和福祉。领导者应具备同理心，善于倾听员工的声音，关注员工的需求，并为员工创造良好的工作环境和条件。

（2）德行的榜样作用：儒家思想强调德行的重要性，认为领导者应该以德行为基础，树立良好的榜样。在团队建设中，领导者应该注重自身的修养和道德境界，注重培养员工的德行和职业道德。领导者通过自己的言行举止和榜样力量，引导团队成员积极向上，塑造团队的价值观和行为规范。

（3）和谐协调的组织风气：儒家思想强调人与人之间的和谐与平衡，提倡尊重他人、团结合作。在团队建设中，儒家思想倡导领导者营造和谐的组织氛围，鼓励员工之间的互助与合作。领导者应倡导团队成员之间的互相尊重和倾听，在决策过程中注重集体力量的发挥，构建和谐协调的工作关系。

（4）积极学习的文化氛围：儒家思想强调学习的重要性，提倡终身学习和思考。在领导力中，儒家思想鼓励领导者不断学习以丰富自己的专业知识和提升自己的专业能力，倡导积极学习的文化氛围。领导者应该给予团队成员学习的机会和支持，鼓励他们不断学习和成长，形成学习型组织的氛围。

通过应用儒家思想的原则和价值观，领导者可以建立良好的领导力和团队建设模式。这种模式注重关怀员工、尊重他人，强调和谐与平衡，鼓励学习和成长，有助于提高组织的凝聚力和团队的工作效能。

## （二）儒家思想对组织道德文化和价值观的塑造

儒家思想对于组织道德文化和价值观的塑造具有重要影响。以下是儒家思想对组织道德文化和价值观的具体塑造。

（1）仁爱与和谐：在儒家思想中，仁爱是核心的价值观之一。它强调尊重他人、关怀他人和建立和谐的人际关系。在组织文化中，儒家思想倡导组织成员之间的仁爱与和谐，鼓励相互尊重、赞赏他人的价值和贡献。以仁义、和谐为核心的道德文化能够促进组织内部协作、团结和合作，营造良好的工作氛围。

（2）诚实与诚信：在儒家思想中，诚实和诚信被视为个人和组织的核心品质。它强调遵守承诺、言行一致和诚实守信。在组织文化中，儒家思想倡导建立诚实和诚信的价值观，要求组织成员诚实面对问题，讲求信守承诺，以诚信和信赖为出发点和归宿，增强组织内部成员之间的信任度与合作效率。

（3）学问与道德并重：在儒家思想中，学问和道德并重，并认为只有具备良好的道德素养和道德品质的人才能够通过学问来实现自我完善并造福他人。在组织文化中，儒家思想倡导将学问与道德并重，强调组织成员的道德修养和道德自觉。它鼓励组织成员注重个人品德的培养与提升，通过学习和修身来提高道德水平。

（4）公正与责任感：在儒家思想中，公正和责任感是重要的价值观。它强调公正对待他人，坚持原则和公平。在组织文化中，儒家思想倡导营造公正和负责的文化氛围，坚守原则，公正地处理事务，激励组织成员对自己的行为和决策承担责任。这样的组织文化能够培养组织成员的责任感和公平意识，提高组织的公信力和社会声誉。

通过儒家思想的应用，组织可以建立起以仁义和谐、诚实诚信、学问与道德并重、公正与责任感为核心的道德文化和价值观体系。这将有助于组织塑造良好的形象，提升组织的声誉，同时也有助于加强组织内部成员之间的凝聚力和团队合作，促进组织的长期稳定发展。

# 第三节　佛家学派的管理道德哲学

## 一、佛家学派的概述

### （一）佛家学派的起源和发展

佛教的起源可以追溯到公元前 5 世纪，是由一位名叫释迦牟尼（又称佛陀）的印度哲学家和教育家所创立的。佛陀在他的人生中体验了各种苦难和痛苦，并通过求真理的旅程找到了解脱的道路。他的教诲被称为佛法，他的追随者也成为佛教徒。当时佛陀传播了他的教诲，吸引了众多的追随者。佛教最初只在印度传播，但随着时间的推移，它渐渐扩展到缅甸、斯里兰卡、泰国和柬埔寨等国家。[①]

佛教的发展也经历了不同的学派和教义的演变。早期，佛教在印度分为

---

① 杨曾文：《佛教的起源》，今日中国出版社 1989 年版，第 94 页。

不同的学派，如上座部派（Theravada）和大乘佛教（Mahayana）。上座部派更加注重原始佛教经典的传承，强调个人修行和解脱；而大乘佛教则强调以利他为中心的修行和普度众生。[①]

随着佛教在我国的传播和各地文化的影响，佛教产生了不同的流派和学派，如禅宗、密宗、净土宗等。这些学派在不同的地区和时期发展，各有独特的教义和修行方法，但都以佛陀的教诲为基础。

佛教在发展过程中对社会、文化和艺术产生了深远的影响。佛教鼓励人们追求内心的平静与善良，提倡无私、利他的精神，以及对众生的关怀与慈悲。这些价值观贯穿佛教的教义和实践，对个体和社会的和谐与福祉产生积极的影响。

总而言之，佛家学派起源于佛陀的教诲，经过漫长的发展和传播，形成了多个学派和教派。它的核心是追求解脱和智慧，鼓励人们以慈悲和利他为中心的修行，并对个体和社会产生影响。

### （二）佛家学派的核心思想和价值观

佛家学派的核心思想和价值观可以总结为以下五点。

（1）换取解脱：佛家学派强调通过修行来达到解脱的境界。解脱被认为是超越个体存在的一种境界，是从痛苦和无明中解脱出来，获得内心的平静和智慧。佛家学派强调个体的内在力量和自我觉醒的重要性，通过修行来实现自我解脱。

（2）真实觉醒：佛家学派认为世界是无常、苦难、空或无我的。他们提倡觉醒的心智，即通过深入的内观和洞察力，认识到现实的真相。这种觉醒使人能够超越执着和欲望，达到内心的自由和平静。

（3）慈悲与利他：佛家学派强调慈悲和利他的重要性，鼓励人们对他人表现出无私和慈悲的态度，关心他人的苦难并为其提供帮助。佛家学派认为通过利他行为可以帮助自己和他人实现解脱，并促进社会的和谐与幸福。

（4）中道与和谐：佛家学派倡导中道的思想，即避免极端和过度的行为。他们强调内在的平衡与和谐，追求身心和谐、言行中庸。佛家学派认为通过遵循中道可以延续修行的动力并实现内在的平静与智慧。

（5）缘起观：佛家学派提倡缘起观，即一切现象和事物都是因果相连

---

① 蒋维乔:《佛学纲要佛教概论》，上海古籍出版社2021年版，第51页。

的，彼此依存和相互影响。佛家学派强调个体与周围环境的互动关系，通过了解和认识缘起的原理，人们可以更好地理解生命的变化和无常，并学会适应和处理变化的境遇。

佛家学派的核心思想和价值观在很大程度上影响了佛教徒的思维方式和行为准则。他们鼓励个体通过内观和修行来实现内心的解脱，并关注他人的福祉和社会的和谐。

## 二、佛家思想对管理道德的影响

佛家思想中的道德观念和原则可以总结为以下五点。

（1）慈悲与善行：佛家思想强调慈悲和善行的重要性。慈悲是对众生表现出无私、关爱和同情的心态。善行则是指通过具体的行动来惠及他人，帮助他人摆脱痛苦和困境。佛家鼓励人们从心中发起慈悲之念，以善行回报社会和众生。

（2）非暴力与和平：佛家思想强调非暴力和和平的原则。佛教倡导放弃暴力和伤害生命，包括人和其他有感知能力的众生。佛家追求和平的目标，强调通过和谐、亲善和尊重他人的方式与他人相处，以建立共融和谐的社会。

（3）真实与诚实：佛家思想中的道德观念还注重真实和诚实。诚实是指对自己和他人保持真实、正直的态度，不虚伪和欺骗。佛家鼓励人们在言行之间保持一致，并且以诚实的态度来面对自己和他人。

（4）节制与克制：佛家思想中的道德观念也包括节制和克制的原则。这指的是对欲望、贪婪和嗔怒等负面情绪的节制，以避免过度的追求和执着。佛家认为欲望和贪婪是导致人们苦难的根源，通过节制和克制，人们可以实现内心的平静和智慧。

（5）善业与善业果报：佛家思想中的道德观念还强调善业和善业果报的概念。善业是指通过善行和利他的行为来积累正面的因果力量。佛教认为，人们的行为会带来相应的果报，善业会导致善果，恶业则会导致恶果。因此，佛家鼓励人们通过善行来建立善业，从而得到正面的回报。

佛家思想中的道德观念和原则体现了关爱众生、追求内心解脱和与他人和谐相处的理念。这些道德观念在佛教徒中被视为指导个人和社会行为的准则，以实现内心的平静和智慧，促进社会的和谐和福祉。

## 三、佛家思想中的管理道德原则

### （一）慈悲的道德原则

慈悲是佛家思想中一项重要的道德原则，它体现了对他人的无私关怀和同情心。以下是慈悲的道德原则。

（1）同情众生：慈悲的道德原则鼓励人们对众生表现出同情心。佛家认为，众生都经历着痛苦和苦难，因此，人们应该对他人有同情心，并尽力减少他人的痛苦。这种同情心不仅包括人类，还包括动物和其他有感知能力的生命。

（2）帮助他人：慈悲的道德原则提倡通过行动来帮助他人。这意味着以无私、关爱和利他的心态来为他人做好事。佛家倡导人们通过善行和善举来帮助他人摆脱痛苦和困境，以及满足他人的需要。这种帮助他人的行为是慈悲的具体体现。

（3）宽容与谅解：慈悲的道德原则鼓励宽容和谅解他人。宽容意味着接纳他人的差异和错误，不因对方的过错而产生恶意或愤怒。谅解则是理解他人的处境和行为背后的原因，并尽量与他人友好解决问题。也就是说，宽容与谅解可以促进人际关系和社会的和谐。

（4）关爱与服务：慈悲的道德原则鼓励关心和关爱他人，并以服务他人为目的。这意味着通过关心和关爱他人的需求和幸福，以及付出行动为他人提供帮助和支持。佛家思想认为，通过关爱与服务他人，能使自己的心地保持善良，促进他人的福祉。

慈悲的道德原则在佛家思想中扮演着重要角色，其目的是培养人们具备温暖、善良和关怀的品质，以实现个体的内心满足以及社会的和谐与福祉。

### （二）禅定的道德原则

禅定是佛家思想中的一项重要修行方法，它旨在通过内观、冥想和专注来达到内心的平静和清净。禅定的道德原则体现了个体在修行过程中应遵循的伦理准则和行为规范。以下是禅定的道德原则。

（1）正念与专注：禅定的道德原则要求个体保持正念和专注的状态。正念意味着保持对当前瞬间的觉察和认知，不被过去的纠结和未来的担忧干扰。专注则是指将注意力集中在一个特定的对象或内在的感受上，以培养内心的平静和专注力。

（2）清净与纯洁：禅定的道德原则鼓励个体追求内心的清净和纯洁。这意味着通过过滤和净化自己的思想、情感和意识，摒除负面的念头和欲望，以达到内心的平和与纯净。清净和纯洁的内心能够帮助个体更好地修行和实现内心的解脱。

（3）谦虚与自律：禅定的道德原则强调谦虚和自律的品质。谦虚是指摒弃傲慢和自负的态度，对他人和自己保持谦逊和尊重之心。自律则是指自觉遵守道德规范和修行准则，约束自己的身心行为，以培养纯净和平静的心态。

（4）非暴力与和平：禅定的道德原则倡导非暴力与和平的行为。个体在修行过程中应遵守不伤害他人、不产生暴力行为的道德准则，以创造和谐的人际关系和社会环境。通过培养平和的心态与平和的行为，个体能够建立内心的和谐与平静。

禅定的道德原则在佛家思想中扮演着重要的角色，它是修行的根本基础，也是培养内心解脱和智慧的关键。通过遵循这些道德原则，个体能够净化内心、获得内在的平静与平和。

## 四、佛家思想在组织管理中的应用

### （一）佛家思想对领导力和员工发展的影响

佛家思想强调智慧、慈悲和正念，对领导力和员工发展产生积极的影响。以下是佛家思想对领导力和员工发展的四个方面的影响。

（1）倾听和尊重：佛家思想强调倾听和尊重他人的观点和意见，以实现有效的沟通和建立良好的人际关系。领导者要倾听员工的需要和关切，并尊重员工的贡献和价值。这种领导风格有助于建立开放和互信的工作环境，激发员工的创造力和参与度。

（2）慈悲和关怀：佛家思想强调关注和关爱他人的需求和福祉。领导者要关心员工的个人发展和幸福，并为员工提供支持和指导。这种领导风格能够培养员工的忠诚度和归属感，并促进他们的成长和发展。

（3）智慧和领导决策：佛家思想强调智慧和正念的培养，使领导者能够做出明智的决策和有效的领导。领导者要运用智慧和正念来分析问题、评估风险，并做出合理的决策。智慧的领导决策有助于组织的稳定和发展，同时也为员工提供指导和榜样。

（4）内心平静和抗压能力：佛家思想强调通过冥想和禅修来培养内心的平静和抗压能力。领导者要具备冷静和沉稳的品质，在面对挑战和压力时能够保持冷静、沉着应对，带领团队克服困难并实现目标。

佛家思想对领导力和员工发展的积极影响主要体现在关注他人、关怀员工，以及通过智慧和正念来做出明智的决策和引导。这些影响有助于组织建立积极的工作环境，推动员工的成长和发展，进而为组织的成功和长期发展打下基础。

## （二）佛家思想对组织文化和企业社会责任的塑造

佛家思想对组织文化和企业社会责任的塑造有以下四个方面的影响。

（1）倡导和平与和谐：佛家思想强调慈悲、宽容和非暴力，鼓励人们追求和平与和谐的生活方式。在组织中，这种思想可以被转化为塑造一种和谐、协作和尊重的组织文化。通过强调倾听、尊重他人和解决冲突的能力，组织可以营造和谐的工作环境，增强员工的凝聚力和工作效能。

（2）强调道德与慈善：佛家思想强调道德原则和慈悲的实践，鼓励人们追求善良和利他的行为。在组织中，这种思想可以被转化为倡导道德行为和社会责任。通过制定道德准则和倡导企业社会责任，组织可以营造一种正直和有道德感的氛围，激励员工以负责任的方式行事，并积极参与社会福利和慈善事业。

（3）培养智慧与正念：佛家思想强调培养智慧和正念，以提升个体的意识和觉知。在组织中，这种思想可以被转化为鼓励员工发展自我意识、自我管理的能力，并使员工在工作中保持专注和正念。通过冥想和正念，可以帮助员工减轻压力、提高工作效率，同时培养集体的智慧和创新能力。

（4）关注环保与可持续发展：佛家思想强调与大自然和谐相处，并倡导对环境的保护和可持续发展。在组织中，这种思想可以被转化为倡导环保意识和可持续发展的实践。组织可以通过采用环保措施、减少资源浪费和推行可持续的经营模式来履行社会责任，为保护环境做出贡献。

通过上述方面的影响，佛家思想可以帮助组织塑造一种有利于和谐发展、有利于形成道德和善行的组织文化，并推动组织积极履行社会责任。这种文化和责任意识的塑造有助于增强组织的声誉和吸引力，同时也能为员工提供有意义和价值的工作环境。

# 第四节 其他学派的管理道德哲学

## 一、法家的道德观和伦理思想

法家学派在道德观和伦理思想上与其他学派有所不同，其注重以法治为中心，强调行为的规范和奖罚制度。以下是法家的道德观和伦理思想的主要特点。

（1）以利为本：法家认为人性在本质上追求个人的利益和功利，主张以实际利益为导向，强调通过法律制度和奖罚来引导人们的行为。法家认为，利益是人们行为的根本动机，通过规定明确的法律规则来保障公平和秩序。

（2）规范行为：法家主张制定明确的法律和规章制度，以规范人们的行为，认为制定法律可以解决人们的道德问题，并通过奖罚机制来引导人们遵守法律和规则。

（3）重视威严和威力：法家认为威严和威力是维护社会秩序和权威的重要手段主张建立强大的国家体制和行政机构，通过集中权力和有效的管理来维护社会稳定和公共利益。

（4）强调得失观念：法家注重权谋和策略，在面对复杂的社会现实时，强调利益和利害分析、追求最大化的利益和最小化的损失，则认为在权力斗争和社会竞争中，个体的得失是重要考量。

（5）重视实践与效果：法家强调实际行动和实用效果，主张注重实际问题的解决，通过实证的方法探索有效的管理和治理方式，追求实际成效和社会效益。

总之，法家的道德观和伦理思想强调以法律为基础和行为规范，以追求个人利益和社会稳定为目标；强调法律制度的建立和权力的运用，重视实际效果和社会利益。这些思想为管理者和决策者提供了一种实用的思考方式和管理理念。然而，由于过于重视法律的约束和行政手段，法家思想也带有一定的权威主义倾向，需要在实践中加以审慎运用和平衡。

## 二、墨家的道德观和伦理思想

墨家是中国古代一个重要的哲学学派，其道德观和伦理思想强调爱和兼爱，追求和平与公平。以下是墨家的道德观和伦理思想的主要特点。

（1）兼爱和博爱：墨家倡导"兼爱"和"博爱"，主张对所有人、所有事物以及社会整体展开无差别的关爱和包容，追求广泛的人格培养，强调人与人之间的和谐与互助。

（2）以仁爱为根本：墨家将"仁爱"作为基本的道德标准，认为对他人的利益和幸福应该是行为的出发点和归宿，主张以仁爱来化解社会和人际间的矛盾，构建和谐的社会关系。

（3）反对战争和暴力：墨家反对战争和暴力，主张和平与安全，认为战争和暴力只会带来破坏和苦难，强调通过和谐的协作与合作来解决争端和纷争。

（4）强调公平和秩序：墨家注重公平和秩序的建立，主张制定公正的法律和规则来维护社会秩序和人们的权益，认为公平是社会权力和资源分配的依据，公正的制度可以消除不公与偏见。

墨家的道德观和伦理思想着重于人与人之间的关爱和和谐，倡导仁爱和和平的理念。他们强调公平和秩序的建立、个体的修身和社会的治理。墨家的思想对于现代社会的和谐发展和社会公正具有一定的启示和借鉴意义。

兼爱、非攻是墨家学派的核心思想，也是其在管理道德领域的重要贡献。该思想强调以兼爱为基础的管理理念，并主张非攻的原则。以下是兼爱、非攻的管理道德思想的主要内容。

（1）兼爱的管理理念：兼爱是墨家学派的核心概念，指的是以广泛的博爱精神对待他人，将关爱和尊重扩展到所有人、所有事物，追求人类共同的利益和幸福。在管理实践中，兼爱的理念要求管理者超越私利，关注员工和利益相关者的福祉，并追求整体的和谐发展。

（2）非攻的原则：非攻即反对使用武力和暴力，强调和平解决争端和纷争。在管理领域，非攻的原则要求管理者避免使用强权和压迫，而是通过沟通、协商和合作来处理冲突和问题。非攻的思想也强调在管理决策中考虑社会公益和长远利益，避免伤害他人的利益和权益。

（3）公正和平等：兼爱、非攻的管理道德思想强调公正和平等的原则。管理者应该在权力和资源的分配上遵循公平原则，使每个人都能受到公正、平等的对待。同时，也要尊重每个人的独特性和多样性，建立包容和平等的工作环境。

（4）以德治企：兼爱、非攻的管理道德思想强调以德治企，即管理者应该树立榜样，以品德和道德引导员工和组织的行为。通过培养和弘扬良好的道德品质，塑造积极向上的企业文化，促进组织内部的和谐发展。

（5）伦理价值导向：在兼爱、非攻的管理道德思想中，伦理价值是管理决策和行为的指导原则。管理者应该将伦理价值融入战略规划、组织运营和员工管理等方面，追求经济效益与社会责任的双重目标。同时，也要建立健全的道德评估体系，对管理行为进行伦理评价和监督。

总之，兼爱、非攻的管理道德思想强调以兼爱为基础的管理理念，主张非攻的原则，并强调公正、平等和以德治企的价值观，为管理者提供了一种以和平、公正和尊重为基础的管理思维和方法，以推动组织的和谐发展和社会的可持续进步。

# 第三章
## 管理道德的西方哲学思辨

在西方哲学领域，道德管理的概念一直是一个备受关注和争论的话题。指导管理领域道德决策的原则和价值观是由各种哲学观点和理论形成的。对西方管理伦理产生重大影响的基本哲学传统之一是义务论，它强调履行道德责任和义务的重要性。根据道义论伦理学，如果一个行为符合某些普遍原则或规则，那么这个行为就被认为在道德上是正确的。就管理而言，这意味着管理者有道德责任按照道德原则行事，而不论其行为的后果或结果如何。例如，信奉义务伦理的管理者在与员工和所有利益相关者的互动中可能会优先考虑诚实和透明，即使这可能不会为组织带来直接的积极结果。

在管理伦理领域，另一个有影响力的哲学观点是功利主义。杰里米·边沁（Jeremy Bentham）和约翰·斯图亚特·密尔（John Stuart Mill）等哲学家所倡导的功利主义认为，一项行为的道德价值取决于其最大化整体幸福或效用的能力[①]。就管理而言，这意味着管理者在做决策时应使所有利益相关者的整体福祉和幸福最大化。例如，一个功利主义的管理者可能会优先考虑员工和客户的利益，而不是短期利润，因为他相信长期的幸福和满意最终会带来更大的整体效用。

此外，美德伦理在形成道德管理实践方面也发挥了重要作用。美德伦理注重道德品质的发展以及诚实、正直和公平等美德的培养。从美德伦理的角度来看，道德管理涉及在个人行为和决策中体现和促进美德品质。遵守美德伦理的管理者可能会优先考虑建立信任和培养积极的工作文化，认为这些美德对于组织的长期成功至关重要。

---

① 金炳华：《马克思主义哲学大辞典》，上海辞书出版社 2003 年版，第 2 页。

除了这些哲学观点，管理伦理领域还受到各种伦理理论的影响，如伦理相对主义、伦理利己主义和伦理多元主义。伦理相对主义认为，伦理原则是主观的，在不同的文化和社会中各不相同。伦理利己主义认为，个人在做出伦理决定时应优先考虑自身利益。而伦理多元主义则认为存在多种有效的伦理观点，并鼓励管理者在做决策时考虑一系列伦理原则。

总体而言，西方哲学中的管理伦理是一个复杂而多面的研究领域。它借鉴了各种哲学观点和理论来指导管理者做出伦理决策。无论是义务论伦理学、功利主义、美德伦理学，还是其他伦理学框架，伦理管理的最终目标都是促进公平、诚信以及所有利益相关者的福祉。通过理解和应用这些伦理原则，管理者可以在商业世界的复杂环境中游刃有余，同时坚持道德价值观，为建立一个更加合乎道德和可持续发展的社会做出贡献。

# 第一节　功利主义的管理道德哲学

## 一、功利主义的渊源和内涵

在古希腊哲学中，功利主义的概念可以追溯到伊壁鸠鲁和阿里斯提普斯等哲学家的作品。例如，伊壁鸠鲁认为，人类生活的终极目标是获得快乐和避免痛苦。根据伊壁鸠鲁的观点，快乐的追求应该是理性的、自私的和适度的。他认为，人们应该以理性的方式追求快乐，而不是被欲望和冲动驱使。此外，伊壁鸠鲁还主张人们应该追求适度的快乐，而不是过度追求，因为过度的欲望和享乐可能会导致痛苦。[1]

伊壁鸠鲁的功利主义观强调个人的自私利益。他认为，人们应该追求自己的快乐，而不是为了他人的利益。然而，伊壁鸠鲁主张人们通过友谊和公正的行为来建立和谐的社会关系，因为这有助于个人获得快乐。[2]古希

---

① ［古希腊］伊壁鸠鲁、［古罗马］卢克莱修：《自然与快乐：伊壁鸠鲁的哲学》，章雪富编，包利民、刘玉鹏、王玮玮译，中国社会科学出版社2018年版，第79页。

② ［古希腊］伊壁鸠鲁、［古罗马］卢克莱修：《自然与快乐：伊壁鸠鲁的哲学》，章雪富编，包利民、刘玉鹏、王玮玮译，中国社会科学出版社2018年版，第215页。

腊哲学中的功利主义观点还影响了享乐主义和幸福主义等伦理理论的发展。享乐主义源于希腊语"hedone"，意为快乐，伊壁鸠鲁认为快乐是终极之善，应作为人生的首要目标来追求。幸福主义（eudaimonism）则强调追求"eudaimonia"（可翻译为"繁荣""充实的生活"）。根据幸福主义的观点，个人可以通过美德的生活和培养自己的道德品质来实现繁荣或充实的生活。古希腊哲学中的功利主义观点为道德管理实践提供了宝贵的启示。通过考虑所有利益相关者的整体幸福和福祉，管理者可以做出符合功利主义原则的决策。这种方法不仅能促进公平和诚信，还有助于推动社会的可持续发展。

近代功利主义的起源，可以追溯到杰里米·边沁的著作。边沁认为，道德的目标是促进整个社会的最大幸福，而这可以通过最大化行为的整体效用来实现。[①]约翰·斯图亚特·密尔在边沁思想的基础上进一步发展，强调了个人权利和自由在追求幸福过程中的重要性。[②]密尔认为，个人的自主和自由对社会的福祉至关重要，对行为的评价应基于其促进个人幸福和自由以及社会整体幸福的能力。[③]

## （一）杰里米·边沁的功利主义理论

### 1. 杰里米·边沁简介

杰里米·边沁（Jeremy Bentham，1748—1832 年）是 18、19 世纪英国的哲学家、法学家和社会改革家。他被认为是功利主义伦理学的创始人之一，对政治哲学、法律和经济学领域有重要贡献。边沁出生于英国伦敦，来自一个法律世家。他在牛津大学学习法律，并成为一名律师。然而，他对法律和社会问题的关注逐渐超出了法律实践本身，他开始致力于思考和研究如何改善社会和人们的生活。边沁的主要贡献是他对功利主义伦理学的发展和推广。他在其著作《功利原则》（*The Principles of Morals and Legislation*）中详细阐述了功利主义的理论和应用。他认为，人们的行为应该追求最大化整体幸福，以快乐和痛苦的总和来评估行为的道德性。

除了功利主义，边沁还对法律和社会改革有深入的研究。他提出了许多关于法律改革和司法制度改进的建议，包括对刑罚制度和监狱改革的思考。

---

① ［英］杰里米·边沁：《道德与立法原理导论》，时殷弘译，商务印书馆 2000 年版，第 74 页。
② ［英］约翰·斯图亚特·密尔：《论自由》，牛云平译，中译出版社 2016 年版，第 39 页。
③ ［英］约翰·斯图亚特·密尔：《论自由》，牛云平译，中译出版社 2016 年版，第 75 页。

他主张法律应该以实现最大幸福为目标，并强调个人权利和自由的重要性。边沁在他的一生中积极参与了社会改革运动，包括反对奴隶制度和争取妇女权益。他还成立了伦敦大学学院（University College London），这是英国第一所不受宗教限制的大学。边沁于 1832 年去世，但他的思想和理论对后世产生了广泛的影响，尤其是在伦理学、政治哲学和法律领域。他被认为是现代功利主义的奠基人之一，他的思想对社会政策和法律改革具有重要的指导意义。[1]

### 2. 边沁的功利主义观

边沁的功利主义基于这样一种信念，即对行为的判断应基于其后果。根据边沁的观点，一种行为的道德价值在于它能为最多的人带来最大的幸福。他提出了"最大幸福原则"或"效用原则"作为功利主义的基础。该原则认为，如果行为能够促进幸福，那么在道德上就是正确的；如果行为会产生不幸福，那么在道德上就是错误的[2]。

边沁的功利主义还强调量化幸福和痛苦的重要性。他提出了"hedons"和"dolors"的概念，分别用于衡量快乐和痛苦。边沁认为，这些测量单位可以用来计算一项行为的整体效用，从而更客观地评估其道德价值。[3]也就是说，人们能否通过牺牲少数人的利益来保障大多数人的利益，是否能够通过杀死一个人拯救其他人。

### 3. 对边沁功利主义的批判

虽然边沁的功利主义为道德决策提供了一个令人信服的框架，但它也面临着来自各方面的严厉批评。主要批评之一是，它将道德简化为单纯的快乐和痛苦，而忽视了其他重要的道德考量，如正义、权利和个人自主。批评者认为，它仅仅关注了整体幸福的最大化，并没有考虑某些行为或个人权利的内在价值。此外，边沁的功利主义也因其可能为道德上有问题的行为辩护而受到批评。例如，如果一项行动能带来更多的整体幸福，那么即使它涉及侵犯少数群体的权利或福祉，也可以说它在道德上是可以接受的。这引发了人们对功利主义可能导致压迫或剥削弱势群体的担忧。

---

① 程炼：《伦理学导论》，北京大学出版社 2008 年版，第 143 页。

② 于希勇：《在公共幸福中实现公益：西方功利主义思想借鉴及超越》，载《理论界》2012 年第 2 期，第 143–145 页。

③［英］杰里米·边沁：《道德与立法原理导论》，时殷弘译，商务印书馆 2000 年版，第 89 页。

对边沁的功利主义的另一个重要批评是其对快乐和痛苦衡量标准的依赖。批评者认为，快乐的主观性和幸福的难以量化使准确评估行为后果具有挑战性。此外，功利主义方法可能会忽视快乐的质量差异，没有认识到某些类型的快乐可能比其他快乐更有价值或更有意义。此外，边沁的功利主义还被指责为提倡短期和狭隘的道德观。批评者认为，它只关注眼前的后果而忽视了行为的长期影响，没有考虑到潜在的不可预见的后果。这种局限性引发了人们对道德理论可持续性和公平性的担忧，因为道德理论将眼前的幸福看得比长远的福祉更重要。

### 4. 对企业管理道德的贡献

在管理中，最大幸福或快乐的原则可以应用于决策。管理者可以利用这一原则做出决策，使员工、客户和其他利益相关者的幸福或快乐最大化。例如，管理者可以利用最大幸福原则来决定是否投资于员工培训。如果管理者认为投资员工培训会增加员工的幸福感或愉悦感，那么他们就应该投资。同样，管理者也可以利用最大幸福原则来决定是否提高员工工资。如果管理者认为增加工资可以提高员工的幸福感或愉悦感，那么他们就应该增加工资。

边沁的功利主义也可以应用于组织结构和政策的设计。例如，最大幸福原则可用于设计绩效考核制度，使员工的幸福或快乐最大化。同样，最大幸福原则也可用于设计一种薪酬制度，使员工的幸福或快乐最大化。

## （二）约翰·斯图尔特·密尔的功利主义理论

### 1. 约翰·斯图尔特·密尔简介

约翰·斯图尔特·密尔（John Stuart Mill，1806—1873 年）是 19 世纪英国的哲学家、经济学家和政治理论家。他是功利主义伦理学的重要代表人物之一，对政治哲学和经济学有重要贡献。密尔出生于伦敦，他是哲学家詹姆斯·密尔的儿子，从小接受严格的教育。他在父亲的指导下学习哲学和经济学，并在年轻时展示出了卓越的才华和智慧。

密尔的主要贡献是他对功利主义的进一步发展和推广。他在著作《功利主义》（*Utilitarianism*）中详细阐述了功利主义的原则和应用。与边沁不同，密尔强调了个体的幸福和自由的重要性。他认为，人们的行为应该追求最大化整体幸福，同时尊重个体权利和自由。除了功利主义，密尔还对政治哲学和经济学有深入的研究和贡献。他在著作《自由论》（*On Liberty*）中提出了个人自由和言论自由的重要性，并主张政府应该最大限度地限制对个人自由的干预。他还在《代议制政府》(*Representative Government*)中探讨了代议制政府的理论和实践。密尔在其一生中积极参与了社会和政治改革运动。他支持妇女权益、工人权益和普选制度的推行,并在英国议会中发挥了积极的作用。他的思想和理论对后世产生了广泛的影响,尤其是在伦理学、政治哲学和经济学领域。

密尔于 1873 年去世,但他的思想和理论在当代仍然具有重要的指导意义。他被认为是自由主义和功利主义的杰出代表,他的观点对社会政策和道德决策仍然具有重要的影响力。

### 2. 密尔的功利主义观

密尔功利主义的核心是效用原则,该原则指出,只要是促进幸福的行为就是正确的,只要是产生不幸福的行为就是错误的。[①]密尔认为,人类生活的最终目的是最大限度地增加幸福和减少痛苦。这一原则基于这样一种信念,即所有个体都有能力体验快乐和痛苦,在做出道德判断时应将这些体验考虑在内。[②]

密尔理论的一个重要方面是强调幸福的质量而非数量。早期的功利主义思想家只关注快乐的最大化,与之不同的是,密尔认为有些快乐在本质上比其他快乐更有价值。他区分了高级快乐和低级快乐,前者是智力、审美和道德上的快乐,后者则是纯粹的肉体或感官上的快乐。密尔认为,追求高级快乐应优先于追求低级快乐,因为高级快乐能带来更充实、更有意义的生活。

此外,密尔承认个人有不同的偏好和欲望,因此,幸福的概念不能简化为一刀切的方法。他提出了个人自主的概念,指出只要不损害他人,个人就应该有追求自己幸福的自由。这一个人自由原则是密尔理论的核心原则,因为他认为不同的观点和选择有助于社会的整体福祉。除了关注个人幸福,密尔的功利主义还延伸到公共政策和治理领域。他认为,效用原则应指导政府和机构的行动,因为它们的主要作用是促进普遍福利。[③]根据密尔的观点,法律和政策的评估应基于其提高整体幸福和减少痛苦的能力。这种功利主义的治理方法强调了社会正义、机会平等和保护个人权利的重要性。

---

① [英]约翰·斯图亚特·密尔:《论自由》,牛云平译,中译出版社 2016 年版,第 71 页。
② [英]约翰·斯图亚特·密尔:《论自由》,牛云平译,中译出版社 2016 年版,第 94 页。
③ [英]约翰·斯图亚特·密尔:《论自由》,牛云平译,中译出版社 2016 年版,第 113 页。

### 3. 对密尔功利主义的批判

对密尔功利主义理论的主要批评之一是它未能提供客观的道德标准。功利主义依赖于幸福的主观概念，而幸福因人而异。由于缺乏一个普遍接受的幸福定义，因此很难建立一个一致的道德框架。批评者认为，如果没有客观的道德标准，功利主义就会变得武断，缺乏做出道德判断的必要基础。虽然提供了一个宝贵的框架，但当面临道德困境和权衡时，功利主义也会带来挑战。在某些情况下，实现整体幸福最大化可能需要牺牲个人权利或短期利益。管理者必须谨慎平衡不同利益相关者的利益，并考虑其决策可能带来的意外后果。例如，一个功利主义的管理者可能需要解雇一小部分员工来挽救大多数员工的利益，从而导致一些人暂时感到不快乐。这种道德上的复杂性需要深思熟虑的分析和考虑替代方法。

对密尔功利主义理论的另一个重要批评是，它倾向于忽视个人权利和自由，转而追求集体幸福。功利主义只关注整体幸福，可能导致对个人权利的侵犯和对少数群体的压迫。批评者认为，道德理论不应该为了大多数人的利益而牺牲个人权利，因为这有损于正义和公平的原则[①]。密尔的功利主义理论非常强调幸福的定量衡量，而往往忽视了人类幸福的定性方面。批评者认为，将幸福简化为单纯的定量计算过分简化了人类经验的复杂性。幸福是一个多维度的概念，无法仅通过数量来准确衡量。由于忽视了幸福的质的方面，因此，功利主义未能捕捉到人类价值观和愿望的丰富性和多样性。功利主义主要关注行为的后果，而不是行为背后的意图。批评者认为，这种方法忽视了道德意图的重要性以及它们在决定行为的道德价值方面所起的作用。功利主义只考虑结果，没有认识到两个具有相同后果的行为可能因其背后的意图而具有不同的道德含义。这种局限性削弱了意图的道德意义，使道德沦为对结果的简单计算。

密尔的功利主义理论倾向于优先考虑行为的工具价值，而不是承认某些道德原则或美德的内在价值。批评者认为，有些行为或美德具有内在价值，无论其后果如何。功利主义只关注后果，没有承认诚实、正直和正义等美德的重要性，而这些美德本身就具有价值。功利主义的这一局限性破坏了同时包含后果和义务考虑的全面道德理论的发展。

---

① 李冲：《古典功利主义正义观及其限度》（硕士学位论文），河南大学，2015年，第15页。

### （三）功利主义类型

#### 1. 行为功利主义

行为功利主义（Act Utilitarianism）关注每项行为的后果，并根据这些后果判断行为的道德价值。根据行为功利主义的观点，一项行为是否合乎道德取决于它是否产生了最大的幸福或最小的痛苦，无论这个行为是否符合某种规则或原则[①]。

行为功利主义的关键价值之一是强调整体幸福的最大化。与其他优先考虑个人权利或义务的伦理理论不同，行为功利主义关注行为的结果。它认识到个人是相互联系和相互依存的，个人行为的后果会影响他人的幸福。通过优先考虑最大多数人的最大幸福，行为功利主义倡导集体利益的理念，鼓励有利于整个社会的行为。

我们可以通过一个假设情景来说明行为功利主义。设想有一个贫困的小村庄，村里的大多数人都生活在极端贫困之中，缺乏基本的生活必需品。在这个村子里，有一个富有的地主，他拥有大量肥沃的土地，却拒绝与村民分享或以任何方式帮助村民。从行为功利主义的角度来看，在这种情况下，道德上正确的行为应该是地主将他的一部分土地分给村民。通过这样做，他将促进最大多数人的整体福祉和幸福。村民通过耕种土地并改善生活条件，从而显著提高他们的效用。

行为功利主义的另一个价值在于它的灵活性和适应性。与依赖于固定道德规则的义务论理论不同，行为功利主义允许对道德决策采取更加细致入微的方法。它认识到，一项行为的道德性可能因环境和潜在后果的不同而不同。这种灵活性允许个人考虑他们所处的具体环境，并做出能够带来最大整体幸福的决策。通过考虑每种情况的独特环境，行为功利主义为道德决策提供了一个实用的框架。

行为功利主义还提倡公正和公平。通过关注行为的后果而非个人偏见或偏好，它鼓励个人采取更加客观的视角。这种公正性确保了决策不受个人利益或偏见的影响，而是以社会的整体福祉为重。这样，行为功利主义就培养了一种公平和正义感，因为它追求的是所有人的幸福最大化，而不论其个人特征或环境如何。

---

[①] 刘晓飞：《自由软件运动背景下的自由软件伦理精神研究》（博士学位论文），南开大学，2010年，第27页。

### 2. 规则功利主义

规则功利主义（Rule Utilitarianism）关注的是遵循一套规则或原则。规则功利主义认为，如果个体遵循这些规则或原则，就能最大限度地促进整体的幸福提升。根据规则功利主义的观点，一项行为是否合乎道德，取决于这个行为是否符合规则功利主义制定的规则，而不仅仅是它的后果。例如，交通规则，就属于功利主义规则，如果每个人都遵守交通规则，那么交通事故就会极大地减少，当前出现的交通事故大部分是没有遵守交通规则。

规则功利主义的优点有一致性和可预测性、减少偏见和主观性、简化决策。一致性和可预测性是规则功利主义主张遵守既定的道德规则，从而确保决策的一致性。这使个人能够预测其行为的后果，并促进社会的稳定感。减少偏见和主观性是通过依赖一般规则，最大限度地减少个人偏见和主观判断的影响。这促进了道德决策的公平和公正。简化决策是规则功利主义为个人提供了一套指导其行为的既定规则。这简化了决策过程，为道德行为提供了明确的指导，减少了评估每项行为后果的认知负担。

电车问题是一个著名的道德困境，是规则功利主义的一个说明性案例。在这个情景中，一辆失控的手推车正驶向被绑在铁轨上的五个人。然而，您可以选择将电车转向另一条轨道，那里只绑着一个人。问题来了：您应该牺牲一个人的生命来拯救五个人吗？

从规则功利主义的角度来看，可以制定一条一般规则，即始终将电车转向绑有较少人员的轨道。通过始终如一地遵循这一规则，整体幸福感将达到最大化，因为牺牲一个人的生命却挽救了五个人的生命。这一规则确保了决策的可预测性和一致性，并减少了偏见和主观性。但是，规则功利主义可能过于僵化，未能考虑到可能需要偏离既定规则的特殊情况，对一致性的关注可能会妨碍对特定环境和个人需求的考虑。在不同规则发生冲突的情况下，规则功利主义可能难以提供明确的指导。例如，如果"永远不撒谎"的规则与"防止伤害"的规则相冲突，那么确定道德上正确的行动方针就变得非常具有挑战性。

## 二、功利主义在管理中的应用

### （一）管理决策中的功利主义原则

道德决策是管理的一个重要方面，而功利主义为评估不同行动方案的道德影响提供了一个宝贵的框架。通过考虑其决策对所有利益相关者的潜在影响，管理者可以确保其选择能够最大限度地提高整体幸福感，并将伤害降至最低。然而，当试图量化和比较不同利益相关者的效用时，就会遇到挑战，因为他们的利益可能会有很大差异。

功利原则可广泛应用于管理决策，包括与企业社会责任、员工福利、产品开发和资源分配相关的决策。例如，在决定是否投资环保技术时，管理者可以从减少污染和提高可持续性的角度来评估潜在的利益。通过考虑长期后果和整个社会的福祉，功利原则将引导管理者做出符合更大利益的决策。

功利原则在管理决策中的一个显著例子是沃尔玛在 2015 年决定提高员工工资。认识到员工福利的重要性以及对组织整体绩效的潜在积极影响，沃尔玛管理层决定提高员工的最低时薪。这一决定是基于这样的信念，即提高工资将提高员工满意度，减少人员流动，改善客户服务。通过实施这一决定，沃尔玛旨在提高其员工、客户和股东的整体效用和幸福感。

沃尔玛提高员工工资的决定体现了功利主义原则。通过优先考虑员工的福利，沃尔玛预计将产生积极的后果，如提高员工士气、提高生产率和增强客户体验。这一决定不仅使员工受益，还对更广泛的社区产生了连锁效应。它开创了供其他组织效仿的先例，有可能使各行各业的工作条件得到改善，并提高工资。

功利主义鼓励在决策中使用定量分析。通过为不同的结果赋值并将其汇总，管理者可以客观地比较不同的选择方案，并选择整体效用最大化的方案。这种方法通过考虑选择的近期和长期影响，帮助管理者做出更加明智的决策。例如，在评估一个潜在的投资项目时，管理人员可以使用成本效益分析和净现值计算等技术来评估潜在的收益和成本。通过量化预期结果，管理人员可以基于理性分析而非直觉或个人偏见做出决策。

## （二）组织道德文化与功利主义

功利主义为管理决策提供了一个清晰的道德框架。功利主义关注行动的后果，而非行动背后的意图，从而帮助管理者避免主观偏见和个人偏好。这种方法允许对决策的潜在结果和影响进行更客观的评估，确保管理者将更大的利益置于个人利益之上。例如，一家公司决定将生产外包给劳动力成本较低的国家，功利主义分析将考虑对公司财务业绩的潜在好处，以及对当地工人的潜在负面影响。通过考虑所有利益相关者的整体福利，管理者可以做出符合道德原则的决策。

组织道德文化用于指导公司内部道德行为的共同价值观、信仰和规范。强大的道德文化有助于确保员工做出合乎道德的决策，并以公司及其利益相关者的最佳利益行事。功利主义可用于塑造组织道德文化，它提倡关注行为的整体结果，而非个人利益或偏见。例如，如果一家公司具有强烈的功利主义精神，员工可能会更多地考虑其决策对所有利益相关者的潜在影响，而不仅仅是自身利益。功利主义的目标是实现整体幸福或快乐的最大化，这通常以最大多数人的最大利益来衡量。在组织环境中，功利主义可通过评估不同行动方案的潜在结果来指导决策过程。例如，如果一家公司正在考虑将工作外包到国外，那么功利主义方法将涉及评估对公司利益相关者（包括员工、客户和股东）的潜在影响。从增加利润和就业机会的角度来看，总体结果可能是积极的；从功利主义的角度来看，外包的决定可能被认为是合乎道德的。

然而，将功利主义作为组织道德文化的指南也存在潜在的缺陷。对功利主义的主要批评之一是，它很难衡量整体的幸福感知或快乐程度，而且不同的利益相关者可能对什么是最大的善有不同的看法。这可能导致公司内部不同群体之间的冲突，并使公司难以做出被普遍接受为合乎道德的决策。

## （三）企业社会责任与功利主义

企业社会责任已成为当代管理实践的一个突出方面。功利主义为组织提供了一个评估其活动对社会和环境影响的框架，并使决策实现整体效用最大化。通过纳入功利主义原则，管理者可以使其组织的目标与社会福祉相一致，从而促进组织可持续发展并提高组织声誉。

功利主义是一种伦理理论，强调幸福或快乐最大化和痛苦或苦难最小化的重要性。根据这一理论，如果一项行为能够为最多的人带来最大的幸福，那么该行为在道德上就是正确的。在商业世界中，功利主义可应用于努力实现利润最大化的公司，同时确保其行为不损害社会或环境。

另外，企业社会责任是指企业有责任在经营过程中造福社会和环境，而不仅仅是追求利润最大化。企业社会责任有多种形式，如减少碳排放、促进多元化和包容性、通过慈善捐款回馈社会等。

从表面上看，功利主义和企业社会责任似乎相互矛盾。如果一家公司的首要目标是实现利润最大化，那么它为什么还要关注社会责任呢？然而，通过仔细观察就会发现，这两个概念并不相互排斥。事实上，功利主义可以为企业提供一个框架，使其能够以一种既合乎道德又有利可图的方式来履行企业社会责任。通过考虑其行为对社会和环境的影响，公司可以发现为其利益相关者和整个社会创造价值的机会。例如，投资可再生能源的公司不仅可以减少碳足迹，从长远来看，还可以节约能源成本。此外，通过对社会负责的方式运营，公司可以提高其声誉，并与客户、员工和其他利益相关者建立更牢固的关系。反过来，这又可以增加利润，实现公司长期可持续发展。

然而，需要注意的是，功利主义与企业社会责任之间并非没有挑战。例如，在某些情况下，公司对利润的追求可能与其社会责任相冲突。在这种情况下，公司必须仔细权衡其行为的成本和收益，并努力在道德考量和财务目标之间找到平衡。

功利主义与企业社会责任之间的一致性。功利主义为在管理决策中考虑不同利益相关者的利益提供了一个有用的框架。通过优先考虑所有利益相关者（包括员工、客户、投资者和社区）的整体福利，管理者可以做出在更大范围内产生积极影响的决策。例如，在考虑一项可能导致裁员的成本削减措施时，功利主义方法会权衡对组织的潜在利益和对员工及其家庭的负面影响。通过考虑所有利益相关者的整体福利，管理者可以做出效用最大化的决策。

## （四）功利主义与人力资源管理

功利主义在管理中的一个应用领域是员工激励和满意度。研究表明，优先考虑员工福利和工作满意度的组织往往具有更高的生产力、创造力和员工忠诚度。通过采用功利主义方法，管理者可以设计出符合员工整体幸福感和福利的奖励制度、工作环境和职业发展计划。

功利主义支持根据员工的贡献和表现给予奖励。通过实施基于业绩的奖励制度，组织可以激励员工更加努力地工作，取得更好的成绩。这不仅有利于获得表彰和奖励的个人，还能促进良性竞争，鼓励他人提高绩效。反过来，组织也会从生产率的提高和整体成功中受益。功利主义还主张投资于员工的发展和成长。通过提供培训、技能提升和职业发展的机会，组织可以确保员工具备有效完成工作的必要技能。这不仅能提高个人的工作满意度，还能促进组织的整体成功。当员工感到自己受到重视和支持时，他们就更有可能积极主动地投入工作。功利主义重视个人的整体福祉。企业可以通过优先考虑员工福利和创造工作与生活的平衡来应用这一原则。通过提供灵活的工作安排、促进健康的工作环境以及为个人和家庭需求提供支持，组织可以提高员工的积极性和满意度。当员工感到被关心和重视时，他们就更有可能对组织忠诚并做出承诺，从而提高工作效率并取得成功。

总之，功利主义与员工激励密切相关。通过应用功利主义原则，组织可以创造促进员工满意度、奖励绩效、支持员工发展、优先考虑员工福利以及指导道德决策的工作环境。这最终会提高员工的积极性、生产力，促进组织的成功。通过考虑员工的整体幸福感和效用，组织可以创造一个双赢的局面，使个人和组织都能从积极主动的员工队伍中获益。

## （五）功利主义管理的挑战

### 1. 平衡利益相关者利益的挑战

功利主义要求决策者考虑所有利益相关者的利益。然而，在复杂多变的商业环境中，利益相关者往往存在利益冲突。例如，股东价值最大化可能会以牺牲员工福利或环境可持续性为代价。面对这一挑战，管理者必须在相互竞争的利益之间找到平衡点，确保整体幸福感最大化。

### 2. 衡量和量化效用的挑战

功利主义依赖衡量和量化效用的能力。在企业管理中，这构成了一个重大挑战，因为确定决策对个人和集体幸福的影响是主观的，难以衡量。虽然利润和投资回报等财务指标可用作效用的替代物，但它们并不能反映影响所有利益相关者的全部后果。制定全面、可靠的效用衡量标准对于有效的功利主义决策至关重要。

### 3. 长期与短期后果的挑战

功利主义强调行为的长期后果。然而，在企业管理中，经常会遇到短期利益优先于长期利益的压力。这种挑战来自在眼前利益与可持续发展之间取得平衡的需要，而可持续发展可能需要时间才能产生积极的结果。管理者必须抵制以牺牲长期效用为代价来优先考虑短期收益的诱惑，这需要更广阔的视野和对道德决策的承诺。

### 4. 伦理困境与权衡的挑战

功利主义会带来道德困境和权衡。例如，功利主义可能会为牺牲少数人的利益来换取多数人的幸福而辩护。这就提出了公平和公正的问题，以及剥削或歧视的可能性。管理者必须谨慎处理这些两难问题，确保在追求整体幸福的过程中既不损害道德原则，也不侵犯个人或群体的权利。

### 5. 面对决策复杂性的挑战

功利主义要求决策者考虑其行为对所有利益相关者造成的后果。然而，现代商业运作的复杂性使得完全理解和预测决策的广泛影响具有挑战性。市场动态、技术进步和社会政治变化等外部因素进一步加剧了这种复杂性。管理者必须投资于强大的分析工具，参与所有利益相关者的对话，并不断更新其对商业环境的理解，以做出明智的功利性决策。

# 第二节  道义主义的管理道德哲学

## 一、道义主义的渊源和内涵

道义主义是伦理学中的一个基本概念，它探讨人们道德责任的性质以及人们行为背后的原因。它探讨的问题有为什么人们有责任以某种方式行事，什么是道德义务以及这些义务是如何随着时间的推移而演变的。

哲学的起源可以追溯到古代文明，在那时，早期的思想家们一直在努力解决道德责任与义务的问题。在古希腊，苏格拉底、柏拉图和亚里士多德等哲学家探讨了美德的本质及其与道德义务的关系。苏格拉底（Socrates）强调理性和知识在指导人们行动中的重要性，而柏拉图（Plato）则提出了"善"的概念，将其作为道德义务的最终来源。亚里士多德（Aristotle）则将"幸福"（eudaimonia）或"人类繁荣"（human flourishing）作为道德行为的终极目标。[1]

中世纪时期，义务哲学与宗教信仰和神学教义紧密结合在一起。圣·奥勒留·奥古斯丁（Saint Aurelius Augustinus）和托马斯·阿奎那（St. Thomas Aquinas）等基督教思想家试图调和基督教教义与道德责任和义务的概念。奥古斯丁受柏拉图哲学的影响，认为道德义务植根于上帝永恒不变的本性。阿奎那借鉴了亚里士多德和基督教思想，提出了全面的自然法理论，强调了按照上帝的旨意履行道德义务的重要性。

---

① ［古希腊］亚里士多德：《形而上学》，郭聪译，重庆出版社 2019 年版，第 187 页。

文艺复兴时期，人们对古典哲学的兴趣再度高涨，对道德义务的理解也转向更加注重个人主义。马基雅维利（Machiavelli）和霍布斯（Hobbes）等思想家挑战了传统的道德义务观念，强调了自我利益和政治权宜之计的重要性。然而，除了这些持怀疑态度的声音之外，勒内·笛卡尔（René Descartes）和伊曼努尔·康德（Immanuel Kant）等哲学家也试图为道德义务建立一个更加理性和普遍的基础。笛卡尔认为，道德义务源于理性本身的性质；而康德则提出以绝对命令作为指导道德行为的普遍原则。

在现代，义务哲学不断发展，以适应不断变化的社会和文化景观。功利主义思想家，如边沁和密尔，他们关注行为的后果，认为道德义务应建立在整体幸福或效用最大化的原则之上。这种后果论的方法挑战了强调某些行为或原则固有价值的传统道义主义观点。最近，义务哲学受到了存在主义和后现代主义思想的影响。让-保罗·萨特（Jean-Paul Sartre）和阿尔贝·加缪（Albert Camus）等存在主义哲学家强调，在一个没有内在意义的世界中，个人有自由和责任去创造自己的道德义务。另外，后现代主义思想家质疑普遍道德义务的存在，强调权力结构和文化相对主义对人们理解义务的影响。

## 二、卡尔·马克思的道义主义理论

### （一）卡尔·马克思简介

卡尔·马克思（Karl Marx，1818—1883 年）是 19 世纪德国哲学家、经济学家和社会理论家，也是共产主义思想的创始人之一。他出生于德国特里尔的一个中产阶级家庭，接受了德国和法国的教育。马克思在柏林大学攻读法律和哲学，并成为一名哲学博士。马克思的思想主要集中在对资本主义社会的批判和对社会主义的理论构建上。他与弗里德里希·恩格斯（Friedrich Engels）合作，共同撰写了《共产党宣言》（1848 年）和《资本论》（1867 年），这些著作奠定了马克思主义的基础。

马克思认为，资本主义社会存在着阶级斗争和剥削，工人阶级被剥夺了劳动价值的公平分配。他主张通过革命推翻资本主义制度，建立无阶级社会主义社会，实现生产资料的公有化和劳动者的解放。马克思的思想对社会、政治和经济学产生了深远的影响，成了 20 世纪社会主义和共产主义运动的理论基础。

马克思于 1883 年逝世，他的思想和影响力在世界范围内持续存在，并继续激发人们对社会公平和正义的追求。

## （二）马克思的道义主义观

马克思深受德国哲学主义的影响，特别是伊曼努尔·康德和格奥尔格·威廉·弗里德里希·黑格尔（Georg Wilhelm Friedrich Hegel）的著作。康德的绝对命令强调按照普遍原则行事的道德责任，为马克思对道义主义的理解奠定了基础。另外，黑格尔的辩证法为马克思提供了分析社会内在矛盾和冲突的框架。

马克思认为，社会和经济结构是由特定社会的物质条件形成的。马克思对资本主义的批判延伸到其道德含义。他认为，资本主义本质上是不公正的，因为它使社会不平等和剥削永久化。在资本主义社会中，拥有生产资料的资产阶级剥削无产阶级[①]，即工人阶级，从他们的劳动中榨取剩余价值。这种剥削被视为违反了基本的道德原则，如公平和平等。因此，马克思的伦理框架寻求挑战和改造现有的社会秩序，旨在建立一个更加公正和公平的社会。

马克思的哲学也涉及异化问题。马克思认为，在资本主义制度下，工人与其劳动产品、生产过程和自身的人性都是异化的。在资本主义生产方式下，工人沦为纯粹的商品，被迫出卖自己的劳动能力以换取工资。这种与劳动的异化导致了一种无力感和非人化。社会有义务创造条件，使个人能够充分发挥自己的潜能，克服异化。马克思的哲学最终主张以共产主义来解决社会问题。他设想了一个生产资料集体所有、财富按需分配的无阶级社会。他认为，无产阶级（工人阶级）有义务起来反对资产阶级，建立这种共产主义社会。[②]

马克思的哲学对社会有着深远的影响。通过强调资本主义制度中存在的剥削和异化，马克思敦促个人认识到他们有义务挑战和改变这些结构。他论证了集体行动和团结的必要性，以创造一个更加公正和公平的社会。

## （三）对企业管理道德的贡献

马克思的社会主义企业管理理论强调转变管理实践，以确保公平、平等和集体决策。他认为，管理者应发挥促进者的作用，促进工人之间的合作与

---

① 刘晓飞：《自由软件运动背景下的自由软件伦理精神研究》（博士学位论文），南开大学，2010年，第56页。

②［德］卡尔·马克思：《资本论》，朱登编译，北京联合出版公司2013年版，第328页。

协作。马克思强调阶级斗争和集体行动的必要性，可以通过促进工人权利和建立强大的工会应用到企业管理中。通过鼓励员工团结起来，集体谈判以争取更好的工资、工作条件和福利，管理者可以创造更加和谐和富有成效的工作环境。这种方法不仅解决了劳资双方权力不平衡的问题，还培养了工人的团结意识和共同目标。在社会主义社会中，管理层的主要职责是协调和统一工人的不同利益，而不是仅仅关注利润的创造。

马克思主张工人参与决策过程，这有助于建立一个更加民主和有效的管理制度。他认为，工人在决定其工作条件、工资和企业的总体方向方面应有发言权。通过赋予工人权力，马克思认为，他们将更有动力、更有责任感和更有创新精神，最终使整个组织受益。

虽然马克思的理论是在19世纪提出的，但在现代商业环境中仍然具有现实意义。许多当代管理实践，如员工授权、参与式决策和社会责任，都与马克思的理想相一致。此外，马克思强调工作中人的方面以及公平分配资源的必要性，这与对道德和可持续商业实践日益增长的需求产生了共鸣。

## 三、伊曼努尔·康德的道义主义理论

### （一）伊曼努尔·康德简介

伊曼努尔·康德（1724—1804年）是18世纪德国哲学家，被认为是现代哲学的重要思想家之一。

康德出生在普鲁士的科尼斯堡（今属俄罗斯），他的父亲是一个酒馆经营者。康德在科尼斯堡大学学习数学和自然科学，后来转向哲学。他在大学期间受到了启蒙思想尤其是休谟的经验主义和洛克的认识论的影响。

康德的著作对伦理学、形而上学和认识论产生了深远的影响。他的著作包括《纯粹理性批判》《实践理性批判》《判断力批判》。康德提出了他的哲学体系，强调人类理性的重要性和道德行为的普遍性。他认为人类的认识能力是有限的，主张人类应该根据道德原则行事，以实现人类的自由和尊严。

康德的思想对后来的哲学和伦理学产生了深远的影响。他的理性主义和道德普遍性的观点被广泛接受，并对现代哲学的发展产生了重要影响。康德被认为是德国启蒙运动的代表人物之一，他的思想也对后来的哲学家如黑格尔、尼采和维特根斯坦产生了影响。

### （二）康德的道义主义观

康德道义主义的核心是"绝对命令"（categorical imperative）的概念。"绝对命令"的原则是根据行为本身的内在价值而不是其后果来决定道德行为。要理解"绝对命令"的概念，必须掌握康德更广泛的伦理学理论。康德认为，道德行为是那些出于责任感而非个人倾向或欲望的行为。换句话说，如果一个人的行为完全是因为他的责任而做出的，那么这个行为在道德上就是正确的。这种义务来自绝对命令，康德将其视为适用于所有理性人的普遍道德法则。绝对命令有几种表述，每种表述对道德行为都提出了不同的观点。康德将绝对命令描述为一种无条件地适用于所有理性主体的道德义务。无论个人的欲望或行动可能产生的后果如何，它都是必须遵守的命令。康德认为，绝对命令源于理性，不取决于任何外部因素。这意味着道德义务不取决于个人喜好、社会规范或个人行为的后果。相反，它们是以人类的理性本性为基础的。康德认为，理性的人拥有与生俱来的尊严和自主性，这就要求他们遵守道德原则。

康德道义主义认为，道德行为应该基于理性和普遍适用的原则。此外，康德还认为，人类理性具有普遍性和客观性，它可以引导人们判断什么是正确和错误的行为；道德行为不应该基于个人的欲望或情感，而应该根据普遍适用的道德法则来决定；道德行为的核心是遵循道义法则，这些法则是通过纯粹理性来确定的，并且是普遍适用的，不受情感、个人意志或特定情境的影响。康德认为，只有遵守这些道义法则，人们才能实现真正的道德行为，而不是仅仅为了个人利益或欲望而行动。道义主义强调了道德行为的普遍性和普遍适用性，以及人类理性的重要性。他认为，道德行为不仅仅是个人的选择，而是基于普遍适用的原则和道义法则。通过遵循这些原则，人们可以实现他称之为"道义王国"的理想社会，这是一个基于普遍适用的道德原则和理性决策的社会。他通过对绝对命令的三种表述来阐述这些原则。

第一种表述被称为普遍法则表述，是指个人的行为方式只能是他们能够成为普遍法则的方式。这意味着道德行为必须建立在有理性的人都能一致适用的原则之上，不能有任何矛盾或例外。通过遵守这一表述，个人有义务以尊重他人尊严和自主权的方式行事。

第二种表述即人道表述，强调人的内在价值，是指个人应始终将自己和他人的人性本身作为目的，而不仅仅是达到目的的手段。这一表述强调了尊重每个人固有价值和尊严的重要性，而不论其效用或工具价值如何。

第三种表述即自主表述，强调了个人自主在道德决策中的重要性。康德认为，个人拥有理性自主权，使他们能够为自己制定道德原则。这一表述主张，个人应该按照他们自己规定的道德法则行事，从而肯定了他们的自主性和道德能动性。

以下是康德道义主义中四个绝对命令。

（1）不得虚伪的承诺。根据道义主义，一个人有义务遵守他所做出的承诺。例如，如果一个人承诺在某个时间帮助朋友，但在约定的时间没有履行承诺，那么他就是在违背道德义务。

（2）不得谎言。康德认为，谎言是道德上不可接受的行为，因为它违背了普遍适用的原则。根据道义主义，一个人有义务说真话，即使在某些情况下说谎可能会带来更好的结果。有人问康德，如果有人追杀你的朋友，你的朋友来你家避难，这时候仇人追到了你家门口，问道："你有没有见到XX？"按照不能撒谎的原则，你要怎么回答。康德说："我在街角的地方看到过我的朋友。"不正面回答，不回答问题，也就是没有说谎，没有欺骗。

（3）不得盗窃。根据道义主义，盗窃是违背道德原则的行为，因为它违背了人人都应该尊重私人财产的普遍适用原则。如果盗窃是对的，人人都去盗窃，那么将无物可偷，进而推理出这个原则不具有普遍性。

（4）不得自杀。道义主义认为，自杀是违背道德原则的行为，因为它违背了人人都有价值和尊严的原则。康德认为，每个人都有义务保护自己的生命，而不是通过自杀来逃避困境。根据康德的推理来看，如果人人都选择自杀，那么人类将会灭亡，进而推理出这是非理性行为，不符合道德的。

### （三）对康德道义主义的批判

尽管道义主义影响深远，但它也面临着一些批评。常见的批评是道义主义框架被指僵化，一些人认为这一框架未能充分考虑到现实生活中道德困境的复杂性和细微差别。批评者认为，康德强调遵守可普遍化的原则，这可能会导致僵化的道德判断，从而忽视道德决策的特定环境性质。

此外，康德的理论非常强调意图而非结果。康德认为，道德上的善举是出于责任感而做出的行为，并不考虑后果。这种方法忽视了善意行为可能造成的伤害，也没有考虑实现积极结果的重要性。批评者认为，纯粹基于义务的方法会导致道德僵化，在应对现实世界的道德挑战时缺乏灵活性。

对康德理论的另一个批评是其个人主义性质。康德强调理性和自主性，忽视了关系和社会背景在道德决策中的重要性。批评者认为，道德不应仅以个人责任为基础，还应考虑他人的福祉和利益。这种批评强调了需要一个更全面的道德框架，以考虑人类互动和社会动态的复杂性。

# 四、道义主义类型

## （一）自然法伦理学

### 1. 基本内涵

自然法（Natural Law）伦理学是一种哲学理论，认为自然界存在着一套固有的道德原则。它认为这些原则是客观的、普遍的，可以通过理性和观察发现。自然法伦理学的起源可以追溯到古希腊哲学，尤其是柏拉图和亚里士多德的著作。柏拉图认为存在一个永恒不变的更高境界，包括善的形式，它是道德价值的终极标准。亚里士多德则强调理性和人类繁荣在确定道德原则方面的重要性。在中世纪，托马斯·阿奎那等基督教神学家进一步发展了自然法的概念。阿奎那认为，上帝的神圣计划反映在自然秩序中，人类可以通过观察自然世界来辨别道德真理。此外，阿奎那还认为，人类生活的目的是根据自然法寻求满足，而自然法的基础是人性和每个人固有的目的或目标。

近代以来，约翰·芬尼斯（John Finnis）和热尔曼·格里斯（Germain Grisez）等思想家重振了自然法伦理学。芬尼斯提出了人类基本物品理论，即人类繁荣的客观方面，如生命、知识和友谊。他认为，这些物品是道德原则的基础，可以通过实践理性发现。道德原则源于人类固有的本性和区别于人类的理性。他认为这些原则是客观的、普遍适用的，为道德决策提供了基础。芬尼斯提出了七种基本物品，包括生命、知识、游戏、审美体验、实践合理性、社会性和宗教，他认为这些是人类繁荣的内在因素。芬尼斯理论的核心是由基本物品衍生出来的主要戒律。这些戒律指导着人类的行为，是道德推理的基础。芬尼斯认为，这些戒律是不言而喻的，具有普遍约束力，是公正和良性社会的基础。芬尼斯强调实践推理在伦理决策中的重要性，认为个人的行为应该符合共同利益，这是人类社会的终极目标。芬尼斯还认为，当个人履行其对主要戒律的义务并促进他人的福祉时，共同利益就实现了。

### 2. 对自然法伦理学的批判

格里斯强调人的尊严和每个人固有价值的重要性。他认为，道德规范的基础是人性的客观要求和实践理性的基本原则。格里斯的个人主义理论对当代自然法伦理学产生了重大影响。

尽管自然法伦理学拥有悠久的历史和有影响力的支持者，但它并非没有受到批评。主要批评之一是如何确定什么是自然的、什么是非自然的。批评者认为，自然的概念过于模糊和主观，不同的文化和社会可能对什么是自然有不同的理解。另一种批评则认为，自然法伦理学可能过于僵化和缺乏灵活性。批评者认为，它没有考虑到道德决策的复杂性和细微差别，在现实生活中可能无法提供实际指导。他们认为，需要一种更具背景性和情景性的方法来解决道德困境的复杂性。

尽管存在这些批评，但自然法伦理学在当代道德和法律讨论中仍然具有现实意义。它强调人的尊严、客观道德原则和每个人的固有价值，为人权和社会正义奠定了坚实的基础。它还为道德决策提供了一个不完全基于主观偏好或文化相对主义的框架。

总之，自然法伦理学是一种哲学理论，它认为自然界存在着固有的客观道德原则。它源于古希腊哲学和基督教神学，历史悠久。尽管其自然概念和僵化性受到批评，但自然法伦理学在当代道德和法律讨论中仍然具有现实意义，为人权和社会正义提供了基础。它强调人的尊严和每个人的固有价值，为道德决策提供了一个令人信服的框架。

## （二）权利伦理主义

### 1. 基本内涵

基于权利的（rights-based）伦理学认为，个人拥有某些应受到尊重和保护的基本权利。这些权利被认为是与生俱来的，与社会规范或文化价值观等任何外部因素无关。权利的概念通常与自主、尊严和自由等概念联系在一起。根据这一道德框架，个人有权做出自己的选择，追求自己的利益，过上不受干扰或伤害的生活。权利本位伦理学发展的关键人物之一是伊曼努尔·康德。康德认为，道德行为应当以责任感和遵守普遍道德原则为指导。他提出了"绝对命令"的概念，即个人的行为方式应与他们希望其他人在类似情况下的行为方式一致。这一原则强调了将个人视为目的本身而非达到目的手段的重要性。

基于权利的伦理学也承认道德义务的存在。这些义务源于个人的权利，是道德行为的指导原则。例如，如果一个人享有生命权，那么其他人就有义务不采取可能损害或危及该人生命的行动。同样，如果一个人有言论自由的权利，那么其他人就有义务尊重和保护这个人表达意见的权利。在当代社会，以权利为基础的伦理在塑造人们对人权和社会正义的理解方面发挥着至关重要的作用。联合国在 1948 年通过的《世界人权宣言》证明了权利本位伦理对全球治理的影响。该宣言承认所有人的固有尊严和平等权利，无论其种族、性别或社会地位如何。它是各国政府和社会的道德指南针，指导他们促进和保护人权。

以权利为本的伦理学也有助于人们理解医疗保健、教育和刑事司法等社会问题。例如，法律面前人人平等的原则是建立在所有人都有权享受公平、公正的法律制度的基础之上的。同样，医疗保健权所依据的信念是，个人享有获得必要医疗服务的基本权利。这些原则为评估和解决社会的不公平和不公正现象提供了一个框架。

### 2. 对权利伦理主义的批判

尽管权利本位伦理学有其优势，但它也面临着来自不同方面的批评。其中一个主要批评是，它可能导致僵化和缺乏灵活性的道德判断。由于权利优先于后果，这种伦理学理论可能无法充分考虑行为的潜在危害或益处。批评者认为，纯粹以权利为基础的方法不一定总能为整个社会带来最好的结果。以权利为基础的伦理学的另一个局限性是其潜在的文化帝国主义。普遍权利的概念虽然在理论上很有吸引力，但可能会忽视文化价值观和实践的多样性。批评者认为，将西方的权利概念强加于非西方社会可能是以种族为中心的，会破坏文化的自主性。此外，基于权利的伦理学往往无法在权利冲突的情况下提供明确的指导。在现实生活中，权利有时会发生冲突，从而需要做出艰难的伦理选择。这种伦理学理论没有提供解决这些冲突的系统方法，使个人和政策制定者陷入复杂的道德困境。

## 五、管理决策中的道义主义原则

道义主义为在管理决策中建立道德原则提供了基础。它强调公平、正义和尊重个人自主权的重要性。管理者可以利用康德的理论来制定道德准则，将这些原则放在首位，确保以一致且符合道德规范的方式做出决策。道义主义对各个领域的决策过程均有重要影响。例如，在商业道德领域，决策者可以利用康德的理论来评估其行为的道德性。通过考虑他们的决策是否可以普遍适用，是否符合绝对命令，企业领导者可以确保道德行为，避免剥削或伤害他人的行为。

同样，在公共政策领域，康德的理论可以指导决策者制定法律法规。通过关注政策的普遍性并考虑所有个人的利益，决策者可以创造一个更加公正和公平的社会。

此外，道义主义也可应用于个人决策。个人可以将绝对义务作为道德指南针来指导自己的行为。通过考虑自己的决定是否符合普遍的道德原则，个人可以做出符合自己道德价值观的选择，并为更大的利益做出贡献。

伦理困境经常出现在管理决策中，在这种情况下，必须协调相互冲突的利益和价值观。康德的责任理论为解决此类困境提供了系统方法。通过运用绝对命令，管理者可以评估其行为在道德上的可允许性，并选择维护普遍原则的行动方案。这就为决策提供了一个框架，而不仅仅是基于个人偏好或短期利益。

## （一）组织道德文化与道义主义

道义主义对组织文化产生影响的最重要方式之一就是制定道德行为守则。许多组织都采用了行为守则，其中概述了员工应坚持的道德原则和价值观。这些准则通常以康德的义务哲学为基础，是员工日常工作的指南。康德哲学也影响了组织的决策方式。在康德的框架下，决策的基础是做正确的事这一道德责任，而不是个人利益或偏好。这种决策方法促使许多组织制定了道德决策框架，帮助员工做出符合组织价值观和原则的决策。康德哲学影响组织文化的另一种方式是强调对个人的尊重。康德认为，个人本身应被视为目的，而不是达到目的的手段。这种哲学在许多组织中形成了一种尊重文化，员工因其独特的贡献而受到重视，并得到尊严和尊重。

道义主义对组织履行企业社会责任的方式产生了影响。康德认为，个人和组织在道义上有责任为更大的利益做出贡献，并促进整个社会的福祉。这一理念促使许多组织制定了企业社会责任计划，旨在促进社会和环境的可持续发展，并对社会产生积极影响。

总之，道义主义对组织文化产生了重大影响。通过制定道德行为守则、道德决策框架、尊重文化以及对企业社会责任的承诺，各组织努力创造更加合乎道德和负责任的商业环境。随着各组织不断面临新的挑战和机遇，康德哲学将继续为道德决策和负责任的商业实践提供宝贵的框架。

## （二）企业社会责任与道义主义

根据康德的观点，个人有一种绝对的义务，即以一种可以普遍适用而不相互矛盾的方式行事。义务并不取决于个人欲望或后果，而是源于理性和合理性。康德伦理学强调将个人视为目的本身而非达到目的的手段的重要性。

乍一看，企业社会责任和康德道义主义似乎有着不同的基础。企业社会责任是由社会期望和自愿行动驱动的，而康德道义主义则强调理性和普遍的道德原则。然而，经过仔细研究，人们可以发现这两个概念之间有以下三个共同点。

首先，企业社会责任和康德责任理论均承认考虑他人福祉的重要性。企业社会责任鼓励企业超越自我利益，为社会做出贡献，而康德道义主义则强调将个人本身视为目的。这两种观点均承认人的固有价值以及尊重人的尊严的必要性。

其次，企业社会责任和康德责任论均强调理性在道德决策中的作用。企业社会责任鼓励企业考虑其行为的长期后果，并在理性评估社会和环境影响的基础上做出决策。同样，康德责任理论强调理性在确定道德义务中的作用。

最后，企业社会责任和康德责任理论均承认道德代理的重要性。企业社会责任承认企业有道德责任采取道德行为，而康德道义主义则强调个人的道德自主性和做出理性选择的能力。这两种观点均强调了个人和组织在为其行为负责方面的作用。

## （三）道义主义与人力资源管理

### 1. 员工招聘与甄选

人力资源管理与义务理论之间关系明显的一个领域是员工招聘和选拔。强调公平和平等对待个人，这意味着组织在做出招聘决定时应以能力和资历为基础，而不是以个人偏见或歧视性做法为基础。结构化面试、客观评估和透明的甄选标准等人力资源管理实践有助于组织使其招聘流程符合康德责任理论。

### 2. 员工发展与培训

人力资源管理的另一个道德考量方面是员工发展和培训。康德责任理论强调个人成长和自我完善的重要性，这与人力资源管理提高员工技能和能力的目标相一致。组织可以采用道德培训实践，为员工提供持续学习和发展的机会，从而履行其促进个人福祉的职责。

### 3. 绩效考核与奖励

绩效评估和奖励是影响员工积极性和工作满意度的重要人力资源管理实践。康德责任理论强调认可个人努力和贡献的重要性。组织应确保绩效考核体系公平、客观，并以业绩为基础，而不是偏袒或个人偏见。组织通过将绩效考核和奖励与道德原则相结合，可以激励员工，增强他们的公平感和正义感。

### 4. 员工关系与冲突解决

康德责任理论对组织内部的员工关系和冲突解决也有影响。该理论强调，即使在具有挑战性的情况下，也要以尊重的态度对待个人。人力资源管理实践，如开放式沟通、公平的申诉程序和调解，可以帮助组织在处理员工冲突时坚持道德原则。通过促进尊重和公平的文化，组织可以培养积极的员工关系，提高组织的整体绩效。

## 六、道义主义管理的挑战

义务理论（又称绝对命令）在包括管理学在内的各个领域引起了广泛的讨论和争论。本节旨在对道义主义在管理中的应用所面临的挑战进行文献综述。

首先，理解康德义务理论的基本原则非常重要。康德认为，道德义务是普遍的、无条件的，这意味着它们无一例外地适用于所有有理性的人。他认为，道德行为应该是为了履行义务，而不是为了个人利益或快乐。此外，康德认为道德原则应基于理性，而非情感或欲望。

在管理方面，道义主义提出了一些挑战。主要挑战之一是道德义务与商业目标之间的冲突。为了实现利润最大化和组织目标，管理者可能会将自身利益置于其他所有利益相关者（如员工、客户和环境）的利益之上。这可能导致不道德行为，如剥削工人、欺骗客户或破坏环境。

另一个挑战是在复杂多变的商业环境中应用道义主义存在困难。在实践中，管理者经常面临模棱两可、相互冲突的情况，不清楚正确的行动方针是什么。例如，管理者可能需要决定是裁员以降低成本，还是留住员工以履行社会责任。在这种情况下，可能很难应用康德的普遍和无条件的道德原则。

此外，道义主义假定所有理性人都是平等的，具有相同的道德地位。然而，在管理中，管理者与员工之间以及企业与其他所有利益相关者之间存在着权力差异。这就提出了如何应用道义主义来承认和解决这些权力不平衡的问题。

尽管存在这些挑战，但在管理中应用道义主义也有潜在的益处。例如，它可以为基于理性和普遍原则而非个人利益或文化规范的道德决策提供一个框架；它还有助于促进工作场所的公平、正义和对人的尊严的尊重。

总之，道义主义为管理带来了挑战和机遇。虽然在实践中可能难以应用，但它为工作场所的道德义务和道德行为提供了宝贵的视角。管理者应努力将康德的原则融入决策过程，同时也要认识到在动态和多样化的商业环境中应用这些原则的复杂性和局限性。

# 第三节　西方其他学派的哲学思辨

## 一、让－雅克·卢梭的社会契约论

### （一）让－雅克·卢梭简介

让－雅克·卢梭（Jean-Jacques Rousseau，1712—1778 年）出生在瑞士的日内瓦，是法国启蒙时代最重要的哲学家和政治思想家之一。卢梭出生在一个中产阶级家庭，他的父亲是一个钟表制造商。然而，卢梭的母亲在他出生后不久就去世了，他的父亲也很快离开了他。因此，他的童年时期相对孤独和不稳定。

卢梭在日内瓦接受了基本的教育，但他并没有接受正规的大学教育。相反，他通过自学和广泛阅读来积累自己的知识。年轻时，卢梭从事了各种职业，包括学徒、助教、音乐家和家庭教师。这些经历使他接触到了不同的社会阶层和思想观念，对他的思想产生了深远的影响。

18 世纪 50 年代，卢梭开始在巴黎从事文学工作，并逐渐成了一位备受赞誉的作家。他的作品包括小说、散文和音乐评论等。卢梭的政治思想主要体现在他的著作《社会契约论》（*The Social Contract*）中。他认为人们在自然状态下是自由平等的，但社会制度的出现导致了不平等和不公正。他主张通过社会契约来建立公正的政治秩序，保护个人自由和权利①。

卢梭的政治观点强调人民的参与和民主决策。他主张实行直接民主制度，认为人民应该直接参与政治决策，而不是将权力交给统治者。在卢梭的晚年时期，他的思想受到了很大的争议和批评。他的观点被认为过于激进，甚至被当时的政府视为威胁。他被迫流亡，并在不同的国家度过了晚年，包括瑞士、英国和法国。

卢梭的思想对后世的政治哲学和社会理论产生了深远的影响。他的观点对法国大革命和其他社会运动产生了重要影响，并被认为是现代民主和人权思想的重要先驱之一。

## （二）社会契约论的源起

要全面把握卢梭社会契约论的精髓，关键是要考虑其产生的历史背景。在启蒙运动时期，以个人主义的兴起、对传统权威的质疑和对个人自由的追求为标志，社会发生了重大变革。卢梭的社会契约论是对这些变革的回应，旨在调和个人自由与公正和谐社会的需求。

卢梭的社会契约论的核心思想是，个人自愿将自己的部分自然权利交给管理当局，以换取保护和共同利益。卢梭认为，这种社会契约建立了一种基于人民普遍意愿的合法政治秩序。普遍意志这一概念代表了社会的集体愿望和利益，是在社会契约框架内理解道德的基础。

卢梭的社会契约论不仅涉及公正社会的形成，还探讨了这种社会安排所产生的道德义务。卢梭认为，道德不是与生俱来的品质，而是社会契约本身的产物。他认为，个人通过签订社会契约，具有了对同胞的道德义务。这些义务植根于普遍意愿，对于维护社会和谐与正义至关重要。

## （三）对社会契约论的批判

尽管卢梭的社会契约论对政治思想的形成具有重要影响，但也并非没有批评者。其中一个主要批评是围绕"普遍意志"概念的模糊性。卢梭认为，普遍意志代表了人民的集体愿望和利益，但在实践中，确定和执行这一意志可能具有挑战性。批评者认为，普遍意志很容易被当权者操纵或歪曲，导致个人权利和自由受到压制。对卢梭理论的另一个批评是其无视人性的多样性。卢梭假定个人天生善良，他们的自然本能与共同利益相一致。然而，人

---

① 安晓梅：《法律之下的自由观》（硕士学位论文），辽宁大学，2014年，第45页。

性是复杂的，个人有不同的欲望、兴趣和动机。批评者认为，卢梭的理论没有考虑到这些差异，导致对人类行为和社会动态的理解过于简单化。

此外，卢梭的社会契约论因缺乏对少数人权利的考虑而受到批评。该理论假定普遍意志代表大多数人，可能会忽视少数群体的需求和利益。批评者认为，这可能导致弱势群体被边缘化和受压迫。尽管存在这些批评，卢梭的社会契约论仍对政治和社会哲学产生了深远的影响。它影响了民主制度的发展，强调了人民主权和公民参与决策过程的重要性。卢梭的理论还促进了社会契约作为合法治理基础的思想。

然而，批判性地对待卢梭的社会契约理论并解决其局限性是至关重要的。学者和决策者应努力确保社会契约的实施不会导致对个人权利的侵犯或对边缘群体的排斥。此外，考虑到人性的复杂性、包容性以及参与决策过程的必要性，应仔细研究普遍意志的概念。

## （四）社会契约论对管理道德的启示

在管理伦理学领域，社会契约论被用来解释雇员与雇主之间的关系。该理论认为，雇员与雇主签订社会契约，同意工作以换取公平的报酬和安全的工作环境。反过来，雇主也同意提供这些东西，并遵守一定的道德标准。管理中的一个主要道德问题就是如何对待员工。社会契约理论为理解雇主对员工的义务提供了一个框架。雇主有责任提供公平的报酬、安全的工作环境以及成长和发展的机会。作为回报，员工应勤奋工作、遵守公司的规章制度。

社会契约理论也被应用于企业与社会的关系。该理论认为，企业与社会之间存在一种社会契约[①]，即企业应合乎道德经营，并为社会福祉做出贡献。这包括对环境负责、公平对待员工和回馈社会。

社会契约理论为理解个人、组织和社会之间的关系提供了一个有用的框架。在管理伦理领域，该理论被用来解释雇主对员工的义务以及企业对社会的责任。通过理解社会契约论的原则，管理者可以做出对组织和社会都有利的道德决策。让－雅克·卢梭的社会契约论对人们理解公正社会中的道德观产生了深远的影响。通过放弃某些自然权利以换取保护和共同利益，个人签订了社会契约，确立了对同胞的道德义务。尽管围绕卢梭的思想存在各种批

---

① 马少华：《企业社会责任动机的国外研究综述与展望》，载《商业经济》2018 年第 6 期，第 117-120 页。

评和争论，但他的社会契约论在当代关于道德和治理的讨论中仍然具有现实意义。它为分析社会契约与道德责任之间的关系提供了一个宝贵的框架，揭示了创建公正和谐社会的复杂性。

## 二、弗里德里希·尼采的存在主义伦理学

### （一）弗里德里希·尼采简介

弗里德里希·尼采（Friedrich Nietzsche，1844—1900 年）是 19 世纪德国哲学家、文化评论家和作家，被认为是现代哲学的重要思想家之一。他的思想对哲学、文化和政治领域产生了深远的影响。

尼采于 1844 年 10 月 15 日出生在普鲁士王国的一个小镇上，他的父亲是一位牧师。他在年轻时表现了出色的学术才能，在学校中获得了许多荣誉。他在大学学习了古典学和神学，并在之后成了一名教授。然而，尼采对哲学的兴趣越来越大，他开始研究古希腊哲学和文化。他受到了古希腊哲学家尤利乌斯·伊凡纽斯和亚里士多德的影响，他们的思想对尼采的哲学观点产生了深远的影响。尼采的思想主要集中在对人类存在和价值观的探索上。他批判了传统的道德观念，认为它们是基于虚假的假设和权力关系。他提出了"超人"（ubermensch）的概念，认为人类应该超越传统的道德观念和价值观，追求自己的个人自由和创造力。

尼采的思想也包括对基督教和宗教的批判。他认为基督教的道德价值观削弱了人类的力量和创造力，使人们从众和成为奴隶。他主张摒弃传统的宗教观念，追求个人的自由和自主。尼采的思想在他的一系列著作中得到了充分的阐述，其中最著名的包括《查拉图斯特拉如是说》（*Thus Spoke Zarathustra*）、《善恶的彼岸》（*Beyond Good and Evil*）和《权力意志》（*The Will to Power*）。这些著作对哲学、文化和政治领域产生了深远的影响，尼采的思想也成了现代哲学重要的一部分。

尼采的晚年生活并不顺利，他在 1889 年精神崩溃后度过了剩下的岁月。他的思想在他晚年时并没有得到广泛的认可，直到 20 世纪后期才开始受到重视。尼采于 1900 年 8 月 25 日去世，享年 55 岁。

尼采的思想对于理解现代社会和个人的自由意志有着深远的影响。他的批判精神和对传统观念的挑战使他成了现代哲学中的重要思想家之一。

### （二）存在主义伦理学的源起与观点

存在主义是 19 世纪和 20 世纪兴起的一场哲学运动，关注个体存在的主观体验以及与生俱来的自由和责任。存在主义者反对预设人生意义或目的的观念，强调个人选择和个人真实性的重要性。这种对传统道德框架的摒弃和对新道德体系的探索催生了存在主义伦理学。

虽然存在主义伦理学作为一个独特的领域出现于 20 世纪，但其根源可以追溯到为这一伦理学框架奠定基础的早期哲学思想家。19 世纪的哲学家弗里德里希·尼采挑战了传统的道德规范，主张从个人角度重新评估价值观。尼采的"权力意志"和"超人类"思想为存在主义强调个人自由和自我创造奠定了基础。19 世纪丹麦哲学家索伦·克尔凯郭尔（Soren Kierkegaard）常被视为存在主义之父。克尔凯郭尔对主观真理和个人与上帝关系的探索，为存在主义对个人存在和个人责任概念的关注奠定了基础。克尔凯郭尔的思想极大地影响了后来的存在主义思想家，包括让－保罗·萨特（Jean-Paul Sartre）和西蒙娜·德·波伏娃（Simone de Beauvoir）。

尼采的存在主义伦理学植根于他对传统道德体系的批判，尤其是对那些基于宗教或形而上学基础的道德体系的批判。他认为，这些体系将普遍的道德价值观强加于个人，压制了他们的个性和自主性。相反，尼采强调拥抱自身权力意志的重要性，他将权力意志定义为自我肯定和自我克服的基本动力。尼采认为，个人应努力创造自己的价值观，决定自己的道德标准，不受外界影响。尼采存在主义伦理学的核心概念之一是"超人"。"超人"代表了超越社会束缚、拥抱个性的理想人类。这一概念挑战了传统的善恶观念，认为个人应努力超越传统的道德范畴，并根据自己独特的情况和愿望创建自己的道德框架。

### （三）对存在主义伦理学的批判

#### 1. 伦理相对主义

对尼采存在主义伦理学的主要批评之一是其固有的伦理相对主义。尼采摒弃了传统的道德价值观，为主观解释对错打开了大门。这种相对主义会导致道德虚无主义，使个人在做出道德决策时缺乏任何客观依据。批评者认为，这种道德基础的缺失破坏了尼采伦理框架的稳定性和连贯性。

#### 2. 缺乏同理心

对尼采存在主义伦理学的另一个重要批评是它缺乏对他人的同情和关

心。尼采的伦理学将个人欲望和个人权力放在首位，从而忽视了同情心和同理心在人际关系中的重要性。批评者认为，一个仅以追求个人权力为基础的社会将导致社会凝聚力的崩溃和对他人道德责任感的削弱。

### 3. 精英主义和社会等级

尼采对"权力意志"的强调被批评为助长精英主义和强化社会等级制度。他的"超人"概念表明，只有少数人有能力超越传统的道德价值观，完全拥抱自己的欲望。这种精英主义会导致那些不符合尼采理想化超人愿景的人被边缘化和压迫。

### 4. 忽视道德义务

批评者认为，尼采的存在主义伦理学没有考虑到道德义务和对他人的责任的重要性。由于摒弃了传统的道德价值观，尼采的框架没有为解决正义、公平和共同利益问题提供明确的基础。这种对道德义务的忽视会导致社会中个人将自己的欲望放在首位，而牺牲他人的利益，从而造成社会的混乱和不公正。

## （四）存在主义伦理学对管理道德的启示

尼采的存在主义伦理学基于这样一种思想，即个人有责任创造自己的价值观和人生目标。这一理念挑战了社会强加给个人的传统道德价值观。尼采认为，个人应自由地创造自己的价值观和人生目标，而不是被社会的价值观和规范束缚。

在管理和领导力方面，尼采的存在主义伦理可以通过各种方式加以应用。其中，一种方法是鼓励个人为自己的行为和决定负责。这意味着个人应有权做出自己的决定，并对自己行为的后果负责。

尼采存在主义伦理应用于管理的另一种方式是鼓励个人发挥创造力和创新精神。这意味着应鼓励个人跳出固有的思维模式，提出新颖、创新的问题解决方案。

尼采的存在主义伦理也可以应用于组织文化。组织可以创建一种鼓励个人发挥创造力、创新力和责任感的文化。这意味着组织应创造环境来支持个人创造自己的价值观和人生目标。

## 三、劳伦斯·科尔伯格的发展心理伦理学

### （一）劳伦斯·科尔伯格简介

劳伦斯·科尔伯格（Lawrence Kohlberg）是美国的心理学家，他出生于1927年10月25日，于1987年1月19日逝世。科尔伯格继承并发展了皮亚杰的道德发展理论，着重研究儿童道德认知的发展，提出了"道德发展阶段"理论。他的研究在国际心理学界和教育界引起了很大的反响。科尔伯格曾担任芝加哥大学心理学系教授和哈佛大学教育研究所教授。他也是现代道德认知发展理论的创立者，被认为是当代著名的心理学家和教育家。

### （二）科尔伯格道德发展理论

科尔伯格的道德发展理论植根于让·皮亚杰的认知发展理论。科尔伯格认为，道德发展分为一系列连续的阶段，每个阶段都建立在前一个阶段的基础之上。他提出了道德推理的三个层次，每个层次包含两个阶段，因此，道德发展总共分为六个阶段。

**第一层次：前常规道德**

在这一层次中，个人的道德判断基于自身利益和外部后果。第一阶段被称为惩罚和服从取向，重点是避免惩罚。第二阶段是工具相对主义取向，以满足个人需求为中心[1]。这一层次的特点是注重自身利益和服从权威，缺乏内化的道德原则，惩罚与服从取向和工具相对主义取向。

（1）惩罚与服从取向。

①一个孩子因为害怕父母的惩罚而不敢打弟弟妹妹。

②一个学生因为害怕老师可能施加的后果而不敢在考试中作弊。

（2）工具相对主义取向。

①一名青少年帮助同学做作业以换取回报。

②一个人只有在很有可能被抓时才会遵守交通规则。

**第二层次：传统道德**

在这一层次中，个人的道德判断受社会规范和期望的影响。第三阶段是人际和谐取向，强调维持积极的人际关系和满足他人的期望。第四阶段是法

---

[1] 徐光兴：《"漂流理论"与青少年犯罪的心理分析及其预防对策》，载《预防青少年犯罪研究》2013年第1期，第31–34页。

律与秩序取向，侧重于维护社会秩序和遵守既定规则。这一层次的主要特征是：第一，注重自身利益，处于第二层次的人将自己的需要和愿望置于他人的需要和愿望之上。他们以个人利益为动力，努力实现自身利益最大化。第二，注重互惠，第二层次的公平概念建立在互惠的基础上。第三，个人期望他人公平对待自己，并对自己的行为给予回报。处于第二层次的人将道德视为达到目的的手段。他们认为对错取决于个人利益和当时的环境。

囚徒困境（Prisoner's Dilemma）是展示第二层次思维的一个经典例子。在这个情景中，有两个人被捕并被关在不同的牢房里。他们可以选择与对方合作，保持沉默，或者互相坦白。如果两个人都保持沉默，他们会被判最轻的刑罚。但是，如果其中一人出卖了另一人，此人会得到减刑，而另一人则会受到更严厉的惩罚。处于第二层次的思考者很可能会背叛伴侣，以尽量减轻自己的刑罚，将自身利益置于合作与信任之上。

**第三层次：后传统道德**

在这一层次中，个人发展自己的道德原则，不受社会规范的约束。第五阶段为社会契约取向，强调个人权利和民主决策的重要性[1]。第六阶段为普遍道德原则取向，以抽象道德原则和承认普遍人权为中心。处于第三层次的人往往表现出对维护社会和谐的关注。他们避免冲突，努力在社交圈内达成共识。为了维持积极的人际关系和避免对抗，他们愿意牺牲自己的需求和愿望。这一特点反映出他们开始意识到社会凝聚力的重要性以及自己的行为对群体整体和谐的影响。

第三层次的另一个显著特点是同理心和透视能力的发展。个体开始认识和理解他人的情感和观点。他们会考虑自己的行为对他人的潜在影响，并努力以促进积极人际关系的方式行事。移情能力的提高有助于亲社会行为和道德推理能力的发展。

第三层次的特点对个人的道德发展具有重要影响。首先，强调顺从和寻求他人的认可可能会导致个人信仰和价值观的暂时压抑。这可能会导致缺乏批判性思维和独立决策，因为个人会优先考虑他人的意见，而不是自己的道德判断。其次，对维护社会和谐和避免冲突的关注也会阻碍自信心的发展和坚持自己信念的能力。个人可能会竭力坚持自己的价值观和观点，担心可能

---

[1] 倪云：《科尔伯格道德认知发展模式对我国高校德育的启示》，载《佳木斯职业学院学报》2018年第2期，第160-161页。

遭到社会群体的排斥或反对。这可能会限制他们参与建设性对话的能力，也不利于多元化和包容性道德社区的发展。最后，第三层次移情和透视能力的发展对道德推理具有积极意义。理解和考虑他人情感和观点的能力可以培养同情心、促进亲社会行为。它能使个人在做决定时考虑他人的福祉，为社会的整体福祉做出贡献。

海因茨困境（Heinz's Dilemma）是一个道德困境，通常用于评估个人的道德推理能力。该困境涉及一个名叫海因茨的男人，他面临着一个艰难的决定。他的妻子患上了一种罕见的疾病，生命垂危，而唯一已知的治疗方法是一种昂贵的药物，海因茨负担不起。海因茨找到药剂师，但药剂师拒绝降价，也不允许海因茨稍后付款。无奈之下，海因茨偷走了药物，以挽救妻子的生命。

科尔伯格的理论为分析海因茨决定背后的道德推理提供了一个有用的框架。根据科尔伯格的观点，处于前常规水平的人会把注意力集中在偷药可能受到的惩罚和挽救妻子生命的个人利益上。他们可能会说，偷窃是错误的，因为它违反了法律，但救人一命的道德价值更高。传统层面的人会考虑社会规范和他人的意见。他们可能会认为，虽然偷窃是错误的，但海因茨应该尊重药剂师的财产权，并找到其他解决办法。最后，后常规层面的人会根据普遍的道德原则做出决定。他们可能会认为，生命权比财产权更重要，面对不公正的制度，海因茨的行为是合理的。

## （三）对科尔伯格道德发展理论的批判

尽管科尔伯格的理论很受欢迎，但也面临着一些批评。主要批评之一是其文化和性别偏见。科尔伯格的研究主要是对西方男性参与者进行的，这就使人怀疑他的阶段理论是否具有普遍性，是否适用于不同文化背景的个人。批评者认为，道德发展可能会受到文化规范、价值观和社会化实践的影响，而这些在科尔伯格的理论中并没有得到充分的论述。

对科尔伯格理论的另一个批评是，该理论侧重于道德推理而非道德行为。批评者认为，道德推理并不总能转化为道德行为，因此，该理论可能无法准确预测个人的实际道德行为。同时，该理论过于强调个人权利和正义，而忽视了其他重要的道德因素，如关爱、同情和人际关系。

此外，科尔伯格的理论还因其对道德的狭隘定义而受到批评。该理论主要关注涉及个人权利与社会规范之间冲突的道德困境，而忽视了其他道德领域，如环境伦理、动物权利和社会正义。批评者认为，需要一种更全面、更具包容性的道德方法来捕捉道德决策的复杂性。

针对科尔伯格理论的局限性，出现了几种替代观点。其中一种观点是卡罗尔·吉利根（Carol Gilligan）的关爱伦理，它强调人际关系、同理心和同情心在道德决策中的重要性。吉利根认为，女性倾向于优先考虑以关爱为基础的道德推理，这对科尔伯格主要以正义为导向的方法提出了挑战。另一种观点是埃利奥特·图里尔（Elliot Turiel）提出的社会领域理论。该理论认为，道德发展涉及道德领域、社会常规领域和个人领域的分化。图里尔认为，个人在每个领域都会发展出不同的道德规则和推理，道德发展受到认知因素和社会因素的影响。

### （四）科尔伯格道德发展理论对管理的启示

科尔伯格的道德发展理论是公认的理解个人道德推理发展的框架。该理论的前提是，道德推理是一个认知过程，它随着时间的推移而发展，并受到社会和文化因素的影响。科尔伯格的理论已被应用于包括管理在内的各个领域，为工作场所道德和道德推理的发展提供了宝贵的见解。

科尔伯格的道德发展理论对管理的影响是多方面的。第一，该理论强调了道德领导力在创建组织道德行为文化方面的重要性。根据科尔伯格的观点，个人的道德发展会经历六个阶段，每个阶段都有不同程度的道德推理。领导者如果能够为道德行为树立榜样，营造鼓励道德决策的环境，就能帮助员工向更高的道德发展阶段迈进。第二，科尔伯格的理论强调了营造鼓励道德行为的支持性工作环境的重要性。这包括为员工提供道德成长和发展的机会，如培训计划和指导。此外，组织还可以通过制定明确的道德标准和政策，以及为员工提供做出道德决定所需的工具和资源，来促进道德行为。第三，科尔伯格的理论认为，道德行为受到社会和文化因素的影响。因此，组织必须注意其政策和做法对员工道德推理的影响。例如，一个重利润而轻道德考虑的公司可能会创造一种重视不道德行为的文化，从而导致员工采用较低阶段的道德推理。第四，科尔伯格的理论强调了解决工作场所道德困境的重要性。当个人价值观与组织价值观发生冲突时，就会出现道德困境。通过为员工提供应对这些困境所需的工具和资源，组织可以帮助员工向更高的道德推理阶段迈进。

总之，科尔伯格的道德发展理论为工作场所的道德发展和道德推理提供了宝贵的见解。通过强调道德领导力的重要性、营造支持性的工作环境、关注社会和文化因素以及解决道德困境，组织可以促进道德行为并创建诚信文化。

## 四、西方伦理哲学对管理的启示

管理道德的西方哲学思辨，包括功利主义和道义主义两种主要的管理道德哲学。在功利主义方面，介绍了杰里米·边沁和约翰·斯图尔特·密尔的功利主义理论，以及功利主义的类型和批判。在道义主义方面，介绍了道义主义的渊源和内涵，以及西方其他学派的哲学思辨；此外，还讨论了社会契约论对管理道德的启示和人力资源管理中的应用。功利主义是一种以最大化幸福为目标的道德理论。杰里米·边沁和约翰·斯图尔特·密尔是功利主义的重要代表。杰里米·边沁认为，行为的道德价值取决于其对整体幸福的贡献。约翰·斯图尔特·密尔则认为，幸福不仅仅是快乐的最大化，还包括高级快乐和个人自主的追求。然而，功利主义也受到了一些批评，包括忽视个人权利和自由，以及将幸福简化为定量衡量的问题。道义主义强调遵守道德责任和义务的重要性。根据道义主义，如果一个行为符合某些普遍原则或规则，那么这个行为就被认为是道德上正确的。道义主义的管理道德哲学强调公平、平等和集体决策的重要性。马克思的社会主义企业管理理论强调转变管理实践，以确保公平、平等和集体决策。康德的道义主义认为道德行为应该基于理性和普遍适用的原则。近代的自然法伦理学强调人类繁荣的客观方面，如生命、知识和友谊。

社会契约论被用来解释雇员与雇主之间的关系。根据社会契约论，雇员与雇主签订社会契约，同意工作以换取公平的报酬和安全的工作环境。雇主也同意提供这些东西，并遵守一定的道德标准。社会契约论也被应用于企业与社会的关系，即企业应合乎道德地经营，并为社会福祉做出贡献。

从西方哲学思辨中获得的对管理道德的指导和理解中，我们可以得出以下结论。

（1）以整体幸福为导向：功利主义的启示是将整体幸福作为管理决策的指导原则。管理者应该考虑所有利益相关者的福祉，并努力最大化整体幸福，而不仅仅关注个人或组织的利益。

（2）遵守道德责任和义务：道义主义的启示是强调遵守道德责任和义务

的重要性。管理者应该按照道德原则行事，无论其行为的后果如何。这意味着管理者应该考虑诚实、透明和公平等道德品质，并将其应用于与员工和所有利益相关者的互动中。

（3）建立信任和培养积极的工作文化：美德伦理的启示是注重建立信任和培养积极的工作文化。管理者应该优先考虑建立信任和培养积极的工作环境，认为这些美德对于组织的长期成功至关重要。

（4）考虑个人权利和自由：康德道义主义的启示是强调个人权利和自由的重要性。管理者应该尊重个人的自主权，允许他们根据自己的道德原则行事，并为自己的行为负责。

（5）促进公平和正义：社会契约论的启示是强调促进公平和正义的重要性。管理者应该遵守社会契约，确保公平的报酬和安全的工作环境，并为社会福祉做出贡献。

# 第四章
## 心理学的管理道德研究

## 第一节　管理道德的概念和背景

　　道德是一种社会意识，是对善与恶评价的方式，是人与人、人与社会相互关系的标准、原则和规范。管理道德研究起源于 20 世纪 60 年代的美国，第二次世界大战结束后作为战胜国在一段时间内，在日本、德国等强大竞争对手的夹击下，美国许多产业受到了威胁，经过分析发现造成这种现状的原因是，美国的企业过分重视定量分析方法，强化硬性管理，轻视企业道德观念和价值观。通过分析日本的崛起发现，日本经济腾飞最重要的原因是日本企业重视管理者的伦理道德因素，形成了一整套理论和实践经验，从而促进日本经济发展[①]。1981 年，美国加利福尼亚大学管理学教授威廉·大内出版了《Z 理论》，强调管理中道德的作用，重视企业伦理道德研究是现代企业管理的基础。[②]温家宝指出，"企业家的血管里要流着道德的血液，也就是说作为一个企业家，要意识到企业不仅仅是你们的企业，还是大家的企业，企业必须承担社会责任，只有企业配合，社会才能不断地向前发展"。[③]

　　企业家应该履行社会责任，遵守道德规范。近几年我国学者也开始关注企业道德伦理研究，例如，在德行领导选拔、企业伦理道德决策、市场营

---

[①] 唐志文、刘耀中：《管理道德判断研究的认知神经趋向》，载《广东第二师范学院学报》2016 年第 2 期，第 41—45 页。

[②] ［美］威廉·大内：《Z 理论》，朱雁斌译，机械工业出版社 2013 年版，第 47 页。

[③] 温家宝：《企业家身上应该流着道德的血液》，见凤凰网（https://finance.ifeng.com/news/hgjj/200807/0723_2201_669191.shtml），2008 年 7 月 23 日。

销道德、人力资源管理道德等方面展开了管理道德研究。企业及政府已经开始关注商业伦理道德研究，但是研究注重于寻求影响企业道德决策的行为因素。

早期的道德决策研究认为，道德决策是理性的，指出推理和理性思维在道德决策中的关键作用。由于无法直接查知人类道德决策过程，大多数结论是基于思辨的，后来很多学者通过实验法研究道德决策，但也仅仅集中于行为层面的分析，作为道德决策产生的源头——大脑无法直接测量，使道德决策研究进展缓慢。20 世纪 60 年代开始，随着新工具、新方法和新范式的出现，特别是认知神经科学的发展，提供了开启研究大脑这只"黑匣子"的钥匙，也开启了道德决策研究的新方向。道德研究从神经机制上得到了部分揭示。脑研究主要通过脑电和脑成像技术，如电子计算机断层扫描（computed tomography，CT）、单光子发射计算机断层扫描（single photon emission computed tomography，SPECT）、正电子断层扫描（positron emission tomography，PET）、事件相关电位（event-related potentials，ERPs）及功能性磁共振成像（functional magnetic resonance imaging，fMRI），这些技术均提供了大脑加工的时间和空间信息。

# 一、管理道德的内涵和重要性

## （一）管理道德的内涵

管理道德是社会意识形态之一，是反映和调整人们现实生活中的利益关系，用善恶标准评价，依靠人们内心信念、传统习惯和社会舆论维系的价值观念和行为规范的总和。[①]东方和西方对道德的定义不同。早期西方伦理与道德的概念是没有区分的。伦理（ethics）的词源来于古希腊的"ethos"，指处理人与人之间的关系时应该遵循的原则和规范[②]。"moral"一词来自拉丁文"mores"，是指"习惯"和"习俗"。我国商代早就有"德"字，但寓意广泛。先秦时期，"道"和"德"有不同的含义。"道"最初指道路，后来指事物变化的规律和人应当遵守的行为规范。"德"指对"道"的把握。春秋战国时期，"道"和"德"才被联系起来，内涵逐渐丰富。社会是由人来组成

---

① 宋希仁、陈劳志、赵仁光：《伦理学大辞典》，吉林人民出版社 1989 年版，第 1026 页。
② 方克立：《中国哲学大辞典》，中国社会科学出版社 1994 年版，第 269 页。

的，在社会生产关系中不断互动并形成了社会联系，企业管理是社会活动的一部分，必然包含了人与人、人与企业、人与社会的关系，通过人的中介作用成为连接企业与社会的桥梁。因此，企业管理中必然包含了道德问题。

企业道德是企业经营者在经营企业过程中涉及的伦理条例和道德原则。很多学者对管理道德的概念提出了不同的观点。管理道德是个体面对道德困境时的行为主体，思考应当采取什么样的行为规范与准则的集合，企业管理者对雇员实施的商业行为及对利益相关者产生影响的系统性价值①。委拉斯开兹指出，管理道德是一种基于道德判断的管理政策、制度和行为标准总和。②有学者指出，管理道德是管理者在管理活动中应该遵守的职业道德规范③。其定义比较接近普通道德定义。林志红指出，管理道德是人们在管理中所形成的调节和协调各种关系的行为规范和总和④。王硕指出，管理道德是管理者行为准则与规范的总和，是在社会一般道德原则的基础上建立起来的特殊的职业道德规范体系⑤。周祖城指出，管理道德是通过对组织资源和组织成员的工作进行计划、组织、领导、控制，制定组织希望达到的道德目标，并以尽可能好的效果和高的效率实现道德目标的过程⑥，这一定义结合了管理的五大职能，比较宽泛。从上述的概念分析中不难看出，以上定义中都包含了人与人的关系、行为准则与规范的总和。本书主要从个体道德视角研究管理中的道德现象，道德管理可被定义为以道德高尚、公正和公平的方式开展业务的做法。它涉及优先考虑所有利益相关者（包括员工、客户、供应商、股东和更广泛的社会）福祉的决策和政策实施。道德管理不仅要遵守法律要求，还包括一系列指导组织行为和决策过程的原则和价值观。

道德管理有三个关键组成部分。首先，它涉及提高组织内部的透明度

① 莫申江、王重鸣：《国外商业伦理研究回顾与展望》，载《外国经济与管理》2009年第7期，第18-24页、第44页。

② VELASQUEZ M, CAVANAGH J, MOBERG D. Making business ethics practical, *Business Ethics Quarterly*, 1995（5）: 399-418.

③ 房宏君：《浅议企业人力资源管理道德行为和道德评价》，载《科技管理研究》2011年第7期，第141-143页。

④ 林志红：《简论管理道德的基本内容及其特点》，载《广西大学学报（哲学社会科学版）》2002年第5期，第19-21页。

⑤ 王硕：《管理者道德问题与企业人力资源管理》，载《合作经济与科技》2009年第4期，第45-46页。

⑥ 周祖城：《论道德管理》，载《南开学报》2003年第6期，第92-100页。

和问责制。这意味着在沟通中要开诚布公，确保信息随时可用，并对自己的行为负责。其次，道德管理需要在整个组织内培养诚信和道德行为文化。这包括由高层定下强有力的道德基调，建立明确的道德标准，并为员工提供必要的培训和支持，使其能够做出符合道德的决定。最后，道德管理要求组织考虑其行为对各利益相关方的影响。这包括通过提供公平的工资、安全的工作条件以及成长和发展机会，优先考虑员工的福利，还包括尊重客户，提供优质产品和服务，及时、公平地解决客户关心的问题。不仅如此，道德管理还需要负责任的环境管理，确保组织最大限度地减少生态足迹，促进可持续发展。

采用道德管理的做法可对组织产生诸多积极影响。它能提高组织的声誉和品牌形象，从而提高客户的忠诚度和信任度。有道德的组织更有可能吸引和留住重视诚信和社会责任的优秀员工。从长远来看，道德管理还能提高财务业绩，因为把道德行为放在首位的组织往往更有韧性，也更有能力应对危机和适应不断变化的市场环境。

道德管理有助于形成积极的组织文化，提高员工的参与度、积极性和工作满意度。当员工认为其所在组织的运作符合道德规范时，他们更有可能产生自豪感和使命感，从而提高生产力和创新能力。此外，道德管理还能帮助组织降低法律和声誉风险，因为他们不太可能面临诉讼、丑闻和公众的反感。

### （二）管理道德的重要性

伦理是管理实践的重要组成部分，它涉及在决策过程中应用道德原则和价值观。研究伦理管理至关重要，因为它可以让人们深入了解管理人员在日常工作中面临的伦理挑战以及如何应对这些挑战。本节旨在探讨研究道德管理的重要性、道德管理与当代商业实践的相关性以及道德管理对组织的潜在益处。

研究伦理管理至关重要，它有助于管理者了解其决策和行动的伦理影响。伦理管理涉及做出不仅合法而且合乎道德的决策。精通伦理管理的管理者可以识别潜在的伦理问题，并采取积极措施加以解决。这些措施可以帮助组织避免违反道德规范的行为，而这些行为可能会损害组织的声誉并导致法律后果。

道德管理与当代商业实践息息相关，它正日益成为利益相关者的重要关切。消费者、投资者和员工越来越意识到商业行为的道德影响，他们要求企业提高透明度和责任感。道德管理可以帮助组织表明其对道德原则和价值观的承诺，从而与利益相关者建立信任。

道德管理还能为组织带来若干好处，好处之一是改善组织文化。道德管理实践可以创造一种信任、透明和负责的文化，从而提高员工的士气和工作效率。此外，道德管理还能降低法律和声誉受损的风险，从而提高组织绩效。重视道德管理的组织更有可能吸引和留住重视道德实践的客户、投资者和员工。

## （三）企业管理道德对企业发展的作用

### 1. 帮助管理者识别和解决伦理问题

管理道德的好处之一是帮助管理人员识别和解决伦理问题。道德问题可能以各种形式出现，如利益冲突、贿赂、歧视和环境问题。通过运用道德原则，管理者可以认识到这些问题，并采取适当行动加以解决。例如，当管理者面临利益冲突时，他们可以披露冲突情况并回避决策过程；同样，当管理者意识到存在歧视行为时，他们也可以采取措施来防止这种行为在未来发生。

管理道德的另一个好处是，它可以帮助管理者避免违反道德标准。违反道德标准会给组织带来严重后果，包括法律和声誉损失。通过遵守道德原则，管理者可以避免从事违反道德标准的行为，保护组织免受伤害。例如，当管理者受到贿赂时，他们可以抵制诱惑，避免违反道德标准。

管理道德在促进组织内的道德行为文化方面也发挥着至关重要的作用。当管理者表现出道德行为时，他们就为下属树立了榜样，并创造一种道德行为文化。这反过来又会提高员工、客户和其他利益相关者的信任度和忠诚度。

### 2. 提高组织的透明度和责任感，与利益相关者建立信任

透明度是道德管理的一个基本方面。它包括公开分享信息、决策和行动，让利益相关者了解组织的动机和意图。研究表明，透明的组织更容易获得利益相关者的信任，从而提高声誉，改善关系。透明度与问责制是相互依存的概念。问责是指个人或组织有义务证明其行为的合理性，并对其结果承担责任。通过提高透明度，组织可以创造一种环境，鼓励在各个层面实行问责制，从而改进决策过程和道德行为。道德领导者通过展示正直、公平和诚

实，起到模范带头作用。他们的行为和决定会影响组织内的道德氛围，鼓励员工保持透明度和问责制。制定明确的道德规范和政策，为员工提供遵循的准则，确保决策和行为的一致性。同时，应定期传达和强化这些准则，以保持透明度和问责制。

信任是与利益相关者建立成功关系的基础。组织可以通过持续展示道德行为、履行承诺和透明运作来建立信任。值得信赖的组织更有可能吸引和留住利益相关者，从而取得长期成功。让利益相关者参与决策过程，积极征求他们的意见和建议，可以增进信任，并表明对利益的承诺。这种参与可提高透明度和问责性，因为利益相关者会感到自己受到重视，并被纳入组织的运作中。以透明度和道德行为著称的组织享有良好的声誉和品牌形象。这种声誉能吸引客户、员工和投资者，有助于取得长期成功和竞争优势。透明的组织更有能力及时发现和解决潜在的风险和道德困境。通过公开和负责任的态度，它们可以最大限度地减少危机的负面影响，维护利益相关者的信任。

### 3. 改善组织文化，提高员工士气和工作效率

大量研究表明，管理道德在塑造组织文化方面发挥着至关重要的作用。例如，特雷维索和布朗的研究发现，道德领导与员工的工作满意度、承诺和组织公民行为呈正相关[1]。同样，梅耶等人的研究发现，道德领导与更高水平的信任、组织公正和工作绩效相关[2]。然而，创建道德组织文化需要的不仅仅是道德领导力，它还需要整个组织对道德价值观和原则做出承诺。这意味着管理者不仅要以身作则，还要制定促进道德行为的政策和程序。例如，一个重视诚信和透明度的组织可能会实施一些政策，要求员工举报不道德的行为，或提供有关道德决策的培训。

除了能促进道德行为，管理道德还能提高员工的积极性和工作满意度。研究发现，感知到的道德领导与员工的工作满意度和组织承诺呈正相关[3]。同

[1] BROWN M E, TREVIÑO L K. Ethical leadership: A review and future directions, *The Leadership Quarterly*, 2006, 17（6）: 595 - 616.

[2] MAYER D M, AQUINO K, GREENBAUM R L, et al. Who displays ethical leadership, and why does it matter? An examination of antecedents and consequences of ethical leadership, *Academy of Management Journal*, 2014, 55（1）: 151 - 171.

[3] KALSHOVEN K, DEN HARTOG D N, DE HOOGH A H. Ethical leader behavior and big five factors of personality *Journal of Business Ethics*, 2011, 100（2）: 349 - 366.

样，布朗等人的研究发现，道德领导与较低的员工流失率相关[①]。此外，管理道德还能提高员工的效率和生产力。当员工感到自己受到重视和尊重时，他们就更有可能投入和致力于工作，这可以提高生产率和工作效率。

管理道德在塑造组织文化、提高员工士气和效率方面发挥着至关重要的作用。道德管理实践能促进员工之间的信任、诚信和尊重，从而改善团队的合作、沟通和协作。此外，道德领导力还有助于提高员工的积极性、工作满意度和工作效率。因此，组织应优先考虑道德管理实践，创建道德文化，以提高绩效，赢得竞争优势。

### 4. 降低法律和声誉风险，提高组织绩效

企业可以采取的降低法律和声誉风险的关键策略之一，是在组织内部塑造强大的道德文化。这包括制定明确的道德标准，向员工有效传达这些标准，并确保这些标准在组织的各个层面得到一致执行。研究表明，拥有强大道德文化的企业不太可能从事不道德的行为，而且更有可能在发生此类行为时及时发现并报告[②]。

企业可以采取的另一种策略是实施有效的合规计划。合规计划涉及制定政策和程序，以确保组织遵守相关法律法规。此类计划可确保组织了解其法律义务并采取措施予以遵守，从而有助于防范法律风险。此外，合规计划还有助于防止声誉风险，确保组织被视为认真履行义务的、负责任的企业公民。

领导力在促进组织内的道德行为方面发挥着至关重要的作用。领导者为组织定下基调，并确立员工应遵循的道德标准。研究表明，如果领导者能以身作则，向员工传达道德的重要性，就更有可能在组织内形成道德行为文化[③]。领导者还可以通过建立奖励制度激励道德行为，惩罚不道德行为，从

---

① BROWN M E, TREVIÑO L K, HARRISON D A. Ethical leadership: A social learning perspective for construct development and testing, *Organizational Behavior and Human Decision Processes*, 2005, 97（2）：117 – 134.

② TREVIÑO L K, BUTTERFIELD K D, MCCABE D L. The ethical context in organizations: Influences on employee attitudes and behaviors, *Business Ethics Quarterly*, 1998, 8（3）：447 – 476.

③ TREVIÑO L K, BUTTERFIELD K D, MCCABE D L. The ethical context in organizations: Influences on employee attitudes and behaviors, *Business Ethics Quarterly*, 1998, 8（3）：447 – 476.

而促进道德行为。例如，企业可以制定员工表彰计划，奖励有道德行为的员工；也可以实施惩戒程序，惩罚有不道德行为的员工。

道德管理不仅能降低组织的法律和声誉风险，还能对组织绩效产生积极影响。研究表明，道德文化氛围浓厚的企业往往具有更高的员工参与度、工作满意度和生产率。这是因为，当员工认为组织致力于道德行为时，他们就更有可能致力于实现组织的目标和价值观。道德管理还能提高财务业绩。此外，采用道德管理实践的企业面临法律和声誉风险的可能性较小，而这可能会产生重大的财务影响。

### 5. 促进组织的可持续发展，应对社会和环境挑战

合乎道德的企业管理是指组织为确保其行为符合道德和社会规范而采取的原则、价值观和做法。它涵盖各个方面，包括公司治理、利益相关者参与、负责任的供应链管理和环境可持续性。通过将道德融入决策过程和运营，企业可以对社会和环境产生积极影响，同时还能提高自身的声誉和竞争力。

可持续发展要求在满足当代人需求的同时，不损害后代人满足自身需求的能力。这就需要采取综合方法，同时兼顾经济、社会和环境等方面。合乎道德的企业管理实践通过培养负责任的企业行为、促进社会公平和最大限度地减少对环境的负面影响，为可持续发展做出贡献。通过负责任的资源管理、公平的劳动实践和社区参与，组织可以创造共享价值，并为社会和环境的福祉做出贡献。

企业面临着众多社会挑战，包括收入不平等、贫困和社会排斥。合乎道德的企业管理实践可以通过促进公平和包容性的就业实践、支持当地社区和投资于社会发展计划来帮助应对这些挑战。通过提供公平的工资、确保安全的工作条件和尊重人权，企业可以提高社会福利，为减少社会不平等现象做出贡献。

气候变化、资源枯竭和环境污染等挑战对企业和社会均造成了重大风险。合乎道德的企业管理实践可以通过采用可持续的生产流程、减少温室气体排放和推广环保技术来缓解这些挑战。通过采用可再生能源、实施废物管理战略和最大限度地减少生态足迹，企业可以为环境保护做出贡献，并帮助建设一个更加可持续发展的未来。

## 二、管理道德的历史背景

道德管理的基础可以追溯到古代文明。在古代文明中，道德价值观在社会管理中发挥了重要作用。例如，在古埃及，玛特的概念强调正义、真理和公平在生活各个方面的重要性，包括商业交易。同样，孔子等中国古代哲学家也倡导道德行为，强调领导者对下属的道德义务。

### （一）工业革命与伦理管理的兴起

工业革命是伦理管理历史上的一个重要转折点。随着工业化的发展，社会对工人权利、剥削性劳动实践和环境退化等问题的关注日益普遍。这导致了道德运动的出现，如社会责任运动，旨在解决这些问题并促进道德商业实践。

要了解工业革命期间管理伦理的出现，关键是要研究其历史背景。工业革命标志着从农业社会向城市化、工业化社会的转变。这一转变带来了人口的快速增长、城市化和财富的集中。随着工厂如雨后春笋般涌现，对劳动力的需求也随之增加，导致了对工人的剥削、童工的兴起和不安全的工作条件。这些不道德的做法促使工业企业的管理需要考虑道德因素。工业化的兴起促进了管理理论和实践的发展。最初，管理的重点在于提高生产力和生产效率，很少考虑工人的福利。然而，随着社会意识的提高，对道德考量的需求也在增加。学者和社会改革者开始质疑现行工业做法的道德性，并倡导在管理中贯彻道德原则。

罗伯特·欧文（Robert Owen）是工业革命时期管理伦理发展的重要人物之一。欧文是威尔士的社会改革家和实业家。他认为必须公平对待工人，并为他们提供安全、健康的工作条件。他强调管理部门在确保员工福利方面的作用，并认为以合乎道德的方式对待工人将提高生产率和整体社会福利。此外，工业革命时期出现的工会和工人运动在塑造管理伦理方面发挥了至关重要的作用。这些运动为工人争取权利和工资，改善工人的工作条件。他们的努力促使人们认识到，工人的权利是管理层的道德责任。将道德原则纳入工业企业的管理对工人和企业都产生了深远的影响。通过接受管理伦理，企业能够提高员工士气、降低离职率并提高生产率。道德管理实践还树立了积极的公众形象，吸引了重视企业社会责任的客户和投资者。

此外，工业企业的道德管理还促进了社会的整体发展。优先考虑工人的福利，缓解了工业革命带来的社会问题，这也促使了旨在保护工人权利和确保公平待遇的劳动法律、法规和改革的建立。

## （二）管理理论的影响

管理理论在道德管理实践的形成过程中也发挥了至关重要的作用。例如，弗雷德里克·泰勒（Frederick Taylor）和亨利·法约尔（Henri Fayol）的经典管理理论强调了公平、公正和尊重员工的重要性，为道德管理奠定了基础。后来，由埃尔顿·梅奥（Elton Mayo）等理论家领导的人际关系运动强调了以道德方式对待员工对组织成功的重要意义。

道德管理在为组织高层定调方面发挥着至关重要的作用。当领导者表现出道德行为并坚持道德价值观时，就会向管理者和员工发出强烈的信息。这种自上而下的方式营造了一种诚信文化，使管理人员在决策过程中更有可能遵守道德标准。

道德管理实践强调道德领导的重要性。道德领导者是榜样，激励管理者效仿。他们在行动中表现出诚实、透明和公平，从而影响管理人员采取类似的道德行为。道德领导者还促进公开交流，鼓励管理人员表达道德关切，从而培养道德意识和问责文化。道德管理实践为管理者提供了道德决策的框架和准则。通过实施道德决策程序，组织可确保管理人员考虑其行为的道德影响。这种方法鼓励管理人员做出符合道德原则的决策，即使在面临挑战或利益冲突的情况下也是如此。道德管理包括为管理人员提供必要的培训和发展机会，以提高他们的道德决策技能。组织可以举办讲习班、研讨会和培训计划，对管理人员进行道德原则和困境方面的教育。通过这种培训，管理人员可以掌握必要的知识和工具，从而有效地处理复杂的道德问题。

## （三）企业社会责任的兴起

近几十年来，企业社会责任（corporate social responsibility，CSR）的概念在道德管理领域获得了极大的发展。企业社会责任倡导企业超越盈利，积极为社会福祉做贡献。1984 年印度博帕尔毒气泄漏（India Bhopal gas leak case）和 1989 年的"埃克森·瓦尔迪兹"号油轮漏油（Exxon Valdez oil spill）等具有影响力的事件，使全球关注到企业需要对自己的行为负责，并优先考虑道德因素。

一方面，必须明确道德管理和企业社会责任的含义。道德管理是指在道德原则和价值观的指导下做出决策，并考虑到这些决策对利益相关者的影响。另一方面，企业社会责任是指企业有责任以社会、环境和经济可持续的方式运营，并考虑到所有利益相关者（包括员工、客户、供应商和更广泛的社区）的需求和利益。

利益相关者理论是支撑道德管理和企业社会责任的重要理论之一。该理论认为，企业有责任考虑到所有利益相关者的需求和利益，而不是仅仅关注股东的利益[①]。通过这样做，企业可以为所有利益相关者创造长期价值，而不仅仅是为股东创造短期收益。越来越多的人认为，这种做法对于企业建立信任和维持社会经营许可至关重要。道德管理与企业社会责任之间关系的另一个重要概念是可持续发展理念。可持续经营的企业是那些既能满足当代人的需求，又不损害后代人满足其需求的能力的企业。这就要求企业从长远的角度出发，考虑其经营活动对社会和环境的影响。然而，实施道德管理和企业社会责任实践并非易事。企业面临的主要挑战之一是平衡不同利益相关者的利益。例如，企业可能需要做出符合股东最佳利益的决策，但这些决策可能会对员工或环境造成负面影响。要在这些相互竞争的利益之间找到平衡点是非常困难的，需要慎重考虑并做出符合道德规范的决策。

另一个挑战是衡量道德和社会责任实践的影响。虽然人们越来越认识到这些做法的重要性，但在如何衡量其影响方面仍缺乏共识。这使企业难以向利益相关者展示这些实践的价值，也难以证明实施这些实践所需的投资是合理的。

尽管存在这些挑战，但企业也有很多机会从道德管理和企业社会责任中获益。例如，以对社会负责的方式运营的企业往往能够吸引并留住与之价值观相同的员工、客户和投资者。它们还能进入新的市场，建立新的伙伴关系，并与利益相关者建立更牢固的联系。

## （四）数字时代的伦理管理

在当今飞速发展的数字时代，道德在管理中的作用变得越来越重要。随着技术以前所未有的速度不断进步，组织面临着新的道德挑战，这在几十年前是无法想象的。本书旨在探讨道德领导力与数字时代之间的关系，揭示在

---

① 聂葛、王良美：《基于利益相关者理论邓小平故里红色旅游可持续发展研究》，载《旅游纵览》2023 年第 3 期，第 99-102 页。

技术驱动的世界中影响道德决策的关键因素。数字时代的到来为道德管理带来了新的挑战和机遇。数据隐私、网络安全和人工智能的道德使用等问题已成为企业的重要关切。随着技术的不断进步，伦理管理实践必须不断发展，以应对这些新出现的伦理困境。

道德领导力是近年来备受关注的一个概念。它指的是领导者在做出符合道德规范和正义的决策时，同时考虑到所有利益相关者最佳利益的能力[1]。在数字时代，当组织要应对技术应用所带来的复杂道德困境时，道德领导力变得更加重要。数字时代领导者面临的主要挑战之一是信息的快速传播。随着社交媒体和其他网络平台的出现，新闻以前所未有的速度传播，这往往导致道德问题被放大。领导者必须做好准备，以合乎道德的方式及时应对这些挑战，确保组织的声誉不受影响。数字时代道德领导力的另一个重要方面是保护数据隐私。随着对技术的依赖程度越来越高，组织会从客户和员工那里收集大量的个人数据。领导者必须确保以合乎道德的方式处理这些数据，并遵守相关法律法规，否则可能会导致严重的法律和声誉后果。

影响数字时代道德决策的因素有很多，重要的因素之一是组织文化。领导者在营造组织内的道德氛围方面起着至关重要的作用。他们必须在高层定下基调，倡导诚信和道德行为文化。这包括制定明确的道德准则，为员工提供有关数字领域道德实践的培训。影响数字时代道德决策的另一个因素是领导者的技术素养水平。随着技术的不断进步，领导者必须跟上最新发展的步伐，才能做出明智的决策。他们需要了解人工智能、区块链和大数据分析等新兴技术的道德影响。这就需要不断学习，以确保领导者有能力应对数字时代的伦理挑战。

此外，法律和监管环境在影响道德决策方面也发挥着重要作用。在数字时代，法律法规必须不断发展，以跟上技术进步的步伐。领导者也必须紧跟这些变化，以确保遵守相关法律法规，否则会给组织带来严重的法律和声誉后果。

---

① 黄倩:《道德领导力的比较研究》，载《经营与管理》2023年第5期，第103-110页。

## 三、管理道德与心理学的关系

### （一）道德决策与道德判断

心理学研究了人们在道德决策和道德判断中的心理过程。例如，道德发展理论研究了人们从儿童时期到成年期的道德认知和判断的发展过程。心理学的研究可以帮助管理者了解人们的道德决策过程，从而更好地引导员工做出符合道德的决策。

道德决策涉及在面临道德困境时识别和选择最符合道德标准的行动方案的过程。它要求个人考虑其行动的潜在后果，并做出符合道德原则的选择。道德决策受多种因素的影响，包括个人价值观、组织规范和情境背景。道德修养高、道德意识强的人更有可能做出符合道德的决策。此外，道德氛围和道德领导力等组织因素也会对道德决策过程产生重大影响。

道德判断是指评估某一情况的道德影响并确定某一行为是对还是错的能力[①]。它涉及运用道德原则和价值观来评估决策或行为的道德性。道德判断受个人特征的影响，包括道德推理和认知偏差。研究表明，道德推理能力较强的人更有可能做出道德判断。然而，认知偏差，如道德淡漠和道德脱离，会扭曲道德判断，导致不道德行为。因此，个人意识到这些偏差并积极减轻其影响至关重要。

第一个备受关注的研究领域是个体差异在道德决策中的作用。研究发现，合意性、自觉性和开放性等人格特质与工作场所的道德行为有关。例如，合意度高的人往往对他人的需求更敏感，更有可能参与亲社会行为；有良知的人更有可能遵守规章制度，不太可能做出不道德的行为。此外，研究还发现，情商高的人更能识别和处理工作场所的道德困境。

第二个备受关注的研究领域是组织文化对道德决策的影响。组织文化是指指导组织内部行为的共同价值观、信仰和规范[②]。积极的道德文化是指道德行为受到重视和奖励的文化。研究发现，组织文化在影响道德决策方面发挥着重要作用。将道德行为放在首位的组织更有可能拥有参与道德行为的员工。此外，研究还发现，道德领导力是积极道德文化的重要组成部分。

第三个备受关注的研究领域是情境因素对道德决策的影响。情境因素

---

① 朱贻庭：《伦理学大辞典》，上海辞书出版社 2011 年版，第 1043-1044 页。
② 中国管理科学学会：《管理大辞典》，中央文献出版社 2008 年版，第 55 页。

是指围绕伦理困境的具体情况。研究发现，情境因素会对伦理决策产生重大影响。例如，权威人物的存在、时间压力和群体动力都会影响道德决策。此外，研究还发现，道德困境的框架也会影响道德决策。

### （二）道德情感与道德行为

心理学研究了人们的道德情感和道德行为。例如，道德情感研究探讨了人们在道德决策中的道德情绪和道德责任感。心理学的研究可以帮助管理者了解员工的道德情感和行为，从而更好地激励员工做出符合道德的行为。内疚、羞愧和同情等道德情感是道德决策和行为中不可或缺的组成部分。内疚和羞愧是一种自我意识情绪，会引导个人评估自己的行为并考虑其行为的道德后果。移情能让人理解和分享他人的感受，促进亲社会和道德行为。研究表明，道德情感通过影响个人的道德推理和道德行为动机，在塑造个人道德行为方面发挥着重要作用，也会对个人的道德行为产生重大影响。例如，内疚感被认为是道德行为的强大动力。当个人产生愧疚感时，他们更有可能采取弥补其不道德行为所造成伤害的行为。同样，羞耻感也与亲社会行为的增加和遵守社会道德标准的愿望有关。自豪感可以强化个人积极的自我认同，鼓励他们保持道德价值观，从而促进道德行为。

研究表明，道德情感体验会影响个人的道德判断和后续决策。例如，体验到负罪感的人更有可能认为某一行为在道德上是错误的，因而更倾向于做出合乎道德的选择。相反，体验过积极道德情感（如钦佩）的人可能会更容忍不道德行为，更少参与道德决策。道德情感会影响道德行为，而道德管理实践也会影响个人的道德情感。将道德行为放在首位并培养诚信文化的组织更有可能激发员工积极的道德情感。反之，缺乏道德领导力、助长不道德行为的组织则可能使员工产生负面的道德情感，如内疚和羞愧。因此，道德管理实践与道德情感之间存在着相互影响的关系，因为道德管理实践可以塑造道德情感，也会受道德情感的影响。内疚感和羞耻感作为一种自我调节机制，促使个人纠正其不道德行为，并防止未来的违法行为。感到内疚或羞愧的人更有可能参与道德行为，以恢复自我价值和声誉。移情通过鼓励个人考虑他人的福祉并从他人的最佳利益出发，促进亲社会行为和道德决策。研究一致表明，体验过道德情感的人更倾向于参与道德行为。

### （三）道德发展与道德教育

心理学研究了道德发展的过程和影响因素。例如，社会认知理论研究了社会化和道德教育对个体道德发展的影响。心理学的研究可以帮助管理者设计和实施有效的道德教育和培训，促进员工的道德发展。

道德培训计划旨在加强员工对道德原则的理解，并为他们提供在工作场所做出道德决定的必要技能。这些计划通常包括培训课程、研讨会和案例研究，让员工接触各种道德困境，并帮助他们掌握应对这些情况所需的技能。心理学在设计和实施有效的商业道德培训计划中起着至关重要的作用。通过了解影响道德决策的心理因素，企业可以针对这些因素制订培训计划。例如，将道德发展理论纳入培训课程，可以帮助员工树立更强烈的是非观念，从而促进道德行为。

此外，了解个性特征对道德决策的影响还有助于组织识别可能需要额外支持或干预的个人。例如，自恋或马基雅维利主义程度较高的人可能需要有针对性的培训，以提高他们的道德决策能力。

### （四）道德冲突与道德困境

心理学研究了人们在道德冲突和道德困境中的心理反应和应对策略。例如，道德决策理论研究了人们在道德决策中的利益权衡和对道德冲突的处理。心理学的研究可以帮助管理者理解员工在道德冲突中的心理反应，并提供支持和指导。

企业管理中最具挑战性的道德困境之一是个人利益与组织利益之间的冲突。组织往往会以追求利润为动机，可能采取合法但在道德上有争议的做法。员工可能会面临这样的选择，要么顺从这些做法，要么冒着工作不保的风险直言反对。这就造成了一种难以解决的道德困境，因为个人必须在个人价值观与组织要求之间进行权衡。

企业管理中的道德研究还包括与企业社会责任相关的问题。企业社会责任指的是组织有责任在履行对股东的义务之外，为整个社会的最佳利益采取行动，这包括环境可持续性、社会公正和道德采购等问题。企业社会责任会对员工敬业度、客户忠诚度和财务业绩产生积极影响。

# 第二节　管理道德的理论框架

## 一、理性行动理论

### （一）理性行动理论内涵

理性行动理论是由马丁·费什贝恩（Martin Fishbein）和艾斯克·阿曾（Icek Ajzen）提出的，是一种社会心理学理论，用于解释个人在特定情况下如何做出决策和行为。该理论被广泛应用于市场营销、医疗保健和环境研究等多个领域。

理性行动理论认为，个人的行为是由其实施该行为的意图决定的。这些意图受两个因素的影响：态度和主观规范。态度是指个人对某一行为的积极或消极评价，而主观规范则是指实施或不实施某一行为所感受到的社会压力。态度和主观规范共同塑造了个人的行为意向，进而导致其实际行为。

费什贝恩和阿曾进一步发展了"理性行动理论"（theory of reasoned action，TRA），提出了"感知行为控制"的概念。感知行为控制指的是个人相信自己有能力完成某种行为。之所以在该理论中加入这一因素，是因为人们认识到，由于缺乏资源或技能等外部因素，个人实施某种行为的意图并不一定会导致实际行为的发生。

理性行动理论已被广泛应用于各个领域。在市场营销领域，该理论被用于理解消费者行为并预测他们的购买决策。例如，斯维尼（J. C. Sweeney）和索塔尔（G. N. Soutar）的一项研究发现，态度和主观规范是消费者购买环保产品意向的重要预测因素。在医疗保健领域中，该理论已被用于促进锻炼和坚持服药等健康行为[①]。

### （二）理性行动理论在管理中的应用

许多研究探讨了费什贝恩和阿曾的理性行动理论在理解管理伦理问题中

---

① SWEENEY J C, SOUTAR G N. Consumer perceived value: The development of a multiple item scale, *Journal of Retailing*, 2001，77：203-220.

的应用。其中，琼斯（T. M. Jones）研究了影响管理人员道德决策的因素 ①。他发现，受个人价值观和道德信念的影响，个人对道德行为的态度在很大程度上影响着他们的道德行为意向。此外，他们还发现主观规范（包括对同级和上级期望的感知）对道德决策有重大影响。

特雷维诺（L. K. Trevino）和杨布拉德（S. A. Youngblood）的一项研究探讨了理性行动理论在理解组织中不道德行为方面的应用。他们发现，对欺诈或不诚实等不道德行为的态度会极大地影响个人参与此类行为的意愿 ②。此外，主观规范，如同事和上级对不道德行为的认可或不认可，对个人行为意向的形成起着至关重要的作用。理性行动理论在管理中的一个突出应用领域就是员工激励。通过了解员工的态度、主观规范和感知行为控制，管理者可以设计出符合个人和组织目标的激励策略。本节探讨了利用理性行动理论提高员工积极性的研究，强调了影响员工行为意向和后续行动的因素。

消费者行为是理性行动理论广泛应用的另一个领域。了解消费者的态度、主观规范和感知行为控制有助于营销人员制定有效的营销策略和预测消费者行为。领导力和变革管理是组织成功的关键因素。本节探讨了如何应用理性行动理论来理解和影响变革时期领导者和员工的行为，探讨了使用理性行动理论分析影响领导者决策和员工接受变革举措的因素。

## （三）理性行动理论在解释管理道德方面的局限性

理性行动理论假设人们的行为是基于他们对行为的态度和他们的主观规范，也就是他们所感知到的社会期望和行为压力。然而，尽管理性行动理论很受欢迎，但其局限性和缺点也一直受到批评。

对理性行动理论的主要批评之一是，它假定人们是理性的决策者，会仔细考虑自己行为的后果。然而，研究表明，人们往往是基于情感、习惯和其他非理性因素做出决定的。例如，一个人可能因为对尼古丁上瘾或吸烟已成为其社会身份的一部分，即使知道吸烟有害健康，仍会继续吸烟。理性行动理论没有考虑这些非理性因素，这限制了它预测和解释行为的能力。

理性行动理论的另一个局限是，它假设态度和主观规范是影响行为的唯

---

① JONES T M. Ethical decision making by individuals in organizations: an issue-contingent model, *Academy of Management Review*, 1991（16）：322-344.

② TREVINO L K, YOUNGBLOOD S A. Bad apples in bad barrels-a causal analysis of ethical decision-making behavior, *Journal of Applied Psychology*, 1990, 75（4）：378-396.

一因素。然而，研究表明，其他因素如感知行为控制、自我效能感和过去的行为也对行为起决定作用。例如，一个人可能对锻炼持积极态度，并认为朋友和家人都期望他们锻炼，但如果他们缺乏锻炼的资源或技能，他们可能就不会真正参与到行为中来。理性行动理论没有考虑这些额外的因素，这限制了它准确预测和解释行为的能力。

理性行动理论假设态度和主观规范是相互独立的，也就是说，一个人对某一行为的态度和他对社会规范的看法是独立的、不同的因素。然而，研究表明，态度和主观规范往往是相互关联的，并且会相互影响。例如，一个人可能对回收利用持积极态度，因为他认为这是一项重要的社会规范。理性行动理论没有考虑到这些相互关系，这就限制了它准确预测和解释行为的能力。

此外，理性行动理论假设态度和主观规范在不同时间和不同情况下是稳定的。然而，研究表明，态度和主观规范会随着情境和个人经历的不同而改变。例如，一个人可能对吃健康食品持积极态度，但如果他所处的情境是非健康食品更方便或更容易被社会接受，他的态度就会发生变化。理性行动理论并没有考虑到这些情景和背景因素，这就限制了它准确预测和解释行为的能力。

总之，虽然理性行动理论一直是预测和解释人类行为的重要工具，但它也有一些必须考虑的局限性。推理行动理论假定人们是理性的决策者，没有考虑非理性因素，也没有考虑感知行为控制、自我效能感和以往行为等其他因素。

## 二、道德决策权变模型

### （一）道德决策权变模型内涵

费雷尔（Ferrell）和格雷沙姆（Gresham）的道德决策权力转移模型是一个重要的理论框架，旨在解释组织内道德决策的动态变化。通过探索费雷尔和格雷沙姆模型的各个层面，人们可以更深入地了解组织环境中道德决策的复杂性。费雷尔和格雷沙姆提出，组织内的道德决策权受个人道德观念和组织道德因素的影响。个人道德观念是由个人价值观、信仰和经验形成的；组织道德影响指的是影响道德决策的外部力量，包括组织文化、领导力和社会规范。

模型中的关键概念如下。

（1）道德强度：这一概念反映了道德问题被视为具有道德意义的程度，考虑的因素包括后果的严重性、社会共识和邻近性。

（2）道德意识：这一概念指个人对道德问题存在的认识以及对其潜在影响的理解。

（3）道德判断：这一阶段涉及评估不同行动方案的道德影响，并选择最符合道德标准的方案。

（4）道德意图：它代表了个人以符合其道德判断的方式行事的意愿和承诺。

（5）道德行为：该模型的最后阶段是将道德意图转化为符合道德判断的实际行动。

费雷尔和格雷沙姆的模式借鉴了多种心理学和社会学理论来解释道德决策的复杂性。这些理论包括认知发展理论、社会认知理论、社会学习理论和道德认同理论。通过整合这些理论观点，该模型为研究组织内道德决策的多面性提供了一个全面的框架。许多研究对费雷尔和格雷沙姆的模型在各种组织环境中的适用性和有效性进行了调查。这些研究表明，个人道德观念和组织道德影响均对决策过程产生重大影响。经验证据还强调了模型中不同阶段之间的相互联系，强调了考虑影响道德行为的潜在过程和因素的重要性。

## （二）道德决策权变模型在管理中的应用

许多实证研究已经在不同的组织环境中检验并验证了费雷尔和格雷沙姆的模型。研究结果强调了道德强度在形成道德判断方面的重要性、道德发展对决策的影响以及情境变量对道德责任分配的影响。此外，研究还探讨了该模型在不同管理领域的意义，包括公司治理、领导力、市场营销和供应链管理。费雷尔和格雷沙姆模型对组织伦理、领导力和决策实践具有广泛影响。对权力过渡的系统分析提高了人们对等级结构中道德妥协可能性的认识。组织可以利用这种意识来实施道德领导力发展计划、加强沟通、培养道德决策文化。此外，该模型对道德哲学家个人的关注强调了道德教育和提高组织成员道德意识的重要性。

费雷尔和格雷沙姆模型的实际意义在于它能为管理和组织实践提供参考。通过纳入该模型的关键概念，管理者可以设计正式和非正式的道德体系，促进工作场所的道德决策。同时，他们还可以通过培训计划和导师计划促进员工的道德发展。此外，了解影响道德责任的情境变量有助于组织建立透明的问责和道德行为机制。

# 三、人－境交互模型

## （一）人－境交互模型内涵

特雷维诺提出了"人－境交互模型"（person-environment interaction, PEI），为理解个人与环境之间复杂的相互作用提供了一个框架。PEI 模型的基本思想是，一个人在特定环境中的成败受三个关键要素相互作用的影响：人、环境以及人与环境之间的相互作用。这些要素相互关联、相互依存，也就是说，每个要素都会以复杂的方式影响其他要素。

个人是 PEI 模型的关键组成部分。特雷维诺认为，一个人的个性、价值观和信仰在决定其在特定环境中的成败方面起着至关重要的作用。个性包括认知、感觉、知觉、动机、情感、人际关系和身体特征等广泛的特征。因此，个人的个性会影响他们在特定环境中的态度、行为、价值观和决策。

特雷维诺 PEI 模型还强调了物质环境、社会环境和文化环境在决定个人成败方面的重要性。物质环境包括特定环境中的物质资源、基础设施和设备。社会环境指个人周围人群的规范、习俗、传统和期望。文化环境包括特定地点的语言、历史、信仰、音乐和艺术。

根据特雷维诺 PEI 模型，人与环境的互动是决定成败的关键因素。这种互动受多种因素的影响，包括个人的个性、个人与环境之间的契合程度、个人对环境的控制程度以及个人对环境的支持或敌视程度。

特雷维诺 PEI 模型由三个主要部分组成，包括人、环境以及人与环境之间的互动。此外，该模型还包括几个可影响个人与环境之间互动的外部因素。这些外部因素包括影响人与环境互动的外部力量和条件。其中，外部力量包括政治制度、经济制度、技术发展和自然地理条件。此外，外部力量还会影响个人对环境的感知、对环境的控制能力以及从环境中获得的支持程度。

特雷维诺 PEI 模型有三个特点，使其成为了解不同环境中人类互动的有效工具。这些特点包括：注重人与环境之间的互动、强调个性和价值观的重要性，以及认识到人与环境之间互动的复杂性。通过该模型，人们能够考虑人与环境之间互动的动态性和多维性，以及个人会随着时间的推移而改变，他们对环境的感知也会随之改变。该模型认识到，个人能够适应不同的环境条件，并积极塑造自己的环境，从而考虑到了这种复杂性。

## （二）人－境交互模型在管理中的应用

特雷维诺 PEI 模型对管理实践具有重要意义。管理者必须创造能让员工发挥最佳水平的环境。这意味着要了解每位员工的个人特点，以及他们如何与工作场所的环境因素相互作用。其中一个需要考虑的关键因素是组织文化。拥有积极文化的组织，其员工满意度、参与度和生产率都较高。组织文化应符合员工的个人特点，使他们更容易在组织内有效发挥作用。

此外，管理者还必须制定促进道德行为的政策和程序。特雷维诺认为，道德行为是个人特征与环境因素相互作用的结果。因此，管理者必须营造一种强化道德行为的道德环境。为此，管理者可以亲自示范道德行为，设定明确的期望，并提供道德培训和教育。该模型还强调了反馈和沟通在管理中的重要性。管理者应提供反馈，使员工有能力塑造自己的环境。通过传达期望、了解个人特点和建设性地提供反馈，管理者可以创造开放和交流的工作环境，从而促进创新和解决问题。

## （三）人－境交互模型的局限性

### 1. 过分强调个人因素

特雷维诺 PEI 模型的主要局限之一是过分强调个人因素，而忽视了更广泛的环境背景。该模型主要关注个人的内部特征，如个性特征、认知过程和价值观，而对外部因素没有给予足够的重视。这种狭隘的关注点限制了该模型解释现实世界环境复杂性的能力，可能导致对人与环境相互作用的理解不全面。

### 2. 缺乏多维性

特雷维诺 PEI 模型的另一个局限是对人与环境互动的多维性考虑有限。该模型主要研究个人特质（如外向或内向）如何影响与环境的互动。然而，它没有考虑不同的维度，包括但不限于社会文化、经济和生态因素。如果不采用这种多维视角，该模型可能无法准确捕捉个人与其不同环境之间错综复杂的互动网络。

### 3. 有限的实践意义

虽然特雷维诺 PEI 模型为探索人与环境的互动提供了一个理论视角，但在为实际应用提供可操作的见解方面，还存在不足。该模型主要是抽象和概念性的，这限制了其指导政策制定者、从业人员和组织在教育、医疗保健或工作场所设计等不同环境中进行干预或改进的能力。这一局限性要求人们开展进一步的研究，以制定一个更实用的框架，为现实世界的决策提供参考。

### 4. 缺乏与最新进展的结合

特雷维诺 PEI 模型是在众多技术进步和社会变革出现之前开发的，而这些技术和社会变革对人与环境的动态关系产生了重大影响。因此，该模型未能充分纳入这些新出现的影响因素。例如，数字技术和虚拟环境的迅速发展要求人们对人与环境的互动有一个更新的认识。如果不能结合这些发展，就会限制该模型在当代环境中的相关性和适用性。

## 四、道德通用模型

### （一）道德通用模型内涵

亨特（Hunt）和维特尔（Vitell）的道德决策通用模型因其全面的方法和在各种情况下的适用性而广受认可与关注。亨特和维特尔的"道德决策通用模型"由六个阶段组成，提供了道德决策的顺序过程。第一阶段是认识道德问题，包括确定存在道德困境；第二阶段是确定道德问题的相关性，即个人评估道德困境对利益相关者的意义和潜在影响；第三阶段是打算采取合乎道德的行动，强调个人致力于做出道德上可接受的决定；第四阶段是理解决策的道德影响，包括思考选择特定行动方案可能产生的积极和消极后果；第五阶段是评估备选行动方案，即个人考虑不同的备选方案及其道德影响；第六阶段是执行伦理决定，这意味着在考虑潜在后果的同时执行所选择的行动方案。[①] 亨特和维特尔模型的显著特点之一是它关注影响伦理决策的个人和内部因素。它承认决策受个人价值观、道德哲学和个人拥有的各种个性特征的影响。此外，该模型还承认组织文化、社会规范和行业惯例等外部因素在影响道德决策方面的重要性。

该模型的另一个重要特点是其灵活性和适应性。它适用于不同的文化、行业和组织环境，使其成为道德决策的通用框架。该模型并没有提出"一

---

① HUNT S D, VITELL S J. The general theory of marketing ethics: A retrospective and revision, *Journal of Macromarketing*, 1993, 8：775-784.

刀切"的方法，而是允许个人根据当前情况的独特性来调整自己的决策过程。亨特和维特尔的模型承认伦理决策的动态性质。它认识到，在获得更多信息或情况发生变化时，应重新评估和修订决策。这一特点使得决策方法更加积极主动，更具反思性，从而确保在整个决策过程中始终将道德因素放在首位。

### （二）道德通用模型在管理中的应用

许多研究都采用了道德通用模型来调查各种管理情景下的道德决策。这些研究探讨了个人价值观、组织文化和情境因素对道德决策过程的影响。该模型被用于分析营销、财务、人力资源和供应链管理等领域的道德困境。研究人员还调查了个人和组织因素对采取道德行为的影响，从而促进了更具道德的商业环境的发展。亨特和维特尔的模型有助于管理者了解在做出组织决策时需要考虑的道德因素。它提供了一种识别和解决伦理问题的系统方法，有助于做出负责任的道德决策。该模型为道德领导力以及领导者在促进组织内道德行为方面的作用提供了宝贵的见解。通过了解个人的道德判断和意图，领导者可以设计和实施道德实践，对组织的道德氛围产生积极影响。该模型通过强调道德行为阶段，帮助组织纳入企业社会责任倡议。通过使自己的行为符合道德标准，组织可以为社会做出贡献，并建立积极的声誉。

亨特和维特尔的道德通用模型的应用对管理有四方面的实际意义。首先，该模型为管理者提供了一个评估和评价组织内道德行为的框架。它有助于识别潜在的道德风险并制定降低风险的策略。其次，道德通用模型有助于制定符合组织道德立场的道德准则和政策。通过遵守这些准则，组织可以提高其在利益相关者中的声誉和信誉。再次，道德通用模型有助于深入了解如何处理伦理冲突和困境，使管理人员能够做出兼顾个人、组织和社会利益的明智决策。最后，道德通用模型能促进道德领导力的发展，在组织内部培养道德行为文化。

### （三）道德通用模型的局限性

#### 1. 模式的简单性

亨特和维特尔的道德通用模型受到的主要批评之一是其过于简化的性质。该模型假定个人有一套一致的道德原则来指导其道德决策过程。然而，在现实中，个人的道德判断往往受情景因素、个人经历和文化差异的影响。

因此，该模式未能考虑到人类道德判断的复杂性和动态性。

### 2. 缺乏跨文化有效性

亨特和维特尔的道德通用模型缺乏跨文化有效性。该模型是在西方文化背景下开发的，可能无法充分反映来自不同文化背景的个人的道德判断过程。研究表明，不同文化背景下的道德价值观和道德判断存在显著差异，这表明单一的通用模式可能并不适用于所有文化背景。

### 3. 忽视情感和直觉因素

亨特和维特尔的道德通用模型主要关注理性决策过程，忽视了情感和直觉在道德决策中的作用。研究表明，情感和直觉会对道德判断产生重大影响，尤其是在模棱两可或情绪化的情况下。因此，该模型无法全面理解情感、直觉和道德判断之间复杂的相互作用。

### 4. 组织因素范围有限

尽管亨特和维特尔的道德通用模型承认组织因素对道德判断的影响，但它没有提供对这些因素如何相互作用并影响个人决策的全面理解。该模型没有具体说明组织文化和道德氛围对个人道德判断的影响机制。因此，该模型可能会忽略组织环境的细微差别及其对道德决策的影响。

### 5. 过分强调个人特征

亨特和维特尔的道德通用模型强调个人特征是道德判断的决定因素。这种对个体特征的关注忽视了社会规范、同伴压力和权威影响等环境因素对道德决策的潜在影响。此外，该模型没有充分探讨个体特征与情境因素之间的潜在互动关系，从而限制了其解释力。

## 五、管理道德决策整合模型

### （一）管理道德决策整合模型内涵

琼斯的管理道德决策整合模型是研究管理者如何做出道德决策的典型理论之一①。

第一，琼斯提出了三个基本层面的道德决策整合模型。第一个层面是个体道德判断，指一个人对某个道德问题所作的判断和评价；第二个层面是组

---

① JONES T M. Ethical decision making by individuals in organizations: An issue−contingent model, *Academy of Management Review*, 1991（16）：3.

织道德氛围,指的是组织内部的道德价值观和文化氛围;第三个层面是制度化道德规范,指的是由组织和社会制定的法律、规定和准则等。

第二,琼斯还提出了道德意识、道德判断和道德行为三个重要因素,这三个因素相互作用,共同决定了管理者的道德决策。其中,道德意识是指人们对道德问题的关注程度和重视程度,道德判断是指人们对道德问题进行判断和评价的能力,而道德行为则是指人们在道德问题上的行为表现。

第三,琼斯将道德决策分为三种类型:以自我为中心的道德决策、利他主义的道德决策和普世主义的道德决策。以自我为中心的道德决策是指个人主要考虑自身的利益,而不顾及他人利益或者组织利益,不考虑其合理性和公正性;利他主义的道德决策是指个人主要考虑他人的利益,只要对方受益,即使自己受到损失,也能够接受;而普世主义的道德决策则强调所有人都应该受到平等和公正的对待,不以个人或者特定团体的利益为中心。

第四,琼斯指出,管理者在做出道德决策时,应该同时考虑个体道德判断、组织道德氛围和制度化道德规范三个层面,以及道德意识、道德判断和道德行为三个因素。此外,管理者还应该注意道德决策的类型和自身所处的背景环境,以便做出符合伦理和道德标准的决策。

琼斯管理道德决策整合模型是一种典型的道德决策理论,包括个体道德判断、组织道德氛围和制度化道德规范三个层面,以及道德意识、道德判断和道德行为三个因素。管理者在做出道德决策时,应该同时考虑这些因素,以及决策的类型和所处的背景环境。该模型已经被广泛应用于企业管理、组织行为等领域,并对管理者的道德决策产生了积极的影响。

## (二)管理道德决策整合模型在管理中的应用

琼斯提出的管理道德决策整合模型至今仍具有很强的现实意义。管理者在职业生涯中面对着种种道德抉择,而模型的存在使他们在做出抉择时能够借鉴一定的指导原则。在具体实践上,这个模型也被证明是适用的。针对琼斯管理道德决策整合模型在管理中的应用,有很多相关的研究。其中,一些研究关注的是管理者在使用这个模型时所需要具备的能力与素养。为了成功运用这个模型,管理者需要具备全面而准确的信息,还要有自己的价值观与专业判断能力。同时,管理者也需要理解每一个阶段在社会和组织文化上的影响力,以及如何避免误解或者受到不良因素的影响。

此外,研究还发现了一些影响管理者在实践中使用琼斯管理道德决策整合模型的因素。这些因素包括领导者与员工之间的信任程度、领导者与员工之间的沟通水平、领导者和员工的年龄结构、领导者的专业背景等。

### （三）管理道德决策整合模型的局限性

#### 1. 忽视内部动机

该模型侧重个体的认知过程和内部动机，忽视了外部环境因素对道德决策的影响。事实上，组织文化、道德风险和外部压力等因素可能对个体的道德判断和行为产生重要影响。因此，在进一步研究和应用该模型时，需要考虑更多的外部因素的作用。

#### 2. 道德行为衡量困难

该模型在测量道德行为时存在一定的困难。道德行为往往是主观的，并难以客观、准确地进行衡量。虽然琼斯管理道德决策整合模型尝试将道德行为视为"意向转化为行动"，但如何准确测量行动的结果仍然是一个挑战。

#### 3. 忽视个体差异

该模型也未能充分考虑个体之间的差异性。在道德决策中，个人的性别、文化背景、教育水平以及组织角色等因素均可能影响其道德判断和行为。因此，与模型所假设的单一理性决策者不同，个体之间的差异性应该被纳入研究框架中。

# 第三节　管理道德的影响因素

## 一、个体特征对管理道德的影响

### （一）个人意图对道德加工的影响

面对管理道德问题，决策者的动机会影响道德加工，费雷尔和格雷沙姆的道德决策权变模型指出，个体因素中的意图会影响道德判断。也就是说，一个旁观者和一个卷入者的道德加工存在差异。

研究发现，主观意图会影响道德决策，例如，人们是有意识地去做坏事，以获得更大利益①，还是人们意识到坏的结果，但是为了获得更大的利益不得已做出不道德决策。主观意图的差别会诱发不同程度的消极情感反应。直接性（directness）或者个人性（personalness），其内涵包括道德行为人与受害者之间的亲密程度②及带有伤害性的道德行为是有意的还是无意的。

个人力量也会影响道德决策，个人力量（personal force）的定义为通过自身的肌肉收缩将自身力量直接施加给别人③，具有直接性和意识性两个特征。按照格林（Greene）的观点：开枪射击和通过按动按钮伤害别人则不属于个人力量。其他研究者通过直接性和间接性来区分个人力量和非个人力量。④但是，格林等人认为摩尔（Moore）没有区分个人力量与身体接触，因此，格林等人为了区分个人力量和身体接触及空间接近性对道德决策的影响，做了一系列实验。实验一研究发现，空间接近性和身体接触对道德判断的结果不具有显著性影响。个人力量强度越大，被试接受程度也越小，认为越不道德。实验二着重研究个人力量和主观意图对道德决策的影响，依据电车困境设计了四种类型的刺激。①回路困境（loop dilemma）：失控的电车沿直线前进，前方有 5 名工作人员，备用车道有 1 名工作人员。失控电车飞速地驶向 5 名工作人员，如果按下按钮使列车驶向备用车道，会碾死 1 名工人但是能阻挡火车前进，5 名工人可以获救。其中，涉及有意识伤害 1 名工人被认为是有个人意图的，因为按下按钮无个人力量存在。②重物回路困境（loop weight dilemma）：与回路困境不同的是备用车道上有 1 名工人，但是工人的体重不能阻止电车，同时在工人的背后还有重物可以阻止列车，按下按钮

---

① CUSHMAN F, YOUNG L, HAUSER M. The role of conscious reasoning and intuition in moral judgment: Testing three principles of harm, *Psychological Science*, 2006, 17（12）：1082-1089.

② CUSHMAN F, YOUNG L, HAUSER M. The role of conscious reasoning and intuition in moral judgment: testing three principles of harm, *Psychological Science*, 2006, 17（12）：1082-1089.

③ GREENE J D, CUSHMAN F A, STEWART L E, et al. Pushing moral buttons: The interaction between personal force and intention in moral judgment, *Cognition*, 2009, 111（3）：364-371.

④ MOORE A B, CLARK B A, KANE M J. Who shalt not kill? Individual differences in working memory capacity, executive control, and moral judgment, *Psychological Science*, 2008, 19（6）：549-557.

后火车先碾死 1 名工人，然后撞上重物阻止列车，被认为受害者的死是一个附带伤害，是非意识的同时无个人力量。③障碍物 - 推困境（obstacle-push dilemma）：这次被试站在独木天桥上，在桥的另一端有 1 个按钮，可以阻止火车前进，独木桥中间有 1 个人，被试要穿过独木桥必须亲手推下中间的人，此人会被碾死。虽然被害人不是用来阻挡电车的，但是的确对被害人实施了直接的身体接触，这个困境中的行为既有个人意图的也有个人力量的。④障碍物 - 碰撞困境（obstacle-collision dilemma）：与障碍物 - 推困境不同的是，独木桥上的人是被不小心碰下去的，并不是有意识的，但包含了身体接触，有个人力量的参与。结果发现，个人意图与个人力量存在交互作用，个人力量的主效应不显著，个人力量对道德决策的影响依赖于行为人的意图，只有当个人力量造成的伤害被当作一种手段时，才会影响道德决策。这一结果与豪瑟（Hauser）的存在矛盾①。分析发现，这些矛盾是由研究中豪瑟的实验材料界定存在差异导致的，而且格林对个人力量概念界定及主观意图的控制存在不足，仅仅通过无意识的碰撞就认为是无个人意图的存在，显然不合适，因此，无法得知被试在决策中是不是无意识。

## （二）人格对管理道德水平的影响

许多研究考察了人格特征与道德领导力之间的联系。五大人格模型是公认最广泛的人格模型之一，包括外向性、宜人性、尽责性、情绪稳定性和体验开放性。一些研究人员调查了这些特质与道德领导力之间的关系。例如，人们发现外向型对道德领导力既有积极影响，也有消极影响。一方面，外向型领导者往往更外向、更有魅力，这可以积极影响他们激励追随者进行道德行为的能力；另一方面，外向型领导者也可能更容易做出不道德的行为。

随和，另一种人格特征，一直显示出与道德领导的积极关系。亲和力强的领导者更有可能富有同情心、同理心，并考虑到他人的需求和担忧。这些特质有助于领导者在组织内创造道德氛围，并与下属建立积极的关系。认真，通常与有组织、负责和可靠联系在一起，也被发现与道德领导呈正相关。责任心强的领导者更有可能遵守道德标准、遵守规章制度，并在决策过程中表现出正直。他们强烈的责任感和对道德行为的承诺可以成为他们追随

---

① HAUSER M, CUSHMAN F, YOUNG L, et al. A dissociation between moral judgments and justifications, *Mind and Language*, 2007, 22（1）: 1–21.

者的榜样。情绪稳定，或在紧张的情况下保持冷静和沉着的能力，也与道德领导力有关。情绪稳定度高的领导者在面临挑战时不太可能屈服于压力或做出不道德的行为。他们管理情绪和做出理性决策的能力有助于形成更合乎道德的组织文化。五大模式的最后一个维度——对经验的开放，在道德领导力方面显示出好坏参半的结果。一些研究发现，开放性与道德行为之间存在正相关，这表明对新思想和新观点持开放态度的领导者可能更倾向于在决策中考虑道德影响。然而，其他研究没有发现这些变量之间存在显著关系，这表明其他因素可能会介导开放性对道德领导力的影响。

## （三）自控力与管理道德的关系

自我控制是指个人为了实现长期目标而调节自己的思想、情绪和行为的能力。它包括抵制眼前的诱惑和冲动，做出深思熟虑的选择，并表现出自律。道德领导力包括制定高道德标准，始终如一地按照这些标准行事，并促进追随者的道德行为。研究表明，自我控制与道德领导力呈正相关。自我控制能力强的个人更有可能表现出道德领导行为，如公平、诚实和透明。即使面临压力或个人利益，他们也能更好地抵制从事不道德行为的诱惑。这是因为自我控制使领导者能够基于长期的道德考虑而不是短期的私利做出决策。有几种机制可以解释自我控制和道德领导之间的关系。

第一，自我控制增强了领导者调节自己情绪的能力，这对于做出公平公正的决定至关重要。有自制力的领导者在评估道德困境时不太可能受到个人偏见或情绪的影响，从而做出更合乎道德的决策。

第二，自我控制使领导者能够抵御外部压力的影响，遵守道德标准。领导者经常面临的情况是，由于组织或社会压力，他们很想妥协自己的道德原则。然而，自我控制能力强的人对这种压力更有抵抗力，更可能按照自己的道德价值观行事。

第三，自我控制促进了领导者管理利益冲突的能力。领导者经常面临个人利益与追随者或组织利益冲突的情况。自我控制有助于领导者将集体利益置于个人利益之上，并做出符合所有利益相关者最大利益的决策。

理解自我控制和道德领导力之间的关系对组织具有重要意义。首先，组织应该优先选择和培养具有高度自制力的领导者。通过培训计划评估和培养自我控制技能，有助于培养能够有效应对复杂道德困境的道德领导者。其次，组织应该创造一种支持和奖励道德行为的文化。这包括制定明确的道德准则，为道德决策提供资源，并让领导人对自己的行为负责。通过培养自我控制和道德领导力的文化，组织可以提高声誉，与利益相关者建立信任，并促进组织的长期成功。

## （四）态度对道德加工的影响

态度是指个人对某一特定主题的评价和感受。在伦理管理的背景下，态度在决策过程中起着至关重要的作用。许多研究强调了态度在伦理决策中的重要性。例如，特雷维诺等人的研究发现，与伦理态度较弱的人相比，伦理态度较强的人更有可能做出伦理决定。这表明，个人对道德的态度会显著影响他们的道德决策。此外，研究还考察了道德敏感性和道德强度等特定态度对道德决策的影响。伦理敏感性指的是个人识别伦理问题的能力，而道德强度则与问题的伦理意义有关。

琼斯的研究表明，道德敏感性和道德强度较高的人更有可能做出道德决策。这些发现表明，态度以及与伦理相关的具体态度在决定管理背景下的伦理决策方面至关重要。由于社会期许性的存在，个体在表达自己内心真实的感受时，往往受到制约，通过问卷调查与情景实验很难克服上述现象。很多道德决策取决于个人态度，因此引申出内隐态度这一概念。内隐态度常被定义为过去经验和已有态度积淀下的一种无意识痕迹，这种痕迹的影响是个体在意识水平上无法觉知的，但它又潜在地影响个体对社会对象的情感取向、认识和行为。人们普遍认为，内隐态度是一种意识水平下的评价活动，但是内隐态度并不是一定没有意识参与的①。与之相对应的就是外显态度，表现为意识参与下的一系列可以测量的行为活动。道德研究历来都是针对外显态度，如在道德困境中做出道德决策、观赏违反道德行为的图片、判断句子所描述的行为是否道德并做出道德决策（道德上适当与否），以及对句子本身做语义决策（语义正确与否）。这些依靠的都是外显加工，由于外显态度容易受到意识和社会期许的影响，无法反映出真实的态度，因此，人们开始关注内隐态度对决策的影响。采用外显的道德测量较难测量个体的道德意图，因此，很多研究人员开始采用其他的测量方式，如功能性磁共振成像与事件相关电位（event-related potentials, ERPs），因为大脑的脑电反应较难受意识

---

① RUDMAN L A. Sources of implicit attitudes, *Current Directions in Psychological Science*, 2004, 13（2）: 79-82.

控制，从而能准确地测量个体道德加工的过程。费尔普斯（Phelps）等人研究发现，杏仁核与种族歧视有关①。Chee 研究发现腹内侧前额叶、腹外侧前额叶及前扣带皮层在内隐态度决策中被显著激活，而这些区域在道德决策过程中都发现有显著的激活②。2006 年，罗茜和那凯克等人通过 fMRI 研究道德决策发现，主要激活了前扣带回（BA24）、左扣带下回（BA25）、右侧腹外侧前额叶皮层（BA47）、双侧运动前皮层（BA6）和尾状核及杏仁核，因此，他们认为不道德行为与消极评价之间存在一个连接③。无意识道德决策过程与杏仁核有关，但是其研究材料通过合法性来判断道德其构念效度不高，也会影响结果的推论性。

### （五）情绪对道德加工的影响

情绪是一种复杂的心理体验，会影响人们的思想、感受和行动。它们可以是积极的，也可以是消极的，其强度也可以不同。道德决策包括评估道德困境和选择道德上最可接受的行动方案。研究表明，情绪可以通过影响道德判断和道德推理来显著影响伦理决策。一些理论解释了情绪与伦理决策之间的关系。双重过程理论认为，情绪可以通过两个不同的过程影响伦理判断：直觉和深思熟虑。直觉过程是快速、自动和情绪驱动的，而深思熟虑的过程则是缓慢、反思和理性的。情绪会使直觉过程产生偏见，从而导致有偏见的道德判断。例如，幸福等积极情绪会导致更宽松的道德判断，而愤怒或恐惧等消极情绪会导致更加严格的判断。另一种理论——情感事件理论，认为在工作场所经历的情绪会影响道德行为。积极的情绪，如喜悦或自豪，可以通过促进亲社会倾向来增强道德行为；而愤怒或沮丧等负面情绪则会削弱道德判断，增加从事不道德行为的可能性，从而导致不道德行为。

许多实证研究考察了情绪与伦理管理之间的关系。例如，摩尔的一项研究发现，经历过积极情绪（如喜悦或自豪）的员工更有可能从事道德行为，

---

① PHELPS E A, O'CONNOR K J, CUNNINGHAM W A, et al. Performance on indirect measures of race evaluation predicts amygdala activation, *Journal of Cognitive Neuroscience*, 2000, 12（5）: 729-738.

② CHEE M W L, SRIRAM N, SOON C S, et al. Dorsolateral prefrontal cortex and the implicit association of concepts and attributes, *Neuroreport*, 2000, 11（1）: 135-140.

③ LUO Q A, NAKIC M, WHEATLEY T, et al. The neural basis of implicit moral attitude: An IAT study using event-related fMRI, *Neuroimage*, 2006, 30（4）: 1449-1457.

而经历过消极情绪（如愤怒或沮丧）的员工则更容易做出不道德行为[①]。以信任和尊重等积极情绪为特征的工作环境与较高水平的道德行为有关，而以恐惧或敌意等消极情绪为特征的工作环境则与较低的道德行为相关。

通过两难道德困境研究发现，人在腹内侧前额叶受伤情况下，道德水平明显低于正常人，更加容易违反道义性原则或功利性决策并出现利他行为减少。道德决策研究发现，扣带回在道德决策过程中得到激活，扣带回主要负责冲突检测与处理，困难的道德决策对扣带回的激活也更强烈，强烈的道德决策中背外侧前额叶表现出强烈的活动，提示背外侧前额叶与功利性决策相关。而道德决策双过程理论中的直觉决策过程主要是针对情绪提出的。格林等人基于个人情感道德和亚个人情感道德困境的研究发现，在高冲突的道德决策中情绪相关的脑区激活更加显著[②]。摩尔通过不同类型的道德材料作为刺激研究发现，道德类型不同，其表征脑区也存在差异[③]。消极情绪也会影响道德判断，克利曼等人发现，当被试对道德判断对象产生消极态度时，其倾向于认为某些行为更不道德[④]。

影响道德加工的因素众多（压力、意图、态度等），与之相关的脑区（背外侧前额叶、腹内侧前额叶、眶额皮层、边缘系统、杏仁核等）也比较复杂。在管理道德中，上述因素同样会影响其加工模式。本书以管理道德为出发点，采用 ERPs 脑电系统分析管理道德决策认知神经机制，揭示管理道德的内在规律，为提升管理道德提供理论依据。

① DAVIS S K, HUMPHREY N. Emotional intelligence predicts adolescent mental health beyond personality and cognitive ability, *Personality and Individual Differences*, 2012, 52（2）: 144-149.

② GREENE J D, NYSTROM L E, Engell A D, et al. The neural bases of cognitive conflict and control in moral judgment, *Neuron*, 2004, 44（2）: 389-400.

③ MOLL J, DE OLIVEIRA-SOUZA R, GARRIDO G J, et al. The self as a moral agent: Linking the neural bases of social agency and moral sensitivity, *Social Neuroscience*, 2007, 2（3-4）: 336-352.

④ KLIEMANN D, YOUNG L, SCHOLZ J, et al. The influence of prior record on moral judgment, *Neuropsychologia*, 2008, 46（12）: 2949-2957.

## 二、组织对管理道德的影响

### （一）组织压力对道德加工的影响

大量研究考察了工作压力对个人道德决策过程的影响。据观察，高水平的工作压力会损害个人的认知功能，导致道德判断和决策能力受损。长期工作压力的存在会导致道德意识下降、同理心下降，以及从事不道德行为的可能性增加。相反，工作压力低的人往往表现出更高的道德标准，并做出更多的道德选择。

组织在塑造工作压力水平和道德管理实践方面发挥着重要作用。组织文化、领导风格和工作设计等因素会影响员工的工作压力体验和道德行为。一个优先考虑员工福祉、营造支持性工作环境和促进道德价值观的组织更有可能缓解工作压力并鼓励道德决策。工作压力和非道德行为的影响可能是深远的，不仅影响个人，而且影响整个组织。工作压力与工作满意度下降、离职率上升及缺勤率上升有关。此外，不道德的行为会损害组织的声誉，损害员工的士气，并导致法律和财务后果。认识和解决工作压力与道德管理之间的关系，对于维持健康和可持续的工作环境至关重要。企业中的员工受组织压力因素的影响，若给予管理者足够时间考虑，管理者在充分分析道德决策的利与弊之后，能不能做出更道德的决策呢？精神压力下的管理者会不会变得更不道德呢？

无意识思考理论认为当人们有意识思考较长时间时，无意识思考对决策结果的影响会下降。在道德决策的过程中同样会因为压力而发生结果改变，心理压力反应和决策相关，道德决策过程中会涉及网状神经系统，与网状神经系统相关的有认知加工，如右腹背侧前额皮层、双侧下顶叶；情绪加工，如腹内侧前额叶、扣带后回（posterior cingulate gyrus）/楔前叶、顶叶、杏仁核；认知冲突过程，如前扣带回。压力会导致额叶和边缘系统功能性改变，这些区域与道德决策的激活区域有很大重合。边缘系统对压力有较强的敏感性，瓦德索洛（P. Valdesolo）和德斯迪诺（D. Desteno）发现在道德决策中积极情绪导致利他决策增加[1]，施达克（Sachdeva）等人也发现降低被试的自我价值感，利他决策也会增加［施达克称这种现象为"道德清洗"（moral

---

[1] VALDESOLO P, DESTENO D. Manipulations of emotional context shape moral judgment, *Psychological Science*, 2006, 17（6）：476-477.

cleansing）]①。但 2011 年施达克等人通过特里尔社会压力测试（Trier social stress test，TSST）使用内分泌标记法研究道德决策中压力的作用，并没有发现压力会改变道德决策的结果②。这可能是由个体对压力的反应不同导致的激素水平差异较大，仅仅通过内分泌标记法很难得到结果，同时，不同的情绪状态也会影响道德决策结果。

### （二）组织文化对管理道德的影响

组织文化是一个复杂的概念，包括价值观、信仰、规范和实践。它是由各种内部和外部因素形成的，如领导风格、组织结构、行业规范和社会价值观。组织文化对组织中个人的行为有着深远的影响，包括他们的道德决策和行为。研究表明，强大的道德文化与一系列积极的结果有关，如提高员工满意度、提高组织绩效和降低道德不端的风险。相反，软弱或消极的道德文化可能会导致一系列负面结果，如营业额增加、生产力下降和声誉受损。许多因素会影响组织内道德文化的发展，其中包括领导力、组织结构、沟通和培训。领导者在塑造组织的道德文化方面发挥着关键作用。优先考虑道德行为并为道德决策创造支持性环境的领导者更有可能培养积极的道德文化，组织的结构也会影响其道德文化。决策分散、结构扁平的组织更有可能促进积极的道德文化；有效的沟通对于创造和维护道德文化至关重要。鼓励公开和诚实沟通，并为报告道德问题提供渠道的组织更有可能培养积极的道德文化；提供道德操守和道德决策方面的培训也有助于促进积极的道德文化。了解道德问题并有能力做出道德决策的员工更有可能在工作场所表现得合乎道德。

组织可以使用许多策略来促进和维护道德文化。其中包括：建立道德规范，道德规范概述了指导组织内道德行为的价值观和原则，它为道德决策提供了一个框架，并作为员工的参考点；鼓励道德行为，组织可以通过表彰和奖励行为合乎道德的员工，以及创造一种重视道德行为的文化来鼓励道德行为。提供道德决策方面的培训和支持可以帮助员工理解道德行为的重要性，并培养组织做出道德决策的技能。

组织文化在塑造组织中个人的道德行为方面发挥着至关重要的作用。积

---

① SACHDEVA S, ILIEV R, MEDIN D L. Sinning saints and saintly sinners: The paradox of moral self-regulation, *Psychological Science*, 2009, 20（4）: 523–528.

② STARCKE K, POLZER C, WOLF O T, et al. Does stress alter everyday moral decision-making? *Psychoneuroendocrinology*, 2011, 36（4）: 210–219.

极的伦理文化可以带来一系列积极的结果，而消极的伦理文化则可能会对一个组织产生严重的后果。通过了解影响道德文化发展的因素并实施促进和维护道德文化的战略，组织可以创建一种重视道德行为并有助于长期成功的文化。

### （三）奖励和惩罚制度

组织的奖励和惩罚制度对个体的道德行为产生影响。如果组织对道德行为给予正面激励和认可，那么，个体更有动力表现出道德行为。奖惩制度与道德管理之间关系的核心是如何激励员工遵守道德行为的问题。许多学者认为，奖惩是塑造行为的有力工具，可以用来促进工作场所的道德行为。然而，其他人认为，这些制度可能会产生意想不到的后果，如鼓励员工以牺牲长期道德考虑为代价，专注于短期收益。

强化理论是理解奖惩制度与伦理管理之间关系的关键理论框架之一。这一理论认为，行为是由随之而来的后果决定的，奖励和惩罚可以用来加强或阻止某些行为。根据这一理论，如果员工因道德行为得到奖励，或者因不道德行为受到惩罚，那么，他们未来的行为将更有可能合乎道德。

关于奖惩制度在促进道德行为方面的有效性，实证研究提供了喜忧参半的结果。一些研究发现，这些制度可以有效地促进道德行为，特别是当奖励与特定的道德行为挂钩时，以及当惩罚与犯罪行为一致且相称时。其他研究发现，这些系统可能会产生意想不到的后果，如鼓励员工从事不道德的行为以避免惩罚或获得奖励。

对这些混杂结果的一个潜在解释是组织文化在塑造员工行为方面的重要性。组织文化是指指导组织内行为的价值观、信念和规范。如果一个组织有强大的道德行为文化，那么无论是否有奖惩制度，员工都更有可能遵守道德。相反，如果一个组织的道德行为文化较弱，那么，这些系统在促进道德行为方面可能效果较差。奖惩制度与道德管理之间关系的实际影响包括各组织需要认真设计和实施这些制度。组织应该考虑一些因素，如员工希望促进的具体行为、最有效的奖励和惩罚类型，以及这些系统的潜在意外后果。此外，组织应通过领导、沟通和培训，努力创造一种强大的道德行为文化。

奖惩制度与伦理管理之间的关系是一个复杂而重要的课题。虽然这些系统可以有效地促进道德行为，但它们也可能产生意想不到的后果，在缺乏强大的道德行为文化的情况下可能效果较差。组织应仔细设计和实施这些制度，并努力创造一种强大的道德行为文化，以促进长期的道德决策。

## 三、领导风格对管理道德的影响

### （一）辱虐型领导风格对管理道德的影响

辱虐型领导风格被定义为一种领导方法，包括使用言语和非言语攻击、操纵和恐吓来控制下属[①]。这种领导风格的特点是使用恐惧、威胁和惩罚来达到预期的结果。辱虐型权力的领导者经常利用自己的权力羞辱、贬低和侮辱下属，这可能会对组织的整体士气产生不利影响。

辱虐型领导对管理伦理的影响是一个复杂的问题，在文献中有着广泛的争论。一些学者认为，辱虐型职权的领导者往往会在下属中助长不道德的行为，因为他们创造了滋生恐惧和恐吓的环境[②]。这可能会形成一种保密和不诚实的文化，导致员工害怕发声或报告不道德的行为。

也有一些学者认为，辱虐型领导权会导致员工产生道德愤怒感，从而激励他们采取合乎道德的行为[③]。这是因为遭受虐待行为的员工可能会感到不公正，更有可能公开反对不道德的行为。总的来说，辱虐型领导风格对管理伦理有负面影响。这是因为辱虐型权力的领导人往往会创造滋生恐惧和恐吓的环境，这可能会导致组织形成一种保密和不诚实的文化。此外，辱虐型职权的领导者经常在下属中宣扬不道德的行为，这可能会对组织的整体绩效产生不利影响。

总之，辱虐型领导风格对管理伦理的影响是一个复杂的问题，需要进一步的研究和分析。文献表明，辱虐型领导权会对管理伦理产生负面影响，因为它造成了助长恐惧和恐吓的环境，并助长了不道德的行为。因此，组织必须解决辱虐型领导的问题，促进道德行为文化。

---

① 万华、欧阳友全：《基于辱虐型领导视角的强制性公民行为研究》，载《企业活力》2011年第12期，第50-54页。

② 牛莉霞、刘勇、李乃文：《辱虐型领导对员工工作偏离行为的影响：有链式中介调节模型》，载《中国安全科学学报》2019年第7期，第12-19页。

③ 高日光、郭笑笑、郑凯霞：《服务型领导对辱虐管理的作用机制：基于道德许可理论的视角》，载《当代财经》2021年第1期，第86-96页。

### （二）安全基地型领导风格对管理道德的影响

安全基地型领导风格强调创造安全和支持性的工作环境，让员工感到安全，可以表达他们的担忧、承担风险并参与道德决策[①]。这种领导风格重视信任、公开沟通、协作和公平。采用这种风格的领导者优先考虑员工的福祉和安全，培养道德行为文化。

多项研究考察了安全基地型领导风格对道德管理的影响，强调了其对各种环境的积极影响。

首先，安全基地型领导风格促进了员工的道德意识。通过创造鼓励公开沟通、使员工安全表达担忧的环境，领导者可以有效地解决道德困境，促进道德决策。这种风格使领导者能为员工提供指导和支持，在组织内培养强大的道德氛围。

其次，安全基地型领导风格增强了道德决策。当员工感到安全和有保障时，他们更有可能从事合乎道德的行为并做出合乎道德的决定。这种风格鼓励员工考虑其行为的道德含义，并促进其对道德行为的责任感。因此，由安全基地型领导人领导的组织更有可能表现出更高的道德标准。此外，基于安全的领导风格有助于组织内道德领导力的发展。将员工的安全和福祉放在首位的领导者创造了一个鼓励各级道德领导力的环境。通过建立道德行为模型并提供支持，安全基地型领导者激励员工自己成为道德领导者。这种风格有助于培养一批能够推动整个组织道德实践的道德领袖。安全基地型领导风格增强了员工对组织的信任和承诺。当领导者优先考虑员工的安全和福祉时，就会培养员工的信任感和忠诚度。员工更有可能信任那些真正关心他们福利的领导者，从而提高承诺和参与度。这种信任和承诺有助于在组织内营造积极的道德氛围。

然而，我们必须承认安全基地型领导风格的局限性。虽然它促进了道德行为，但它可能并不适合所有的组织环境。一些组织可能需要更具指导型或权威型的领导风格来应对特定的挑战或危机。因此，领导者应根据其组织的独特需求和环境调整其领导风格是很重要的。

安全基地型领导风格对组织内部的道德管理有着重要影响。通过创造安全和支持性的工作环境，领导者可以培养道德意识、决策能力等。此外，这

---

[①] 侯昭华、宋合义、谭乐：《安全基地型领导对员工创造力的影响机制研究》，载《管理学报》2022 年第 8 期，第 1143-1151 页。

种风格还可以增强员工的信任，有助于营造积极的道德氛围。然而，领导者也必须考虑到背景，并相应地调整他们的领导风格。未来的研究应该继续探索安全基地型领导风格的细微差别及其对不同组织环境中道德管理的影响。

### （三）民主型领导风格对管理道德的影响

民主型领导，也称参与式领导，其特点是下属参与决策过程，培养共同责任感和赋权感[①]。这种领导风格鼓励团队成员之间的开放沟通、积极参与和协作，使他们能够贡献自己的想法、意见和专业知识。民主型领导人充当调解人，指导决策过程，同时重视和尊重他人的投入[②]。

民主型领导已被发现对员工士气及其敬业度产生积极影响[③]，这是道德管理的重要组成部分。当员工感到自己被重视并被纳入决策过程时，他们更有可能对自己的工作感到积极、投入和满意。这种主人翁意识培养了一种积极的组织文化，鼓励和支持道德行为。

民主型领导的参与性质促进了组织内部的透明度和问责制。由于决策是集体做出的，决策过程的透明度更高，因此，减少了不道德行为或偏袒的机会。此外，员工参与决策还创造了一种共同责任感，从而增强了对其行为和决策的责任感。

民主型领导风格鼓励各种各样的观点和想法，这有助于领导者做出更合乎道德的决策。通过让员工参与决策过程，领导者可以利用他们的各种经验和知识，做出更全面、更明智的决策。这种包容性降低了做出有偏见或不道德决策的可能性，因为考虑了多种观点。

尽管民主型领导对道德管理有许多好处，但它也不无挑战。一些潜在的挑战包括：由于民主型领导涉及征求多个人的意见，决策过程可能很耗时。在需要做出决策的快节奏环境中，这可能是一个挑战。领导者必须在包容性和效率之间取得平衡，以确保在不损害道德考虑的情况下及时做出决策。此外，并非所有员工都对参与式领导风格感到满意，因为这需要他们积极参与并分享自己的意见。一些人可能会抵制这种变化，反而喜欢更直接的领导

① 胡国栋：《道德领导的逻辑起点及其多元价值意蕴》，载《领导科学》2009年第32期，第7—10页。

② 张家仪：《民主型领导方式的建构要素》，载《领导科学》1995年第3期，第38页。

③ 刘雨昭、范培华：《民主型领导对新生代员工工作激情的影响研究》，载《上海管理科学》2022年第4期，第33—38页。

方式。领导人必须做好应对阻力的准备，并创造鼓励参与和合作的支持性环境。

民主型领导风格对道德管理的影响是巨大的，因为它促进了员工的参与、透明度、问责制和道德决策。通过让员工参与决策过程，领导者创造了一种包容性和共同责任的文化，在这种文化中，道德行为受到重视并进行实践。然而，领导人也必须意识到与民主型领导有关的潜在挑战，并采取适当措施加以应对。总的来说，民主型领导风格有助于发展一个有道德和道德责任的组织。

## （四）伦理型领导风格对管理道德的影响

伦理型领导是指在组织内促进道德行为、价值观和原则的领导风格。道德领袖在决策过程中表现出正直、公平、透明和问责制[①]。他们优先考虑追随者和整个组织的福祉，营造一种鼓励员工道德行为的道德氛围。大量研究表明，伦理型领导对道德管理实践产生了积极的影响。有道德的领导者是下属的榜样，影响他们对道德决策的态度和行为[②]。通过制定高道德标准，道德领导者塑造了组织的道德氛围，从而提高了员工的道德意识、道德推理和道德行为。道德领导力的一个关键方面是道德勇气，这包括做出艰难的道德决策和反对不道德行为的能力。表现出道德勇气的道德领袖会激励他们的追随者也这样做，从而形成一种道德管理文化。在这种文化中，员工有权表达他们的担忧并挑战不道德行为。此外，道德领导力培养员工之间的信任，因为他们认为自己的领导者是公平、诚实和值得信赖的。这种信任鼓励员工从事道德行为并遵守道德标准，最终促进组织内的道德管理。

伦理型领导在伦理决策中的作用表现在伦理决策是伦理管理的一个重要方面。道德领袖在指导下属完成决策的过程中发挥着至关重要的作用，确保道德考虑得到应有的重视。通过提供道德指导和支持，道德领导者使员工能够做出道德选择，即使在具有挑战性的情况下也是如此。

此外，道德领袖促进公开的沟通和对话，让员工在面临道德困境时表达他们的道德关切并寻求指导。这种包容性的决策方法加强了道德管理实践，

① 买忆媛、王乐英、叶竹馨等：《以德服人：伦理型领导与创业团队成员的变动》，载《管理科学学报》2022年第3期，第44—61页。
② 赵红丹、陈元华：《社会责任型人力资源管理如何降低员工亲组织非伦理行为：道德效力和伦理型领导的作用》，载《管理工程学报》2022年第6期，第57—67页。

因为它鼓励合作、透明度和对道德结果的集体责任。尽管道德领导力对道德管理有许多好处，但它并非没有挑战和局限性。一个挑战是伦理考虑和组织目标之间的潜在冲突。道德领袖必须谨慎应对这种紧张局势，在道德决策和组织成功之间找到平衡。

　　伦理型领导风格显著影响组织内部的伦理管理实践。道德领袖是榜样，可以塑造道德氛围，促进员工的道德行为。通过培养信任、鼓励道德决策和解决道德困境，道德领导者创造了一种道德管理文化。然而，挑战和局限性仍然存在，这突出表明需要对道德领导力对道德管理的影响进行进一步的研究和背景理解。总体而言，道德领导力在促进道德行为、确保组织的长期成功和可持续性方面发挥着至关重要的作用。

# 第五章
## 管理道德的神经学研究

## 第一节　神经科学的研究范式

### 一、神经科学研究概述

神经科学是研究神经系统的结构、功能和发育等方面的科学领域。它涵盖了多个层面，从单个神经元的细胞生理学到大脑区域之间的复杂网络连接。神经科学的研究方法包括行为测试、神经影像学、电生理学、分子生物学和计算神经科学等。

神经科学的研究目标是理解神经系统的运作原理和机制，揭示神经系统与行为、认知、情感等方面之间的关系。以下是神经科学研究的六个主要领域。

（1）分子神经科学：研究神经系统的分子组成、信号传递机制和基因调控等方面，探索分子水平上的神经活动。

（2）神经细胞生物学：研究神经元的形态结构、电生理学特性和信息传递机制等方面，了解神经细胞的基本特征和功能。

（3）神经系统发育：研究神经系统的发育过程，包括神经元的生成、迁移、分化以及神经回路的形成和塑造等方面，探索神经系统发育的规律和机制。

（4）神经影像学：利用各种影像学技术（如功能磁共振成像、脑电图、脑磁图等）观察和记录大脑活动，并分析不同脑区之间的相互作用，以解析脑与行为之间的关系。

（5）认知神经科学：研究神经系统在认知功能（如感知、注意、记忆、语言等）中的角色和贡献，探讨脑与心智之间的关系。

（6）精神疾病和神经退行性疾病：研究各种神经系统失调与重大精神疾病（如抑郁症、精神分裂症等）和神经退行性疾病（如阿尔茨海默病、帕金森病等）之间的关联和机制。

神经科学的研究成果不仅有助于揭示大脑和神经系统的奥秘，还对解决神经相关疾病和改善人类健康有重要意义。

## 二、神经科学研究范式

### （一）定位范式：确定脑区功能定位

定位范式是一种经典的神经科学理论，它强调大脑功能的局部化和脑区特定功能的定位。该理论认为大脑的各个区域均具有特定的功能和责任，不同的神经区域参与不同的认知、感知、运动等活动。

定位范式的一个典型例子是布洛德曼的大脑地图理论。根据这个理论，大脑的各个区域被认为是特定功能的执行者，如运动控制的区域、语言处理的区域等。通过研究患者的损伤、脑电图、脑成像等方法，科学家试图将特定的认知或行为功能与特定的脑区联系起来。

然而，近年来的研究表明，大脑功能不仅仅局限于特定的脑区，而是由大脑的网络和连接方式共同合作完成的。神经可塑性的研究表明，大脑可以通过重组和重新连接来适应环境变化和功能损伤。此外，许多认知过程，如学习、记忆和感知，涉及多个脑区之间的相互作用。

因此，现代神经科学已经超越了局部化的观点，转向了更为综合和网络的理解。现在的研究更强调脑区之间的功能连接、网络的动态调整以及大脑整体的协调性。这种综合的观点更好地解释了复杂的认知活动，并揭示了大脑功能的复杂性和灵活性。

### （二）联结范式：描述神经连接方式

联结范式是一种神经科学中的理论框架，强调神经系统中连接的重要性和信息的传递方式。它试图通过模拟神经网络的连接和活动来理解大脑的认知和行为。

联结范式中的基本概念是神经元之间的连接和信息传递。神经元通过突触连接在一起，神经冲动通过这些连接进行传递。每个神经元接收来自其他神经元的输入，并产生输出，将信息传递给下一个神经元。这些连接的权重可以改变，通过学习和适应来调整网络的功能。

在联结范式中，人工神经网络（artificial neural networks，ANNs）被用来模拟神经系统的连接方式。ANNs 由多个人工神经元组成，这些神经元之间通过连接进行信息传递。每个连接具有权重，控制着信号在网络中的传递强度。通过调整这些权重，ANNs 可以学习和适应不同的任务。

联结范式的优势在于能够解释神经网络的并行性、分布式处理和学习机制。通过模拟人工神经网络，该范式可以解释一些认知和行为现象的底层机制，如学习、记忆、识别和决策等。此外，联结范式还广泛应用于机器学习、人工智能和认知科学等领域。

尽管联结范式能够提供对复杂认知活动的解释，但它也有一些局限性。例如，它常常缺乏对神经生物学细节的考虑，无法完全捕捉大脑的复杂性。在现代神经科学中，联结范式通常与定位范式相结合，以更全面地描述大脑功能的复杂性和多样性。

## （三）整合范式：分析脑区功能整合

整合范式是神经科学领域的一个理论框架，强调脑区之间的功能整合和协调。它试图理解大脑是如何将不同脑区的信息整合在一起，以产生复杂的认知和行为。

整合范式认为大脑的功能是通过不同脑区之间的协调活动来实现的。它强调了脑区之间的相互作用、信息传递和动态的网络连接。不同脑区之间的连接和调节过程是关键的，影响着信息的传递和整合。这种整合可能是分布式的，多个脑区共同参与到特定的认知过程中。在整合范式中，网络建模是重要的研究方法。科学家使用计算模型来模拟和理解大脑中的信息整合过程。这些模型通常涉及多个神经元和脑区的交互作用，模拟不同脑区之间的连接和信息传递。

整合范式的研究成果强调了大脑功能的动态性和灵活性。它指出，认知和行为过程并不仅仅由单个脑区来完成，而是需要不同脑区之间的协同工作和信息整合。这种整合可以是静态的，如不同脑区的结构连接；也可以是动态的，如不同脑区之间的临时同步。

随着技术的发展，脑成像、脑电图、脑磁图等使研究者能够更好地研究脑区之间的功能整合。整合范式的研究对于深入理解大脑的整体功能和复杂的认知过程具有重要意义。它有助于揭示大脑网络的结构和动态性，并提供了神经机制方面的洞察。

## 三、管理道德研究中的脑神经基础

### （一）确定道德认知的脑区

确定道德认知的特定脑区是一个复杂的问题，目前仍在不断研究和探索中。一些研究表明，以下四个脑区可能与道德认知有关。

（1）前扣带回（anterior cingulate cortex，ACC）：ACC位于大脑的中央区域，被认为在情感调节、冲突监测和道德决策中发挥重要作用。ACC的活动与道德判断、道德决策以及对他人痛苦的参与度等道德方面的处理有关。

（2）前额叶皮层（prefrontal cortex，PFC）：PFC是大脑的前部区域，参与了高级认知功能的调节和执行控制。特别是，前额叶皮层的损伤与道德决策上的障碍有关，如对情感、道义和社会规范的理解与应用 [1]。

（3）顶叶（parietal lobe）：顶叶在空间感知和自我意识方面起着重要作用。一些研究表明，顶叶参与了道德认知中有关自我和他人的决策与判断的处理。

（4）杏仁核（amygdala）：杏仁核是大脑中的情感加工中心，与情绪识别和情感评估密切相关。研究表明，杏仁核对道德判断和情感反应（如对他人痛苦的感受）起一定的作用。

需要注意的是，道德认知与多个脑区之间的复杂相互作用相关。此外，个体差异、实验设计和测量技术等因素也可能导致研究结果的不同。因此，对脑区与道德认知之间关系的确认和理解仍需要更多的研究。

### （二）描述道德网络连接

道德认知涉及多个脑区之间的复杂网络连接。具体连接方式可能会因个体差异和不同任务而有所变化，以下是一些常见的道德网络连接。

（1）前扣带回和前额叶皮层之间的连接：前扣带回和前额叶皮层之间存

---

[1] 赵红丹、陈元华：《社会责任型人力资源管理如何降低员工亲组织非伦理行为：道德效力和伦理型领导的作用》，载《管理工程学报》2022年第6期，第57—67页。

在密切的连接，形成了一个关键的道德决策网络。在道德冲突和道德判断的处理中，这两个区域相互传递信息起到关键作用。

（2）杏仁核和前额叶皮层之间的连接：这个连接在情绪加工和道德决策中起到重要作用。杏仁核参与情绪反应和情感评估，与前额叶皮层的连接有助于调节情绪对道德判断的影响。

（3）顶叶和前额叶皮层之间的连接：这个连接被认为在道德情感和自我意识的处理中发挥重要作用。顶叶参与对他人的情感推理，并与前额叶皮层连接在道德决策中发挥调控作用。

（4）皮质—皮质连接：不同脑区之间的皮质—皮质连接在道德认知中起着关键作用。例如，视觉皮层与前额叶皮质的连接可能与道德判断和道德决策中视觉信息的处理有关。

以上只是示例，并不能涵盖所有道德认知的网络连接。道德认知是一个复杂的过程，涉及多个脑区之间的动态交互和信息传递。随着研究的深入，人们将更好地理解道德网络连接的复杂性和多样性。

### （三）分析道德信息的脑区整合

道德信息的脑区整合是一个涉及多个脑区协同工作的复杂过程。以下是一些与道德信息整合相关的脑区。

（1）前扣带回：前扣带回在道德信息的处理中起着重要作用，特别是在监测冲突和调节决策方面。前扣带回参与道德冲突的识别和解决，并将注意力和认知资源引导到相关信息上。

（2）前额叶皮层：前额叶皮层是道德信息整合的关键脑区之一。它参与高级认知功能的调节和执行控制，对道德决策中的情感、规范与道义的理解和应用起着关键作用。

（3）杏仁核：杏仁核是情绪加工和记忆形成的关键中枢，对道德信息的情感处理起着重要作用。它参与道德判断中的情绪评估，帮助赋予道德决策情感上的意义和价值。

（4）前额叶峡部（ventromedial prefrontal cortex，vmPFC）：vmPFC 在道德信息的整合和价值评估中发挥着关键作用。它与情感和认知决策的整合有关，参与对道德决策的情感和价值判断。

（5）额叶（frontal lobe）和顶叶相互连接：额叶和顶叶之间的连接在道德信息整合中发挥着重要作用。这种连接有助于将个体自身的意图、他人的意图以及社会规范等多个维度的信息整合在一起，为道德判断和行为打下基础。

（6）视觉皮质（visual cortex）：视觉皮质参与道德信息的感知和处理。它接收来自外部世界的视觉信息，并与其他脑区进行连接，为道德判断打下视觉基础。

需要注意的是，道德信息的整合是一个动态的、跨脑区的过程。不同脑区之间的连接和相互作用是复杂的，涉及许多神经途径和传递通路。此外，个体差异、情境和任务的变化可能会导致道德信息整合的差异。因此，理解道德信息的脑区整合需要综合考虑多个脑区之间的互动和协调。

### （四）管理道德神经科学研究

管理道德研究中较多采用问卷调查，但社会期许性会导致个体没有如实回答问题；道德哲学以思辨为主，企业道德研究以问卷研究为主，实验研究较少，而且很多模型与理论都是基于组织层面的分析。Kohlberg 提出的道德认知发展理论，认为抽象推理能力和高级认知是道德发展的核心。上述道德哲学、管理道德研究、道德行为分析均认为道德加工是理性的，但近期研究开始关注非理性因素对道德的影响，如情绪、直觉。很多研究的证据来自神经科学领域。

首先，1994 年，安东尼奥·达马西奥（Antonio Damasio）发现，前额叶扣带回受到损伤的个体在智力方面表现正常，能够识别社会情境，但情绪发生了变化，无法在现实生活中做出合理的决策 [1]。这表明前额叶扣带回受损的个体在加工社会情境信息方面的能力下降，无法辨别利弊。因此，他们认为情绪对人们的决策起着帮助作用。在此基础上，达马西奥提出了"躯体标识假说"（somatic marker hypothesis，SMH）。达马西奥认为，决策受躯体变化的影响，大脑对当前事件和回忆的事物会导致身体状态和大脑状态的改变。躯体状态包括"初级诱发物"和"次级诱发物"。例如，当人看到一只狼（初级诱发物）会自动引起躯体状态的改变，而想到一只狼（次级诱发物）也会引起躯体状态的改变。在这个过程中，杏仁核起着重要作用。杏仁核的

---

① ANTONIO Y, DELACRUZ M E, GALEAZZI E, et al. Oxidative radical cyclization to pyrroles under reducing conditions: Reductive desulfonylation of alpha-sulfonylpyrroles with tri-n-butyltin hydride, *Canadian Journal of Chemistry: Revue Canadienne De Chimie*,1994, 72（1）：15−22.

情绪记忆功能会记录这种躯体状态，并进行快速反馈，而前额叶峡部的反应则相对较慢，需要经过长时间的深思熟虑。

在重新经历过去事件时，情绪可以充当一个指示器，帮助人们快速做出决策，并让情绪记忆直接参与到决策过程中。在道德决策中，情绪同样会对决策结果产生影响，并且在决策过程中激发情绪因素，使人们能够更快地做出道德决策。2001 年，海特（J. Haidt）等人发现在道德加工过程中出现了道德"失声现象"（moral dumbfounding）[①]。尽管被试能够快速做出道德判断，但当被问及为什么做出这样的判断时，被试却无法回答。因此，他们认为影响道德决策的原因来自一种无意识、快速、自动化的直觉加工，这是道德决策的核心内容。直觉加工是一个情绪驱动的过程。基于此，他们提出了道德判断的社会知觉模型（social intuitionist model，SIM）。该模型不仅考虑了意识层面的道德决策，还考虑了无意识层面的道德决策（如图 5-1 所示）。

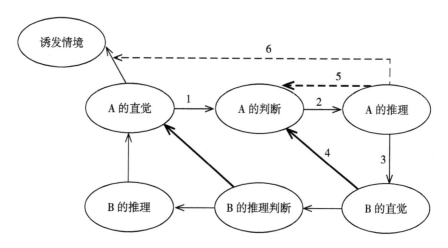

1. 直觉判断；2. 事后推理；3. 理性劝服；4. 社会劝服；5. 理性判断；6. 个人反思

**图 5-1　道德判断的社会直觉模型**

社会直觉模型将道德决策分为六个过程。首先是直觉决策，这一过程快速且无意识，不需要认知努力。在这个阶段，道德失声可能会发生。有时候人们会直接从直觉决策过程进入社会劝服阶段。在最初的直觉决策之后，人们会进行事后推理。在这个过程中，人们需要找到支持之前直觉判断的证

---

① HAIDT J. The emotional dog and its rational tail: A social intuitionist approach to moral judgment, *Psychological Review*, 2001, 108（4）：814-834.

据。这是一个基于意识的过程，需要认知努力，在不断进行假设和验证的过程中形成新的道德决策。当逻辑推理与直觉判断相矛盾时，由于直觉决策力量较弱，人们会形成两种态度，一种是理性的语言表达，另一种是直觉的判断。或者，他们可能回到直觉决策过程，基于多个角度产生多个相互冲突的直觉。最终的道德决策可能受到最有力的直觉影响，也可能通过理性逻辑分析做出决策。一旦达成道德决策，人们就会进入理性劝服阶段。在这个阶段中，人们通过向他人征求意见和建议来讨论自己的道德决策。社会直觉模型下的道德决策过程是一个复杂的循环过程。这个过程受许多因素的影响，如工作记忆、情景类型、冲突大小、内隐态度和文化特征等。

为了验证 SIM 模型，格林通过 fMRI 对道德加工中的大脑变化进行了扫描 ①，并提出了道德决策双加工理论，指出道德思维有两个不同的过程，一个是受情绪所驱动的直觉决策过程，另一个是受认知加工控制的认知加工过程。

格林等人使用两难材料研究道德决策，他将实验材料分为三类。第一类是个人情感道德困境（personal moral），格林等人对个人情感道德困境的内涵定义如下：①该困境必须能引起严重的身体伤害；②某一类人要承受这种伤害；③这些伤害是决策者导致的，是故意的。这三个标准中都包含一种思想，即"我会伤害你"。不符合的则为第二类实验材料，亚个人情感道德困境（impersonal moral）。第三类实验材料是不涉及道德问题的普通决策困境。代表亚个人情感道德困境和个人情感道德困境典型的例子就是电车困境和人行桥困境。电车困境是指，一辆失控电车飞速通过一岔路口，前面的轨道上有 5 个工人，岔道上有 1 个工人。电车正驶向这 5 个工人，千钧一发之际你可以通过变轨，使车转向另一条铁路撞死 1 个工人来拯救 5 个工人。人行桥困境是指，你和一个体重较重的人在天桥上，一辆失控的列车朝 5 个毫无察觉的人冲去。如果有人跳到车轨上就能阻挡电车，但你的体重太轻，无法阻挡列车，如果把那个体重较重的人推下去就能阻挡火车前进。这样，那个人就会死掉，但其他 5 个人将会得救 ②。很多人在电车困境下都会选择改变电车方向"舍一救五"，做出功利性决策，而在人行桥困境中不愿意推下体重较

① GREENE J D, SOMMERVILLE R B, NYSTROM L E, et al. An fMRI investigation of emotional engagement in moral judgment, *Science*, 2001, 293（5537）: 2105–2108.

② GREENE J D, NYSTROM L E, ENGELL A D, et al. The neural bases of cognitive conflict and control in moral judgment, *Neuron*, 2004, 44（2）: 389–400.

重的人被称为道义性决策。格林通过 fMRI 研究发现，功利性决策激活了背外侧前额叶（DLPFC），而道义性决策则激活了腹内侧前额叶、颞上回和杏仁核及边缘系统。

　　格林认为，出现上述情况的原因是因为在个人情感道德困境中激活了更多的情绪反应。道义性决策的过程中产生了更加强烈的情绪体验属于道德的直觉决策过程 [①]。在功利性决策中更多的是认知控制加工（理性控制），即格林等人提出的双加工理论（dualprocess theory）。它基于以下三个假设：①道德决策存在两种加工过程——认知控制和直觉情绪（intuitive emotional）；②道义性决策触发情绪加工，而功利性决策受认知加工控制的影响；③当有害行为离人们较远时，并不能激活情绪加工。因此，功利性道德决策过程是基于认知的、计算的 [②]，使人们更加赞同这些行动。相反，当伤害是直接的，就很容易激活人类的情绪反应，并依此做出道义性决策。（如图 5-2 所示）

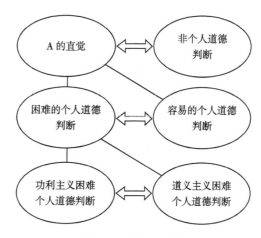

图 5-2　双加工理论

　　根据格林的观点，直觉加工过程似乎早于认知控制过程，但相反的是，直觉决策激活的脑区更多。然而，基于格林的研究材料进行分析后发现，道德两难困境中的个人道德情感困境和亚个人道德情感困境的定义不清晰，实

---

① CUSHMAN F, YOUNG L, HAUSER M. The role of conscious reasoning and intuition in moral judgment: Testing three principles of harm, *Psychological Science*, 2006, 17（12）: 1082−1089.

② GREENE J D. Moral judgment and action: An integrative dual-process model, *Psychological Review*, 2007, 114（2）: 284−309

验项目的生态效度不高，因此，对其研究结论的外延性产生了质疑。另一个质疑的原因是 fMRI 的时间分辨率较低。除了格林外，临床和神经影像学研究也发现 PFC 等脑区在道德加工中起作用。不同的 PFC 亚区涉及不同的社会认知和情感表征，例如，vmPFC 涉及新颖和多任务时间序列，后 PFC 区域涉及超量学习序列和目标导向活动。这些 PFC 区域具有储存不同类型事件内容的功能。此外，右 PFC 和颞极病变会引起人格变异。Lough 等人通过心智理论（theory of mind，ToM）任务的研究发现，OFC 双侧、前颞叶和杏仁核出现萎缩的患者在智力水平上正常，但在道德决策方面出现异常。Lough 认为，个体脑区病变导致 ToM 机制与正常的执行功能发生了分歧，一些额颞病变的患者出现了人格改变。

根据上述阐述，人们可以得出结论，道德决策的神经加工区域不仅限于 PFC，还包括边缘系统和其他脑区的参与。为了克服现有理论框架的局限性，Moll 提出了事件特征情感复合（event-feature-emotion complexes, EFECs）体系来解释道德决策。Moll 指出，在道德决策过程中，涉及道德认知、情景信息等内容。EFECs 体系主要包含三个维度：①结构性事件知识，即 PFC 中的事件表征和事件序列与上下文无关。②社会知觉和功能特征，即前后颞叶皮层用于表征与上下文无关的知识。③中枢动机和情绪状态，与边缘回和边缘旁回结构的上下文无关的激活一致。这些脑区在临床和神经影像学中得到了证实，并与道德决策和行为相关。以上三个部分被公认为道德的固有机制：序列簇负责连接 PFC 区域，颞叶簇在解剖学上是一个高连接区域，包括前皮质层的知觉形态，第三个簇在解剖学上连接较为松散，主要负责记忆一些情景信息。

### 1. 结构性事件

道德是现实生活中的事件，在不断变化的时间和空间中，人们不断地做出道德选择。人们在做出道德决策时，会根据自己的情形、他人的行为对自己的道德行为不断地调整。在 SECs 中，PFC 脑区重要的功能之一就是构造基于情景的社会和非社会知识体系。[①] 例如，类似日常事务的这种过度学习知识储存在 PFC 中部和后部，在 DLPFC 中储存的是较难直接预测的事件知识。又如，制订计划、规划未来这种长期目标和多复合事件，通过整合分离的事

---

① GRAFMAN J, WOOD J. The prefrontal cortex and moral cognition, *Nature Reviews Neuroscience*, 2003, 4（6）：595−605.

件任务，完成复杂逻辑关系的目标。最后，腹内侧前额叶对社会认知和情绪事件会给予优先处理，进而社会刻板印象和态度会最先出现。

### 2. 社会知觉与功能特征

麦克莱兰（J. L. McClelland）和罗杰斯（T. T. Rogers）认为，当你快速浏览报纸，你的关注点在不道德的商业行为上时，大脑会开始处理大量的与社会有关的直觉信息，信息的处理依赖于复杂的特征和语义知识[①]。最近的神经影像学和神经心理学研究发现，人们在内隐和外显的道德评价过程中，需要利用有效的社会知觉特征和基于环境的功能特征。社会知觉特征包括面部表情、韵律、身体语言和手势等，这些信息被存储在 STS 脑区[②]。而社会功能特征则用于对从不同社会情境中获取的与上下文无关的信息进行编码。前颞叶是处理复杂语义特征知识的主要区域。例如，当前颞叶发生切除手术后，患者无法正确命名人物，这表明该区域对于处理与人相关的功能特征非常重要。此外，当前颞叶发生萎缩时，患者可能会出现严重的语义性痴呆，并且可能出现行为障碍。通过研究语义障碍和异常活动，研究者发现，前颞叶损伤可能导致个体心理异常。

综上所述，当人们在快速浏览报纸时，对不道德的商业行为的关注引发了大脑对社会相关的直觉信息的处理。这种处理依赖于复杂的特征和语义知识，并涉及不同脑区的活动，特别是与社会知觉和功能特征相关的脑区，如 STS 和前颞叶。这些研究有助于人们更好地理解大脑在道德决策和社会认知方面的作用。

### 3. 中枢动机状态

在进行道德决策时，人们需要获取和解析与事件相关的知识、语义信息和感知特征。如果人们忽视了个体的道德和情绪因素，道德本质将失去意义。在道德决策中，边缘回和边缘旁回在监测个体的基本情绪和动机状态上扮演着重要角色，而中枢动机系统则构成了动机的基础神经结构。边缘回、边缘旁回以及脑干系统（如杏仁核、伏隔核、腹侧纹状体、内侧前脑束、腹侧被盖）和下丘脑在情感活动中发挥核心作用，其功能涉及性唤起、社会性

---

[①] McCLELLAND J L, ROGERS T T. The parallel distributed processing approach to semantic cognition, *Nature Reviews Neuroscience*, 2003, 4（4）：310-322.

[②] GONZALEZ E G, ALLISON R S, ONO H, et al. Cue conflict between disparity change and looming in the perception of motion in depth, *Vision Research*, 2010, 50（2）：136-143.

依附、饥饿、攻击行为和强烈情感的表达 ①。

因此，通过药物或电刺激这些区域，可以产生类似于神经递质和神经调节剂的效果，从而强烈地激活或抑制神经活动。中枢动机系统在区分恐惧和厌恶等基本情绪方面扮演着重要角色。几个边缘区域通过与前额叶皮质（PFC）的相互作用对道德行为产生影响 ②。在"EFECs"模型中，中枢动机系统与PFC的相互作用对道德决策产生影响。例如，PFC的皮质表征系统使个体察觉到伤害的存在，而中枢动机系统引发焦虑和不安的情绪，鼓励个体帮助那些受苦的人以减轻焦虑情绪。因此，中枢动机系统整合了理性认知控制机制和情感竞争机制，影响着道德决策。综上所述，道德决策需要考虑事件知识、语义信息和感知特征，同时关注个体的道德和情绪因素。边缘回和边缘旁回与PFC的相互作用以及中枢动机系统的功能对道德决策产生重要影响。这些研究有助于人们更好地理解大脑在道德认知和情感处理方面的作用。

情绪因素直接影响道德决策，在道德决策中，情绪来源于知觉、想象和回忆。典型的道德情感包括内疚、同情、尴尬、羞愧、自豪、蔑视和感激。某些道德情感依赖于情境，如厌恶、惊恐和愤怒。道德情感不仅受价值观、社会规范和社会现实的影响，还受社会偏好和期望等因素的影响。道德规范在不同文化中存在差异，因此，情绪也具有跨文化特征。在道德决策中，情感需要整合三个系统。例如，同情心需要通过具体的情境事件来表达，如一个小孩失去父母在社会上独自生活的困境。情感整合了与情境无关的社会知觉特征，如孩子悲伤的面部表情；以及社会功能特征，如一个无助的孤儿。中枢动机系统也参与其中，产生悲伤、焦虑和同情等情感。道德决策中，道德价值观、规范和态度密切相关，但其神经机制尚不清楚。最近的fMRI研究发现，不同的道德问题激活了不同的PFC亚区、边缘回、边缘旁回和前颞叶皮层。道德价值观和道德情感直接影响内隐和外显的道德决策。在抽象的道德推理中，PFC通过抑制情绪反应进行认知加工。综上所述，道德加工是一个复杂的过程，受多个因素的影响。个体心理因素（如情绪、精神压力、

---

① ESLINGER P J, ROBINSON-LONG M, REALMUTO J, et al. Developmental frontal lobe imaging in moral judgment: Arthur Benton's enduring influence 60 years later, *Journal of Clinical and Experimental Neuropsychology*, 2009, 31（2）: 158-169.

② AGID Y, BEJJANI B P, HOUETO J L, et al. Aggressive behavior induced by intraoperative stimulation in the triangle of Sano, *Neurology*, 2002, 59（9）: 1425-1427.

态度、意图等）和组织层面因素（如组织压力、组织氛围等）都会对道德加工产生影响。

# 第二节 管理道德神经机制的研究方法和技术

## 一、事件相关电位技术

事件相关电位（event-related potentials，ERPs）技术是一种通过测量大脑在特定事件或刺激后产生的电信号来研究脑功能的非侵入性技术 [①]，是一种用于研究大脑在特定事件或刺激下的电生理反应的技术。它通过记录大脑皮层上的电活动来捕捉与事件相关的电位变化。ERPs 技术通常使用脑电图（electroencephalogram，EEG）来记录大脑的电活动。在实验中，被试者会被要求执行某项任务或接收某种刺激，如看图、听声音或进行认知任务。通过分析脑电信号，研究者可以检测到特定事件或刺激引起的电位变化。ERPs 技术可以提供关于大脑对刺激的加工过程的时间分辨率信息。通过分析 ERPs 波形的幅度、潜伏期和拓扑分布等特征，研究者可以推断出大脑对刺激的感知、注意、记忆和认知加工等过程。ERPs 技术在认知神经科学、心理学、神经生理学和临床研究等领域得到广泛应用。它可以用于研究注意力、记忆、语言、情绪等认知功能的神经机制，也可以用于诊断和治疗神经发育异常、神经退行性疾病和精神障碍等疾病。

ERPs 技术通过记录大脑皮层上的电活动来研究大脑对事件或刺激的电生理反应，为理解大脑认知功能和神经疾病提供了重要的工具和信息。ERPs 是通过脑电图记录得到的，它是将电极贴于头皮上来检测头皮上脑电活动的电位变化。ERPs 根据刺激事件的时间点进行平均，消除大脑中其他不相关的电活动，以提取与特定事件相关的电位波形。

不同的 ERP 波形对应不同的认知和神经过程，在特定时间窗内呈现明显的正负电位波动。常见的 ERP 成分有以下几种。

---

[①] 魏景汉、罗跃嘉：《事件相关电位原理与技术》，科学出版社 2010 年版，第 1 页。

## （一）P1 成分

P1 成分是一种早期的正向电位波形，通常出现在刺激呈现后的 100 毫秒左右。P1 成分主要反映了大脑对感知刺激的早期处理。P1 成分的特点具有较短的潜伏期和较小的幅度。它通常在视觉和听觉刺激任务中被观察到，尤其是在感知刺激的初步加工过程中。在视觉任务中，P1 成分主要在枕叶（occipital）区域被检测到；而在听觉任务中，P1 成分主要在颞叶（temporal）区域被检测到。P1 成分的出现与大脑对刺激的初步感知和加工过程有关。它反映了大脑对刺激的注意和选择性加工，以及对刺激特征（如颜色、形状、音调等）的初步编码。P1 成分的幅度和潜伏期可以受注意力、情绪和认知因素的影响。研究者可以通过分析 P1 成分的幅度、潜伏期和拓扑分布等特征，来推断大脑对刺激的感知和加工过程。P1 成分的异常变化可能与视觉和听觉感知障碍、注意力缺陷和神经发育异常等有关。

P1 成分是事件相关电位技术中的一种早期正向电位波形，反映了大脑对刺激的早期感知和加工过程。它在视觉和听觉任务中被观察到，并与注意力、选择性加工和刺激特征编码等认知过程相关。

## （二）N1 成分

N1 成分是一种早期的负向电位波形，通常出现在刺激呈现后的 100 毫秒左右。N1 成分主要反映了大脑对感知刺激的早期处理。N1 成分的特点是具有较短的潜伏期和较大的幅度。它通常在视觉和听觉刺激任务中被观察到，尤其是在感知刺激的初步加工过程中。在视觉任务中，N1 成分主要在枕叶区域被检测到；而在听觉任务中，N1 成分主要在颞叶区域被检测到。N1 成分的出现与大脑对刺激的初步感知和加工过程有关。它反映了大脑对刺激的注意和选择性加工，以及对刺激特征（如颜色、形状、音调等）的初步编码。N1 成分的幅度和潜伏期可以受注意力、情绪和认知因素的影响。研究者可以通过分析 N1 成分的幅度、潜伏期和拓扑分布等特征来推断大脑对刺激的感知和加工过程。N1 成分的异常变化可能与视觉和听觉感知障碍、注意力缺陷和神经发育异常等有关。

N1 成分是事件相关电位技术中的一种早期负向电位波形，反映了大脑对刺激的早期感知和加工过程。它在视觉和听觉任务中被观察到，并与注意力、选择性加工和刺激特征编码等认知过程相关。

## （三）P2 成分

P2 成分是一种正向电位波形，通常出现在刺激呈现后的 200 毫秒左右。P2 成分主要反映了大脑对刺激的进一步加工和意义提取[①]。P2 成分的特点是具有较长的潜伏期和较大的幅度。它通常在视觉和听觉刺激任务中被观察到，尤其是在刺激的意义和情感加工中。在视觉任务中，P2 成分主要在顶叶区域被检测到；而在听觉任务中，P2 成分主要在颞叶区域被检测到。P2 成分的出现与大脑对刺激的进一步加工和意义提取有关。它反映了大脑对刺激的注意、情感和语义加工，以及对刺激的意义和重要性的编码。P2 成分的幅度和潜伏期可以受注意力、情绪和认知因素的影响。研究者可以通过分析 P2 成分的幅度、潜伏期和拓扑分布等特征，来推断大脑对刺激的进一步加工和意义提取过程。P2 成分的异常变化可能与注意力缺陷、情绪障碍和认知功能障碍等有关。

P2 成分是事件相关电位技术中的一种正向电位波形，反映了大脑对刺激的进一步加工和意义提取过程。它在视觉和听觉任务中被观察到，并与注意力、情感加工和刺激意义编码等认知过程相关。

## （四）N2 成分

N2 成分是一种负向电位波形，通常出现在刺激呈现后的 200 毫秒至 400 毫秒之间。N2 成分主要反映了大脑对刺激的注意和决策过程。N2 成分的特点是具有较大的幅度和较长的潜伏期。它通常在认知任务中被观察到，尤其是在刺激的注意和决策加工中。在视觉任务中，N2 成分主要在顶叶和中央区域被检测到；而在听觉任务中，N2 成分主要在颞叶和顶叶区域被检测到。N2 成分的出现与大脑对刺激的注意和决策过程有关。它反映了大脑对刺激的注意分配、决策制定和反应选择等认知过程。N2 成分的幅度和潜伏期可以受注意力、认知负荷和反应冲突等因素的影响。研究者可以通过分析 N2 成分的幅度、潜伏期和拓扑分布等特征来推断大脑对刺激的注意和决策过程。N2 成分的异常变化可能与注意力缺陷、认知控制障碍和决策困难等有关。

N2 成分是事件相关电位技术中的一种负向电位波形，反映了大脑对刺激的注意和决策过程。它在认知任务中被观察到，并与注意分配、决策制定和

---

[①] SUR S, SINHA V K. Event-related potential: An overview, *Industrial Psychiatry Journal*, 2009, 18（1）：70-73.

反应选择等认知过程相关。

## （五）P3 成分（P300 波）

P3 成分（P300 波）是一种正向电位波形，通常出现在刺激呈现后的 300 毫秒至 500 毫秒之间。P3 成分主要反映了大脑对刺激的注意和信息处理过程。P3 成分的特点是具有较大的幅度和较长的潜伏期。它通常在认知任务中被观察到，尤其是对刺激的注意、记忆和信息加工。在视觉任务中，P3 成分主要在顶叶区域被检测到；而在听觉任务中，P3 成分主要在颞叶和顶叶区域被检测到[①]。P3 成分通常在与注意力、工作记忆和认知障碍相关的各种认知任务中观察和研究。P3 成分通常是在受试者在一系列标准刺激中检测到不常见或"奇怪"的刺激时引发的。它被认为反映了认知过程，如注意力、认知资源分配、刺激评估和工作记忆的更新。研究人员分析 P3 成分的振幅、潜伏期和地形分布，以研究各种神经科学和临床背景下的认知功能和认知障碍。P3 成分的变化与神经和精神疾病有关，包括癫痫和精神分裂症[②]。

P3 成分是事件相关电位技术中的一种正向电位波形，反映了大脑对刺激的注意和信息处理过程。它在认知任务中被观察到，并与注意分配、记忆检索和信息更新等认知过程相关。

## （六）N400 成分

N400 成分是一种负向电位波形，通常在语言和语义加工任务中被观察到。它的出现时间通常是在刺激呈现后的 400 毫秒左右。N400 成分主要反映了大脑对语义信息的处理。当一个词或一个句子中出现语义不符合、不连贯或不如预期的内容时，N400 成分的幅度会增加。相反，当语义信息符合、连贯和达到预期时，N400 成分的幅度较小。N400 成分的名称来源于其出现波形的负峰，通常在脑的中央和顶叶区域被检测到。它被广泛应用于语言

① ZHONG R, LI M, CHEN Q, et al. The P300 event-related potential component and cognitive impairment in epilepsy: A Systematic review and meta-analysis, *Frontiers in Neurology*, 2019, 10.

② PICTON T W. The P300 wave of the human event-related potential, *Journal of Clinical Neurophysiology*, 1992, 9（4）：456−479.

加工、语义记忆和语义理解等领域的研究中[①]。研究者通过分析 N400 成分的幅度、潜伏期和拓扑分布等特征来推断大脑对语义信息的加工和理解过程。N400 成分的异常变化可能与语言障碍、语义处理问题以及认知和记忆疾病等有关。

N400 成分是事件相关电位技术中的一种负向电位波形，主要反映了大脑对语义信息的加工和理解过程。它在语言任务和语义加工研究中被广泛应用，并与语义不符合和连贯性等相关。

通过分析 ERPs 的波形参数，如振幅、潜伏期和形态特征，可以推断出脑对刺激或事件的神经过程和认知加工的差异。ERPs 技术在认知心理学、神经科学和临床研究中被广泛应用，可以研究注意力、感知、记忆、语言和情绪等领域的脑功能。它提供了高时间分辨率的研究工具，能够捕捉到毫秒级的脑电信号，但空间分辨率相对较低，需要结合其他脑成像技术进行综合研究。

## 二、功能磁共振成像与正电子断层扫描技术

功能磁共振成像和正电子断层扫描（positron emission tomography，PET）是两种用于研究脑功能的成像技术，它们可以提供关于脑区活动和代谢的信息。

### （一）功能磁共振成像技术

功能磁共振成像是一种用于非侵入性地测量脑活动的成像技术。它基于磁共振成像（magnetic resonance imaging，MRI）的原理，在获得高分辨率脑结构图像的同时，还能提供与神经活动相关的信息。

fMRI 利用被称为血氧水平依赖对比（BOLD contrast）的信号变化，来推断大脑活动的位置和强度。当某个脑区活跃时，该区域的血液供应会增加，导致血液中的含氧血红蛋白和脱氧血红蛋白的比例发生改变。这种血氧含量变化可以在 fMRI 图像中被检测到，从而确定活跃脑区。

---

① KUTAS M, FEDERMEIER K D. Thirty years and counting: Finding meaning in the N400 component of the event-related brain potential（ERP），*Annual Review Psychology*, 2011, 62: 621–647.

fMRI 技术具有以下特点和优势：

（1）非侵入性：没有使用放射性物质，对被试者无伤害。

（2）高空间分辨率：可以获取具有毫米级别分辨率的三维脑图像。

（3）多模态成像：可以同时获取脑结构和功能图像，较好地结合了解剖和功能信息。

（4）可重复性：可以多次扫描同一被试者，以研究脑活动的变化。

（5）多任务适用性：适用于研究各种认知和感官任务，在研究脑功能和脑疾病方面具有广泛的应用。

使用 fMRI 进行实验时，被试通常需要进行特定的任务（如执行记忆任务或观看图像），或者在静息状态下进行扫描。通过比较任务和静息状态下的脑活动，可以确定哪些脑区参与了特定的认知过程。

fMRI 也有一些限制：

（1）时间分辨率较低：相比于电生理技术如脑电图（EEG）和事件相关电位（ERP），fMRI 的时间分辨率较慢，通常在秒级别。

（2）受运动和头部畸变的影响：fMRI 对被试者的运动非常敏感，即使微小的运动也可能影响结果。此外，磁场的非均匀性也会引起图像畸变。

（3）个体差异：脑结构和功能在个体之间存在差异，因此，在研究和分析时需要考虑个体变异的影响。

尽管存在一些限制，但 fMRI 仍然是研究脑功能和认知过程的主要工具之一，并在认知神经科学、心理学和神经疾病研究中得到广泛应用。

## （二）正电子断层扫描技术

正电子断层扫描是一种核医学成像技术，用于观察人体或动物体内的生物过程和功能。它可以提供有关组织、器官和细胞水平上代谢和功能的信息。

PET 技术使用带有放射性同位素的示踪剂来追踪生物过程。这些示踪剂往往是一种放射性同位素与其他化合物结合而形成的分子。当这些示踪剂被注射到体内后，它们会在体内发出正电子，与电子相碰撞产生两个相对相向的光子。这些光子会被 PET 仪器探测到，从而确定它们在体内的排列位置，然后通过计算机重建成三维图像。

PET 技术可以提供详细的代谢和功能信息，包括以下方面。

（1）脑功能：通过注射与葡萄糖有关的放射性示踪剂，可以观察到不同脑区的葡萄糖代谢水平，研究脑功能活动，如在认知任务执行时的脑区激活情况。

（2）心脏功能：通过注射心肌氧代谢相关的示踪剂，可以观察心脏各区域的氧代谢情况，评估心肌功能和心脏病变。

（3）癌症诊断：通过注射与肿瘤细胞代谢相关的示踪剂，可以定位和评估肿瘤的活跃程度以及治疗效果。

（4）神经受体和神经递质：通过注射与神经受体和神经递质相关的示踪剂，可以观察渗透到脑组织中的这些分子的分布和数量，研究神经递质的功能和异常。

PET技术具有高灵敏度和特异性，可以提供非常精确的定量信息。然而，PET也具有一些限制。

（1）注射的放射性示踪剂：一些示踪剂具有放射性，需要采取措施来防止过度暴露或辐射危害。

（2）相对较低的空间分辨率：与其他成像技术相比，如MRI和fMRI，PET的空间分辨率相对较低。

（3）仪器和成本：PET扫描设备昂贵且有一定的技术要求，限制了它在某些医疗机构的可用性。

尽管存在一些限制，PET技术仍然是一种重要的成像技术，在临床诊断、医学研究和药物开发等领域发挥着重要作用。

虽然fMRI和PET都可以提供关于脑功能活动的信息，但它们的原理和优缺点略有不同。fMRI具有较高的空间分辨率、较易获得且无放射性，但时间分辨率较低。而PET具有较高的灵敏度和特异性，可以提供具体的生物分子信息，但需要注射放射性示踪剂，并且空间分辨率相对较低。因此，在脑功能研究中，选择使用fMRI还是PET取决于实验的具体需求和所研究问题的特性。

## 三、近红外成像技术

近红外成像技术（near-infrared imaging，NIRI）是一种使用近红外光谱范围的光学成像技术，用于测量脑部血氧水平的变化。它是一种非侵入性、无放射性的技术，可以研究脑功能活动和脑血液供应的变化。

在近红外光谱范围内，脑组织对光的吸收和散射较低，使穿透力相对较强。NIRI 利用这一特性，通过在头皮上放置光源和光探测器，测量光经过头皮、颅骨和脑组织后的强度变化。这些变化可以提供关于脑血氧水平和血流量的信息。

NIRI 技术一般有两种实现方法：

（1）连续波近红外成像（continuous wave NIRI）：这种方法使用连续发射的近红外光源，通过测量光的强度变化来获得脑组织的血氧水平和血流量信息。由于使用连续光源，这种方法在空间分辨率上相对较低。

（2）脉冲近红外成像（time-resolved NIRI）：这种方法使用脉冲发射的近红外光源，并测量光的传播时间差，以获取脑组织的光散射和吸收信息。这种方法在空间和时间分辨率上相对较高，可以提供更精细的脑血流和血氧水平的测量。

近红外成像技术在神经科学研究中被广泛应用，特别是在婴儿和幼儿的脑发育研究、认知功能研究、脑损伤和康复研究等领域。它提供了一种便捷、实时监测脑血氧和血流变化的手段，可以帮助了解脑功能和脑疾病的相关特征。然而，近红外成像技术的空间分辨率相对较低，同时受头皮和颅骨的散射和吸收影响，因此，在应用时需要仔细考虑和控制相关因素。

# 第三节　管理道德认知神经研究的伦理问题与挑战

## 一、神经科学研究的伦理问题

神经科学研究在探索和理解大脑及其功能方面发挥着重要作用。然而，这些研究涉及一系列的伦理问题，需要研究者和科学界认真考虑和解决。以下是神经科学研究中常见的三个伦理问题。

（1）人体试验伦理问题：神经科学研究中，人体实验是不可或缺的，但也带来了一系列伦理问题。首先，人体实验需要确保被试的自愿参与和知情同意，并遵循适当的伦理审查程序。此外，研究者需要保护被试的权益和福利，确保实验过程不会给他们带来不必要的痛苦或风险。另外，保护被试的个人隐私是一项至关重要的任务，需要采取适当的措施来保护其数据和身份的安全。

（2）隐私和数据保护问题：神经科学研究通常涉及收集和分析大量的个人数据，如神经影像数据、脑电图、基因组数据等。在保护这些数据方面，研究者需要确保隐私和数据保护准则得到遵守，防止数据被滥用或不当使用。研究团队应采取合适的安全措施，确保数据的机密性和完整性，并遵守适用的数据保护法规和伦理指南。

（3）动物实验伦理问题：由于神经科学研究需要对动物进行实验，出现了一系列的伦理考虑。研究者应该遵循动物实验的伦理原则和规定，确保动物的福利和权益。研究者需要最小化动物使用，并确保使用动物实验的正当性和科学价值。此外，研究团队还应确保动物实验过程中动物的生理和心理健康，避免不必要的痛苦或伤害。

综上所述，神经科学研究中的伦理问题包括人体试验伦理问题、隐私和数据保护问题以及动物实验伦理问题。研究者和科学界应当高度重视这些伦理问题，并制定相应的伦理准则和指南，以确保研究的科学性、道德性和可持续性。

## 二、管理道德认知神经研究中的伦理问题

管理道德认知神经研究涉及人们在道德决策和行为中涉及的认知、情感和神经机制。尽管这些研究对于理解人类道德行为具有重要意义，但也面临着一系列伦理问题，需要在研究过程中进行认真的管理。以下是管理道德认知神经研究中常见的三个伦理问题。

（1）道德敏感性和伦理意识的考量：在进行道德认知神经研究时，研究人员需要考虑被试的道德敏感性和伦理意识。这意味着研究团队应尊重被试的个人价值观和道德观念，并避免对其进行不当的道德压力或冲突。研究者应确保被试在参与实验前获得足够的信息，并具备自愿同意参与研究的能力。

（2）道德决策和脑影像数据的隐私问题：神经科学研究中，脑影像数据是广泛使用的一种收集方法。然而，这些数据涉及被试的个人隐私，如个体的思维、情感和决策过程。因此，在收集、存储和使用脑影像数据时，研究团队需要遵循适当的隐私保护措施，确保数据的安全性和保密性。此外，研

究者还应明确规定脑影像数据的使用范围，避免滥用或不当使用。

（3）道德行为研究中的伦理问题：道德行为研究旨在探索人类的道德反应和行为，涉及对个体的伦理行为进行实验观察。在进行此类研究时，研究人员需要确保实验过程不会导致伦理冲突或道德伤害。研究者需要尊重被试的权益，保护其隐私和尊严，并遵循适用的伦理审查程序。此外，研究团队还应确保实验结果的正确解释和适当使用，避免对个体产生不良影响或错误的道德概念。

综上所述，管理道德认知神经研究中的伦理问题包括考虑道德敏感性和伦理意识、处理道德决策和脑影像数据的隐私问题以及道德行为研究中的伦理问题。研究人员和科学界应重视这些伦理问题，并制定相应的伦理准则和指南，以确保研究的道德性、科学性和可持续性。

## 三、管理道德认知神经研究的挑战

### （一）研究参与者的多样性和代表性问题

在进行道德认知神经研究时，研究参与者的多样性和代表性是一个重要的伦理挑战。研究结果的可靠性和推广性依赖于参与者的多样性，包括不同性别、不同年龄、不同文化背景和不同社会经济地位等因素的代表性。然而，研究中经常存在着参与者招募的偏倚和样本的局限性。

首先，研究者需要努力确保研究参与者的多样性。这要求在招募参与者时，采取公正、平等和符合伦理准则的方法，避免种族、性别或其他特定群体的歧视或排除。同时，应尽可能扩大招募范围，吸引不同背景和特征的参与者，以提高研究的代表性。

其次，研究者需要认识并克服样本局限性所带来的问题。过于狭窄的样本可能导致结果的失真或不具备一般化能力。因此，研究者应该努力拓宽样本的范围，包括更广泛的人口群体，并注意到不同子群体之间的差异和特点。

为了解决这个挑战，研究者可以采取以下措施。

（1）与社区组织、学校、医院等合作，增加多样性的参与者来源。

（2）通过公开、透明的招募方式广泛宣传研究参与机会。

（3）采用适当的激励措施吸引不同背景的参与者。

（4）进行族群与文化的敏感性培训，以更好地处理不同背景下的伦理问题。

总之，研究者需要认识到道德认知神经研究所面临的多样性和代表性问题并主动解决。通过采取合适的招募策略和样本扩展努力，可以提高研究的外推性和通用性，同时推动科学的多样性和包容性。

### （二）研究结果的解读和应用的伦理挑战

在道德认知神经研究中，研究结果的解读和应用涉及一系列的伦理挑战。这些挑战与如何正确理解和传达研究结果，以及如何应用这些结果来指导决策和实践密切相关。以下是一些与研究结果解读和应用相关的伦理挑战。

首先，研究结果的解释和表达可能带来误导或误解。神经科学研究往往涉及复杂的数据分析和统计模型，可能需要深入的专业知识才能正确理解和解释结果。由于公众对神经科学研究的认知较低，研究者应确保以准确、透明和易于理解的方式向公众传达结果，避免不当的夸大或误导。

其次，研究结果的应用可能面临伦理困境和风险。道德认知神经研究成果可能涉及对个人或群体的特征、行为和决策进行预测或操控。这引发了一些伦理问题，包括隐私和个人权益的保护，以及对个体或社会的影响和责任的考虑。研究者需要慎重应用研究结果，确保合理、公正和无歧视地使用这些结果，并尊重个人和社会的价值观和权益。

最后，在商业和产业应用方面，研究结果的商业化可能引发伦理挑战。如何平衡科学研究的纯粹性和商业利益之间的关系，以及如何避免产生冲突利益和信息操纵的问题，是需要认真思考和解决的伦理难题。研究者需要制定适当的伦理准则和机制，确保研究结果的商业化符合伦理规范和社会利益，并确保研究数据的透明和可靠性。

综上所述，研究结果的解读和应用存在着伦理挑战，包括结果的正确解释和传达，以及合理应用结果的伦理困境和商业化的伦理考虑。研究者应积极面对这些挑战，制定相应的伦理准则和措施，以保证研究结果的准确性、公正性和社会责任性。

### （三）研究的社会影响和责任问题

道德认知神经研究的结果可能对社会产生重大影响，因此，研究者需要重视其社会影响和研究的责任。下面是与研究的社会影响和责任相关的一些伦理问题。

　　一是研究者需要谨慎传播和解读研究结果。神经科学研究结果的广泛传播可能会影响公众的观念和行为。研究者应该意识到自己的结果如何被媒体和公众报道，以及如何保持结果的准确性和客观性。研究者应避免不当的炒作和夸大效果，提供正确的背景和解释，以便公众能够理解和评估研究结果的意义。

　　二是研究者需要关注研究结果可能带来的道德和社会影响。道德认知神经研究的结果，特别是关于人类道德行为和决策的结果，可能会涉及敏感的伦理问题，如个人责任、自由意志和道德判断的责任。研究者应该认识到这些影响，并对其进行深入的思考和讨论，以确保研究对社会有积极的影响，并避免不良的伦理后果。

　　三是研究者需要担负起社会责任，确保研究的道德性和可持续性。这包括遵循伦理准则、保护研究参与者的权益和隐私，以及诚实和透明地进行研究。此外，研究者还应积极参与学术和科学界的伦理讨论，推动伦理原则和标准的制定和实施。

　　总体而言，管理道德认知神经研究的挑战之一是研究的社会影响和责任问题。研究者需要关注研究结果的传播和解读、研究结果可能带来的道德和社会影响，以及承担起社会责任，确保研究的道德性和可持续性。

## 第六章
# 道德决策行为分析

本书设计道德情境，通过眼动仪记录个体在观看道德两难情境时的视觉加工模式，并对其进行分析。眼动仪是一种用于记录和分析眼球运动的设备。它通常由一个摄像头和相关的软件组成，可以追踪和记录人眼在观察过程中的运动轨迹和注视点。通过分析眼动数据，研究人员可以了解人眼在不同任务和情境下的注意力分配、信息处理和认知过程。

## 一、根据眼动仪分析视觉活动信息

分析被试在分类过程中眼动的变化情况，可使研究数据更加客观、准确和严谨。根据眼动仪的注视时间、注视次数、兴趣区域等可以分析精确的视觉活动信息。

### （一）注视点

注视点（fixation point）是眼球停留在一个位置上的时间段，通常用毫秒（ms）表示。注视点可以用来衡量注意力的分配和对特定信息的处理。注视点可以显示观察者在观察过程中关注的具体区域。当眼球停留在某个位置上时，表明观察者对该区域有较高的关注度。通过分析注视点，可以确定观察者在视觉场景中的注意力焦点和关注的重点。注视点可以反映观察者对不同信息的处理时间和策略。当眼球停留在某个位置上的时间较长时，这可能意味着观察者正在深入思考或处理该位置上的信息。相反，如果眼球快速地转移到其他位置，表明观察者可能只是对该位置进行了快速的扫视，没有深入处理。注视点可以揭示观察者在视觉搜索任务中的策略和效率。当观察者在搜索任务中注视了目标物体或重要信息时，注视点可以帮助确定观察者是如何在场景中寻找目标的。注视点还可以揭示观察者对不同刺激的喜好和兴趣。如果观察者频繁地注视某个特定区域或物体，那么可以推断观察者对该区域或物体有较高的兴趣程度。

## （二）注视次数

注视次数（fixation count）表示眼球在观察过程中转移到不同位置的次数。较高的注视次数通常意味着观察者对某个特定区域的关注程度更高。通过分析注视次数，可以确定哪些区域在视觉场景中更具有吸引力和重要性。注视次数的变化可以显示观察者在观察过程中的注意力转移。当注视点从一个区域转移到另一个区域时，注视次数会相应地增加或减少，这可以反映出观察者对不同区域的关注程度和注意力分配的变化。注视次数可以反映出观察者对不同任务需求的注意力分配。例如，在一个搜索任务中，注视次数较高的区域可能是观察者试图寻找目标信息的地方。注视次数的分布可以揭示出观察者对不同刺激的注意力偏向。又如，如果观察者更倾向于在观察过程中注视某个特定区域，那么，该区域的注视次数可能会明显高于其他区域。

## （三）注视持续时间

注视持续时间（fixation duration）是眼球停留在一个位置上的时间长度，通常用毫秒表示。注视持续时间可以反映注意力的稳定性和对特定信息的处理时间。注视持续时间可以反映观察者对某个位置或区域的关注深度。当眼球停留的时间较长时，表明观察者对该位置或区域有较高的兴趣和关注度。相反，如果眼球快速地转移到其他位置，表明观察者可能只是对该位置进行了快速的扫视，没有深入关注。注视持续时间可以反映观察者对不同信息的处理时间和策略。当眼球停留的时间较长时，这可能意味着观察者正在深入思考或处理该位置上的信息。较长的注视持续时间可以表示观察者对该位置的信息进行了更深入的分析和加工。注视持续时间可以揭示观察者在视觉搜索任务中的策略和效率。当观察者在搜索任务中注视了目标物体或重要信息时，较长的注视持续时间可以帮助确定观察者是如何在场景中寻找目标的。注视持续时间可以反映观察者对不同任务需求的注意力分配。对于某些任务，观察者可能需要更长的注视持续时间来处理复杂的信息或进行决策。较长的注视持续时间可以表示观察者对任务的重视程度和认知负荷。

## （四）扫视路径

扫视路径（scanpath）是眼球在观察过程中移动的轨迹。扫视路径可以用来研究眼球在观察过程中的注意力分配和信息处理策略。扫视路径可以揭示观察者在视觉搜索任务中的策略和效率。观察者可能采用不同的扫视策略，如串行扫视、并行扫视或随机扫视，以寻找目标物体或重要信息。扫视路径可以显示观察者是如何在场景中移动眼球来搜索目标的。扫视路径可以反映观察者对不同区域或物体的注视优先级。观察者可能会在场景中注视一些重要的区域或物体，而忽略其他不重要的部分。扫视路径可以显示观察者在注视不同区域时的顺序和持续时间。扫视路径可以揭示观察者在信息获取过程中的顺序和优先级。观察者可能会按照某种特定的顺序来获取信息，以便更好地理解和处理场景中的内容。扫视路径可以显示观察者在获取不同信息时的顺序和时间分配，也可以揭示观察者对不同刺激的喜好和兴趣。观察者可能会频繁地注视某些特定的区域或物体，而忽略其他不感兴趣的部分。扫视路径可以显示观察者对不同刺激的关注程度和偏好。

## （五）注视热点

注视热点（fixation heatmap）是基于注视点的分布情况生成的热图。注视热点可以显示观察者在观察过程中最常关注的区域，帮助确定注意力的焦点和重要信息的位置。注视热点可以反映观察者在观察过程中的注意力分配。观察者倾向于在注视热点所在的区域或物体上花费更多的时间和注意力。注视热点可以揭示观察者对特定区域或物体的关注程度和重要性，也可以揭示观察者对特定区域或物体的视觉兴趣。观察者倾向于在注视热点所在的区域或物体上停留较长时间，这意味着他们可能对该区域或物体的外观、特征或内容感兴趣。注视热点可以反映观察者在观察过程中获取信息的优先级和顺序。观察者可能会在注视热点所在的区域或物体上花费更多的时间来获取相关的信息。注视热点可以揭示观察者在信息获取过程中的偏好和策略。通过分析多个观察者的注视热点，可以识别出共同的兴趣点或热门区域。这对于用户界面设计、广告定位和产品展示等方面都具有重要意义，可以帮助设计师和营销人员更好地理解用户的需求和兴趣。

基于区域的分析指标：首先要对刺激划分兴趣区域。兴趣区域是指在研究之前或之后，把刺激划分为研究者感兴趣的部分，即研究过程中研究人员预研究的变量；或者是被试感兴趣的部分，即研究过程中被试主要的视觉关注信息。通过不同兴趣区域的对比，研究人员能更加清楚地理解被试的心理加工机制。

## 二、预实验道德情境材料筛选

建立实验材料库，筛选适合实验所需的道德情境，并对其进行评价，界定材料的合理性。

### （一）方法

#### 1. 被试

国内某大学在校本科生及研究生共 252 人，其中男性 127 名，女性 125 名，年龄为 22 ~ 25 岁。被试被随机分为 2 组，每组随机完成 100 个道德相关决策。做完实验后给予被试一份小礼品。

#### 2. 实验材料

预实验的道德决策材料来源于《商业伦理》，基于格林实验材料的翻译和自编获得。其中，格林的实验材料分为三种类型：人情感道德困境（personal moral）、亚个人情感道德困境（impersonal moral）及非道德决策。

#### 3. 实验设计与程序

采用群体施测，实验程序材料通过 Power Point 呈现给被试，刺激材料呈现流程如图 6-1 所示。首先，发给每名被试一张答题卡，然后在屏幕上呈现实验材料，呈现时间为 30 秒，采用 36 号黑体呈现于屏幕中。最后呈现屏幕 2 的三个问题，呈现时间为 20 秒，被试在答题卡上写出与所选答案相对应的数字。

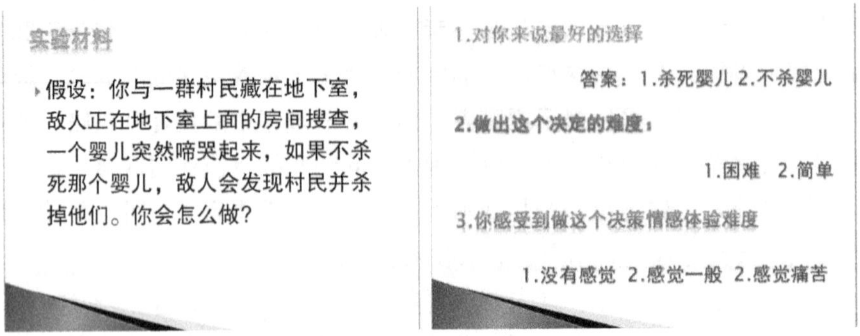

**图 6-1 刺激材料呈现流程**

### 4. 数据处理

采用 IBM 公司的 PASW19.0 进行统计分析。

## （二）实验结果

按照被试对每道题目的选择和决策结果进行统计分析获得，其中，管理道德决策题目被划分为两类，分别是管理道德决策材料 98 条，管理不道德决策材料 92 条；管理道德决策实验材料难度为困难的 44 条，决策难度为普通的 80 条。将 80 条普通道德决策实验材料划分为功利性道德决策实验材料和道义性道德决策实验材料，数量分别为 41 条和 39 条。

# 三、管理道德情境下道德决策眼动分析

## （一）方法

### 1. 被试

大学生及研究生被试 35 人，其中男 16 人、女 19 人，平均年龄为（24±1.6）岁。所有被试的裸视视力或其矫正视力都在 1.0 以上。实验结束后，对记录数据的准确性分析发现，有 2 名被试眼动漂移过大，1 名被试数据记录有效率低于 80%，遂予以剔除，最后获得有效样本数据 32 份，其中男 15 人、女 17 人。

### 2. 实验设备

实验设备使用瑞典 Tobii 公司生产的 T120 型眼动仪，此眼动追踪设备的采样率为 120 Hz/s，自动记录被试阅读过程中的眼动信息，并记录注视时间与注视位置等眼动信息。

### 3. 实验材料与设计

实验材料有三种，分别为极端道德困境、管理道德困境、普通道德困境（见表 6-1），每组各四份实验材料。

表 6-1　三种实验材料类型

| 类型 | 举例 |
|------|------|
| 极端道德困境 | 你是国际救援组织的一名飞行员，和同事乘坐飞机从战乱中国家营救儿童。飞机上有 1 名同事、5 名被营救的儿童。途中飞机被敌人击中，必须要减轻飞机的重量才能安全回家，你们将所有能扔的都扔掉了，飞机还是在下降，这时必须有人牺牲跳下飞机，下面是雪山，跳下去生还的概率为零。如果把身边同事推下飞机，可以平安回家；如果你自己跳下去，由于无飞行员，飞机一样会坠毁。<br>你的选择是：<br>A. 推下同事　　　　　B. 不推同事 |
| 管理道德困境 | 你是某公司的人力资源部长，公司最近效益不好，其中有工人由于长期辛苦工作感染了疾病。10 名工人患了肺矽病。这 10 名工人需要大量的资金进行治疗，如果救治这 10 名工人，公司剩余的资金则无法支持公司正常运转，10000 多名工人会因此失业。因此，CEO 要求你找个理由开除这 10 名工人以保全公司，避免破产与失业。<br>你的选择是：<br>A. 拒绝开除患病工人　　B. 开除患病工人 |
| 普通道德困境 | 你在海边的一个码头钓鱼。你看到一群游客踏上一条小船前往邻近的岛屿。他们出发后不久，你从电台听到将有一场猛烈的风暴，他们肯定会受到风暴的袭击。唯一能保证他们安全的办法，就是去附近借艘快艇赶去警告他们。这艘快艇是一个吝啬的富商的，他肯定不会把快艇借给你，你唯一能做的就是偷来用。<br>你的选择是：<br>A. 偷快艇通知游客　　　B. 不去通知游客 |

### 4. 实验程序

实验前向被试说明实验内容及操作方式。正式实验前，被试进行练习以熟悉实验流程，在数据处理前删除练习材料。完成练习并确认被试掌握实验要求后，坐在眼动仪前，再次向被试说明实验要求并进行校准。校准完成后开始实验，随机向被试呈现实验材料，并要求被试口头报告管理道德困境选择。实验结束，眼动记录同时停止并依据被试选择要求被试报告决策原因。

### 5. 数据处理

实验数据采用 IBM 的 SPSS 21.0 进行处理，并用眼动仪自带分析软件对被试进行兴趣区域划分，统计分析实验材料的注视时间、注视次数、兴趣区域等眼动指标。

### （二）结果与分析

#### 1. 道德困境决策结果行为分析

道德困境决策结果见表6-2。

**表6-2　被试行为数据的 $x^2$ 检验**

| 类型 | 题号 | 功利 | 道义 | $x^2$ | P |
|------|------|------|------|-------|---|
| 极端道德情境 | 1 | 6 | 26 | 12.50 | 0.000 |
| | 2 | 4 | 28 | 18.00 | 0.000 |
| | 3 | 9 | 23 | 6.12 | 0.013 |
| | 4 | 7 | 25 | 13.41 | 0.000 |
| 管理道德情境 | 5 | 20 | 12 | 2.00 | 0.157 |
| | 6 | 14 | 18 | 0.50 | 0.480 |
| | 7 | 14 | 18 | 0.50 | 0.480 |
| | 8 | 18 | 14 | 0.50 | 0.480 |
| 普通道德情境 | 9 | 29 | 3 | 21.16 | 0.000 |
| | 10 | 27 | 5 | 15.16 | 0.000 |
| | 11 | 31 | 1 | 28.16 | 0.000 |
| | 12 | 26 | 6 | 12.50 | 0.000 |

从表6-2可以看出，12道题目中被试选择的功利与道义决策存在差异。结合被试口头报告对各个题目进行分析，在极端道德决策情境中个体决策多为道义性决策，$x^2$检验表明每个实验材料都表现出显著的加工差异，这与格林研究较为一致，同时表明实验材料选取较为合理；而在普通道义决策中个体决策多数集中于功利决策，$x^2$检验表明每个实验材料都表现出显著的加工差异；管理道德情境的卡方检验表明显著性差异不大，各个题目之间的选择功利与道义没有明显区分。上述结果表明管理道德决策的实验材料较为适合下一阶段的神经机制分析。

道德功利与道义决策的性别统计见表6-3。

表6-3　性别与道德功利和道义决策

| 决策类型 | 性别 | 道义导向 | 功利导向 |
|---|---|---|---|
| 管理道德情境 | 男 | 32 | 24 |
| | 女 | 35 | 37 |
| 极端道德情境 | 男 | 27 | 29 |
| | 女 | 43 | 29 |
| 普通道德情境 | 男 | 8 | 48 |
| | 女 | 6 | 66 |

对表6-3中的数据进行$2 \times 3$列联表的$x^2$检验，$x^2=60.055$，$P<0.000$，说明男性与女性相比，在面对道德两难问题时更加倾向于功利导向。

### 2. 道德决策总注视时间与注视次数差异分析

道德决策总注视时间差异分析见表6-4。

表6-4　道德决策总注视时间差异分析（$ms$）

| 道德类型 | N | $M \pm SD$ | F | P |
|---|---|---|---|---|
| 管理道德决策 | 32 | $0.23 \pm 0.036$ | 43.508 | 0.000 |
| 极端道德决策 | 32 | $0.25 \pm 0.045$ | | |
| 普通道德决策 | 32 | $0.18 \pm 0.039$ | | |

从表6-4可以看出，管理道德两难、极端道德两难及普通道德两难决策在注视时间上存在显著差异，通过方差齐性检验发现，$L=6.908$，$P=0.002$，表明方差非齐性。因此，采用塔姆哈尼检验，发现极端道德决策注视时间与普通道德决策注视时间存在显著差异，$P=0.000$；普通道德决策与极端道德决策及管理道德决策存在显著差异，$P=0.000$，$P=0.000$；管理道德决策与极端道德决策不存在显著差异，$P=0.117$。极端道德困境的注视时间最长，普通道德决策注视时间最短。

道德决策总注视次数差异分析见表6-5。

**表6-5　道德决策总注视次数差异分析**

| 道德类型 | N | M ± SD | F | P |
|---|---|---|---|---|
| 管理道德决策 | 32 | 2.01 ± 0.71 | 11.07 | 0.000 |
| 极端道德决策 | 32 | 1.86 ± 0.42 | | |
| 普通道德决策 | 32 | 1.71 ± 0.40 | | |

从表6-5可以看出，三种类型的道德决策在注视次数上存在显著差异，通过方差齐性检验发现$L$=2.196，$P$=0.117，表明方差齐性。因此，采用LSD事后检验，发现管理道德决策与极端道德决策及普通道德决策存在差异显著，显著性分别为，$P$=0.025，$P$=0.017；普通道德决策与管理道德决策存在显著性差异，显著性水平为$P$=0.000。阅读极端道德决策时间相对更长，普通道德决策时间最短。由于受注视区域大小因素影响，本研究为获得更加准确的数据，对平均注视时间进行分析（见表6-6）：

平均注视时间 = 总注视时间 / 总注视次数。

**表6-6　道德决策平均注视时间差异分析（$ms/n$）**

| 道德类型 | N | M ± SD | F | P |
|---|---|---|---|---|
| 管理道德决策 | 32 | 124.56 ± 29.61 | 3.10 | 0.048 |
| 极端道德决策 | 32 | 139.56 ± 28.45 | | |
| 普通道德决策 | 32 | 108.56 ± 19.94 | | |

从表6-6可以看到，采用平均注视时间分析三种类型的眼动指标也存在差异，通过方差齐性检验发现，$L$=5.110，$P$=0.013，表明方差非齐性。因此，采用 *Tamhane* 检验，通过事后检验发现，极端道德决策与普通道德决策存在差异，$P$=0.041；管理道德与普通道德决策存在差异，$P$=0.021，其他差异不显著。

### 3. 道德决策热点图分析

通过热点图能观察到32名被试在观看图片过程中的眼动注视情况，被试感兴趣的相对来说注视的次数多，注视的时间久，更能发现被试的行为特征（如图6-2所示）。

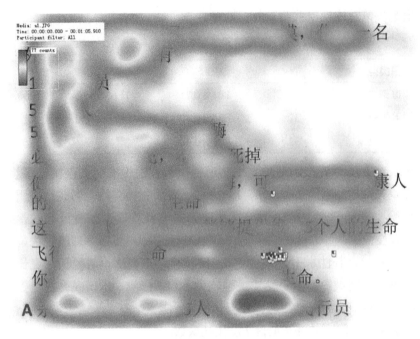

**图6-2 被试眼动热点（见彩图）**

结合琼斯的道德权变，通过对 32 名被试的热点图分析发现，在观察中，被试最感兴趣的区域可分为五个特征：①事情后果大小；②道义决策选项；③功利决策选项；④事情起因；⑤个体身份特征。当个体在面对道德困境时，上述信息的影响相对更大，结合被试口头报告结果，表明个体在做出道德决策的过程中会基于以上信息做出判断，同时表明决策过程是一个多维的，通过不同信息的综合来做出判断。基于以上热点图信息，本研究将刺激划分为不同的兴趣区域进行分析。

### 4. 道德决策兴趣区域分析

兴趣区域是研究中一个重要的变量，通过分析兴趣区域，研究者能发现被试在阅读过程中更重视的信息。兴趣区域是指在研究之前或之后，把刺激划分为研究者感兴趣的部分，即研究过程中研究人员预研究的变量；或者是被试感兴趣的部分，即研究过程中被试主要的视觉关注信息。

研究中首先由眼动自带软件进行分析，Tobii 眼动仪能对被试注视的信息进行划分，共划分为五个区域，分别为：①事情后果大小；②道义决策选项；③功利决策选项；④事情起因；⑤个体身份特征。然后，根据划分的兴趣区域分别对上述情况进行分析，由于各个区域大小程度不同，因此，本研究采用平均注视时间分析。

（1）事情后果程度区域分析（见表6-7）。

表6-7 道德决策后果程度兴趣区域平均注视时间差异分析（*ms/n*）

| 道德类型 | N | M ± SD | F | P |
|---|---|---|---|---|
| 管理道德决策 | 32 | 17.56 ± 5.48 | 5.383 | 0.006 |
| 极端道德决策 | 32 | 27.83 ± 4.22 | | |
| 普通道德决策 | 32 | 20.62 ± 4.51 | | |

从表6-7可以看出，采用平均注视时间分析三种类型的眼动指标也存在差异，通过方差齐性检验发现，$L$=5.294，$P$=0.007，表明方差非齐性。因此，采用*Tamhane*事后检验，结果如下：极端道德决策与管理道德决策存在差异，$P$=0.000。管理道德决策与极端道德决策及普通道德决策存在差异，$P$=0.030。极端道德决策与普通道德决策不存在差异，$P$=0.727。

（2）死亡比例兴趣区域分析（见表6-8）。

表6-8 道德决策死亡比例兴趣区域平均注视时间差异分析（*ms/n*）

| 道德类型 | N | M ± SD | F | P |
|---|---|---|---|---|
| 管理道德决策 | 32 | 28.90 ± 5.84 | 5.30 | 0.007 |
| 极端道德决策 | 32 | 33.62 ± 6.41 | | |
| 普通道德决策 | 32 | 23.02 ± 4.97 | | |

从表6-8可以看出，采用平均注视时间分析三种类型的眼动指标在死亡比例区域存在差异，通过方差齐性检验发现，$L$=3.342，$P$=0.040，表明方差非齐性。因此，采用*Tamhane*事后检验，发现极端道德决策与管理道德决策对死亡比例兴趣区域平均注视时间存在显著差异，$P$=0.017。其他类型的刺激在此区域差异不显著。

（3）个体身份兴趣区域分析（见表6-9）。

**表6-9　道德决策个体身份兴趣区域平均注视时间差异分析（ms/n）**

| 道德类型 | N | M ± SD | F | P |
|---|---|---|---|---|
| 管理道德决策 | 32 | 40.69 ± 3.53 | 5.43 | 0.006 |
| 极端道德决策 | 32 | 56.72 ± 4.46 | | |
| 普通道德决策 | 32 | 44.01 ± 2.66 | | |

从表6-9可以看出，采用平均注视时间分析三种类型的眼动指标在死亡比例区域存在差异，通过方差齐性检验发现，$L=8.341$，$P=0.000$，表明方差非齐性。因此，采用 *Tamhane* 事后检验，发现极端道德决策与管理道德决策存在显著性差异，$P=0.020$。极端道德决策与普通道德决策存在边缘显著，$P=0.054$。

（4）道德决策选项兴趣区域分析（见表6-10、图6-3）。

**表6-10　道德决策选项兴趣区域平均注视时间交互作用分析（ms/n）**

| 类型 | F | P |
|---|---|---|
| 问题 | 9.985 | 0.000 |
| 决策 | 47.136 | 0.000 |
| 问题 * 决策 | 3.874 | 0.027 |

从表6-10可以看到，问题类型在平均注视时间上主效应显著，$F(2,30)=9.958$，$P<0.000$；决策类型在平均注视时间上主效应显著，$F(2,30)=47.136$，$P<0.000$；问题与决策类型在交互效应显著。由于交互作用显著，因此分析简单效应发现，极端道德条件道德决策（$M=40.041 \pm 3.785$）与不道德决策（$M=15.933 \pm 2.332$）差异显著，$P=0.000$；管理道德决策条件下差异不显著，$P=0.075$；普通道德决策条件下道德决策（$M=51.813 \pm 4.348$）与不道德决策（$M=32.154 \pm 3.476$）差异显著，$P=0.000$。

不道德决策下，极端道德问题（$M=40.041 \pm 3.785$）与普通道德问题（$M=51.813 \pm 4.348$）差异显著，$P=0.040$。道德决策下，极端道德决策（$M=15.933 \pm 2.332$）与普通道德决策（$M=32.154 \pm 3.476$）、管理道德决策（$M=39.506 \pm 3.909$）差异显著，$P=0.002$。

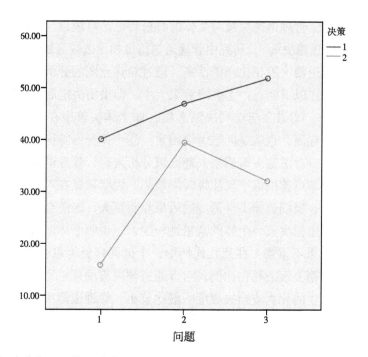

水平：1= 极端道德，2= 管理道德，3= 普通道德；垂直：$F$1= 道德决策，2= 不道德决策

**图 6-3　道德决策困境与决策选项的交互作用**

## （三）讨论

通过眼动技术可以发现个体在道德决策中的视觉加工机制。上述数据表明，与女性相比，男性在面对道德问题时，更加倾向于功利行为。个体对极端道德问题的注视时间更久，总注视时间是眼动研究中的一个重要指标，反映了观看的总时间长度。研究发现，注视时间长短说明个体加工过程中的加工难度或重要程度。神经学研究也发现。个体面对极端道德情境时的决策时间相对更久，这是由于极端道德决策个体道德挣扎时间更久[1]。管理道德决策平均注视时间比普通道德决策注视时间更久，比极端道德决策注视时间短。个体在加工过程中对极端道德决策加工更困难，个体做出决策的时间更久，管理道德决策的注视时间与注视次数相对较少，这可能是由于个体的卷

① GREENE J D, PAXTON J M. Patterns of neural activity associated with honest and dishonest moral decisions, *Proceedings of the National Academy of Sciences of the United States of America*, 2009, 106（30）：12506-12511.

入程度影响的，管理道德决策与个体的身份特征距离较远，道德情境本身会影响到个体的道德决策①，研究中管理道德情境相比极端道德情境的亲密性较低，但与普通道德决策相比亲密性高。通过对热点图的分析发现，道德决策中个体主要关注以下四点：①事情后果大小，即做出决定后可能造成的损害与获益的总和。②道义与功利决策选项，即个体决策中在不同选项之间的徘徊。③事情起因，也就是问题情境因素。④个体身份特征，即当前决策者的身份是什么。对道德决策后果兴趣区域分析发现，管理道德决策平均注视时间最短，极端道德决策平均注视时间最长，说明被试在对管理道德决策后果的关注较少，极端道德事件造成的后果相对更大，因此会引起个体更强的关注度。管理道德决策与个体的亲密性较少，也说明个体面对管理道德问题时，对决策后果不重视。在死亡比例中，个体同样更为重视极端道德决策，其次是管理道德决策的死亡比例，对普通道德决策的死亡比例关注最少，普通道德决策产生的死亡或损失程度一般比较小，管理道德决策中受到伤害的比例虽然比极端道德决策的高②，但是个体在决策中的卷入程度不同，其关注水平也会有差异。道德决策者的个体身份特征会影响人们的道德决策，三种不同的道德决策在个体身份特征上差异显著，极端道德决策的注视时间最多，管理道德决策注视的时间最少，这一点可能是由个体道德决策的强度引起的，极端道德决策下个体更重视作为决策者的身份特点。例如，都是道德决策者，但是面对企业污染，经理与员工做出同样的决策，对他们道德水平的判断不同，有些被试认为员工做出不道德行为是由于上级的命令而不得不这样做，因此更加容易宽恕员工，对员工的不道德评价更低。

通过对道德决策与问题类型进行分析发现存在交互作用，问题类型与道德决策相互影响，道德决策中个体面对不同的道德问题，会影响到其决策结果，在极端道德困境中，个体更加关注道德决策选项，管理道德决策中道德与不道德选项差异不显著。但在道德决策中，个体对极端道德决策选项观察时间最短，对管理道德决策观察时间最长，这可能是由于个体面对管理道德困境时，在选项上更加徘徊，与个体对管理道德决策困境理解程度有关，个

① JONES T M. Ethical decision making by individuals in organizations: An issue-contingent model, *Academy of Management Review*, 1991（16）：366-395.

② BARTELS D M. Principled moral sentiment and the flexibility of moral judgment and decision making, *Cognition*, 2008, 108（2）：381-417.

体对管理道德困境了解较少，因此在管理道德决策中选择更加困难，但对两个选项的平均注视时间并无差异。

## 四、小结

通过上述分析，本研究得出以下结论：管理道德决策与极端道德决策和普通道德决策的道德决策加工机制不同。事情后果大小、道义决策选项、功利决策选项、事情起因、个体身份特征等因素会影响个体道德决策。因此，需要对管理道德决策进行进一步的研究与分析，考察其决策机制。

# 第七章
## 管理道德决策事件相关电位分析

## 第一节　实验一：管理道德词汇判断的道德
##              评价神经机制

　　管理伦理学对管理道德现象进行了阐述，并提出了各种解释理论：合理行为理论（theory of reasoned action）[1]、计划行为理论（theory of planned behavior）[2]、道德决策权变模型（contingency model of ethical decision making）[3]、问题权变模型（issue-contingent model）[4]。上述理论和模型主要关注组织层面的道德理论问题，对组织中个体道德决策问题关注较少。个体是组成群体的重要因素之一，个体的道德决策对组织决策有重要影响。多数企业的重大决策是由管理者个人或几个人决定的，特别是管理不道德行为，由于社会期许性及社会规范的制约，常常隐蔽进行。一个企业是否偷偷排污，往往不是全

---

① FISHBEIN M, AJZEN I. Belief, attitude, intention and behavior: An introduction to theory and research, *Reading,* Addison-Wesley Publishing Company, 1975 : 244 - 245.

② LOKEN D. Analyzing ethical decision making in marketing, *Journal of Business Research*, 1989, 19（2）: 83−107.

③ FERRELL O C, GRESHAM L G. A contingency framework for understanding ethical decision making in marketing, *Journal of Marketing*, 1985, 49（3）: 366−395.

④ JONES T M. Ethical decision making by individuals in organizations: An issue-contingent model, *Academy of Management Review*, 1991（16）: 366−395.

体管理层共同决定的。企业内部对待员工的欺骗、不公平现象层出不穷，企业外部环境污染、以次充好、假冒伪劣等现象层见叠出，这些都会影响企业声誉与民众健康，造成社会不良影响。

为什么在管理中，有人尊重员工，有人却欺压雇员？为什么在经济活动中，有人舍利取义，有人却见利忘义？正如马克思所言："资本如果有百分之五十的利润，它就会铤而走险；如果有百分之百的利润，它就敢践踏人间一切法律；如果有百分之三百的利润，它就敢犯下任何罪行，甚至冒着被绞死的危险……"[①] 那么，人们在面对管理道德问题时是怎样决策的呢？这种决策的神经过程存在怎样的心理机制及活动规律？对管理道德决策的心理机制及影响因素进行科学的探讨，揭示道德决策的本质特征和心理活动规律，有着十分重要的科学意义和现实的迫切性。

本书以此为切入点，以现实生活中管理道德决策现象为实验研究材料，通过事件相关电位设备探讨个体对管理中道德与不道德行为评价的神经机制。首先通过预实验收集并评估道德实验材料，并进行标准化，然后通过Go-Nogo 范式[②] 研究个体道德决策中的神经机制，对管理道德决策神经机制的影响进行探讨，旨在揭示道德决策的脑活动规律，为有效的管理道德建设提供理论依据，发展和丰富道德神经科学理论。

# 一、方法

## （一）被试

某大学管理学院 22 名被试，男 10 人，女 12 人，年龄（22±1.09）岁，其裸眼视力或矫正视力都在 1.0 以上，观看道德决策实验材料时无视觉障碍。被试均为右利手者，身体康健，无重大头部伤害，也无精神方面疾病，实验前无参加过类似实验，并均获得其知情同意，实验完成后给予少量报酬。

## （二）实验材料与设计

实验设计为道德决策类型：管理道德、普通道德、非道德单因素实验设

---

① 马克思：《资本论》，人民出版社 2018 年版，第 375 页。

② Go-Nogo 范式是一种实验范式，用于研究人类认知和决策过程。在这个范式中，被试需要根据特定的指令对一系列刺激进行反应。通常情况下，被试需要对一类刺激（如图像或文字）做出"Go"反应，而对另一类刺激做出"Nogo"反应。

计，分析过程采用道德类型 3（管理不道德行为 vs. 管理道德行为 vs. 非道德行为）× 脑区位置 4（左前脑 vs. 右前脑 vs. 左后脑 vs. 右后脑）双因素重复测量分析。道德实验材料按照上述 3 水平进行分类，例如，管理不道德行为材料分为财务欺诈、偷税漏税、官商勾结、权力腐败、商业贿赂、假冒商标等，管理道德行为材料分为按章纳税、诚信经营、服务社会等，无关道德实验材料分为印象管理、品牌管理、提高质量、会议记录、优惠促销、降价酬宾等。每个类型的实验材料字数控制在 4~5 字。

## （三）实验程序

被试距离电脑屏幕约 80 厘米，水平视角为 1.5 度，垂直视角大约在 1.5 度。实验采用 Go-Nogo 范式。实验过程中，试次（trail）随机呈现给被试。实验分为练习与正式实验部分。实验每 30 试次被试可选择性休息 2~5 分钟，被试在实验室休息。被试坐在屏幕前面，告知被试指导语"您好，欢迎参加本次实验。实验过程中，你会看到与管理相关的道德词汇，如果词汇代表的含义是道德的，请按'1'，如果是不道德的，不需要按键。实验共有 6 个部分，其中第一部分为练习，每个部分结束后可休息 4 分钟，同时你做出的任何选择都会保密。如果明白上述指导语，请按空格键开始实验"。

每次实验开始前，呈现给被试 2000 ms 的"+"，要求被试注视"+"，然后随机呈现 600~800 ms 空屏，紧接着呈现管理道德行为，同时要求被试按键反应，认为道德的按"1"，认为不道德的不需要按键，然后进入下一个试次。实验程序由 E-prime2.0 编写，自动记录脑电（electroencephalogram，EEG）数据，并做标记。实验一流程如图 7-1 所示。

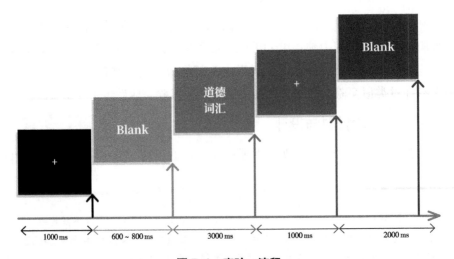

**图 7-1 实验一流程**

### （四）EEG 数据记录与分析

被试坐在光线较为阴暗的隔音室中，脑电数据采集设备为美国 Neuroscan 公司生产的 ERPs，采用国际 10-20 系统扩展导联的 64 导 EEG 电极帽收集 EEG 数据。离线处理将所有电极的数据与双侧乳突的平均值进行参考。同时记录水平眼电（horizontal electrooculogram，HEOG）和垂直眼电（vertical electrooculogram, VEOG），分别置于两侧外眦（HEOG）1 厘米处和一只眼睛的垂直上下 2 厘米处（VEOG）。滤波带宽为 0.05~100 Hz，头皮电阻小于 5 kΩ，连续采样频率为 500 Hz。对数据进行离线分析，并对眼电伪迹进行校准。低波滤波带宽为 20 Hz，自动排出波幅大于 ±80 μV 的脑电数据。

实验依据刺激呈现时间分段，为刺激前 100 ms（基线）到刺激呈现后的 1000 ms。根据以往的研究（Greene，2001；Haidt，2001）选择 F1、F2、F3、F4、F5、F6、C1、C2、C3、C4、C5、C6 等位置，电极位置进行 3（管理道德 vs. 管理不道德 vs. 非管理道德）× 脑电位置 4（左前脑 vs. 右前脑 vs. 左后脑 vs. 右后脑）两因素重复测量方差分析。道德决策 ERPs 的研究较少，其成分不多，通过总平均图，本研究发现在刺激呈现后的 230 ms 左右，出现一个正向偏移分析的成分。索拉（Sarlo）在 2011 年的研究中也发现此成分。实验研究发现，P3 在一定程度与心理资源使用量成正相关，当被试做出更多认知努力时，波幅也会越大，N2 与消极情绪加工有关。本实验采用 IBM 公司的 PASW19.0 进行统计分析。

## 二、结果与分析

### （一）行为结果

剔除 1 名数据漂移过大的被试，实验共收集有效数据 19 份，管理道德行为判断反应时为（624±2.35）ms，管理不道德行为判断反应时为（635±3.11）ms，非管理道德决策行为判断反应时为（567±2.98）ms，对上述反应时进行单因素重复测量方差分析发现差异显著，$F_{(2,36)}=8.16$，$P=0.00$。经过比较发现，三者之间均存在显著差异。

### （二）ERPs 脑电成分分析

ERPs 脑电成分分析如图 7-2 所示。

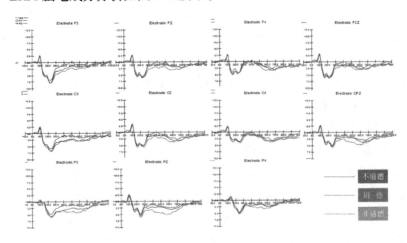

**图 7-2　脑电总平均 1（见彩图）**

### 1. N1 成分分析（如图 7-3 所示）

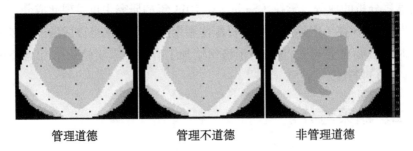

管理道德　　　　　　管理不道德　　　　　　非管理道德

**图 7-3　ERPs 三种决策地形 1（见彩图）**

（1）潜伏期分析。对 N1 潜伏期进行道德决策类型 3（管理道德 vs. 管理不道德 vs. 非管理道德）× 脑电位置 4（左前脑 vs. 右前脑 vs. 左后脑 vs. 右后脑）两因素重复测量方差分析发现，道德决策类型主效应不显著，$F_{(2,36)}$ = 0.507，$P=0.606$（本研究均采用 Greenhouse-Geisser 矫正法矫正）［管理道德 = （102.763 ± 1.151）ms，管理不道德 = （102.895 ± 1.060）ms，非管理道德 = （102.566 ± 0.951）ms］。脑电位置主效应不显著，$F_{(3,54)}$ =0.439，$P=0.574$ ［左前脑 = （102.912 ± 1.253）ms，右前脑 = （102.070 ± 0.959）ms，左后脑 = （102.807 ± 1.274）ms，右后脑 = （103.175 ± 1.322）ms］。道德决策类型与脑

电位置交互作用不显著，$F$（6,108）=1.897，$P$=0.163。

（2）波幅分析。对 N1 波幅进行道德决策类型 3（管理道德 vs. 管理不道德 vs. 非管理道德）× 脑电位置 4（左前脑 vs. 右前脑 vs. 左后脑 vs. 右后脑）两因素重复测量方差分析发现，道德决策类型主效应不显著，$F$（2,36）=0.105，$P$=0.900（本研究均采用 Greenhouse-Geisser 矫正法矫正）［管理道德 =（−2.344±0.492）μV，管理不道德 =（−2.234±0.471）μV，非管理道德 =（−2.458±0.458）μV］。脑电位置主效应不显著，$F$（3,54）=1.729，$P$=0.160 ［左前脑 =（−2.488±0.418）μV，右前脑 =（−2.584±0.445）μV，左后脑 =（−2.243±0.386）μV，右后脑 =（−2.076±0.416）μV］。道德决策类型与脑电位置交互作用不显著，$F$（6,108）=0.804，$P$=0.569。

## 2. N170 成分分析（如图 7-4 所示）

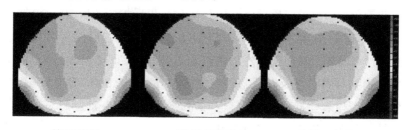

管理道德　　　　　管理不道德　　　　　非管理道德

**图 7-4　ERPs 三种决策地形 2（见彩图）**

（1）潜伏期分析。对 N170 潜伏期进行道德决策类型 3（管理道德 vs. 管理不道德 vs. 非管理道德）× 脑电位置 4（左前脑 vs. 右前脑 vs. 左后脑 vs. 右后脑）两因素重复测量方差分析发现，道德决策类型主效应不显著，$F$（2,36）=0.002，$P$=0.991［管理道德 =（182.697±1.996）ms，管理不道德 =（182.789±2.042）ms，非管理道德 =（182.737±2.461）ms］。脑电位置主效应显著，$F$（3,54）=0.578，$P$=0.005［左前脑 =（179.526±1.958）ms，右前脑 =（186.544±2.443）ms，左后脑 =（180.281±2.296）ms，右后脑 =（184.614±2.712）ms］。

由于主效应显著，对脑电位置事后检验（BONFERRONI 法）发现，左前脑与右前脑差异显著，$P$=0.000，右前脑与左后脑差异显著，$P$=0.001，其他脑区位置差异均不显著。道德决策类型与脑电位置交互作用不显著，$F$（6,108）=1.897，$P$=0.163。

（2）波幅分析。对 N1 波幅进行道德决策类型 3（管理道德 vs. 管理不道德 vs. 非管理道德）× 脑电位置 4（左前脑 vs. 右前脑 vs. 左后脑 vs. 右后脑）两因素重复测量方差分析发现，道德决策类型主效应不显著，$F$（2,36）=0.887，$P$=0.408［管理道德 =（2.888 ± 0.618）μV，管理不道德 =（3.493 ± 0.846）μV，非管理道德 =（3.014 ± 0.533）μV］。脑电位置主效应显著，$F$（3,54）=22.622，$P$=0.000［左前脑 =（4.431 ± 0.636）μV，右前脑 =（2.509 ± 0.711）μV，左后脑 =（3.839 ± 0.644）μV，右后脑 =（1.749 ± 0.642）μV］。道德决策类型与脑电位置交互作用显著，$F$（6,108）=3.066，$P$=0.024。

由于交互作用显著，因此分析简单效应发现，左前脑对道德决策类型简单效应显著，$F$（3,54）=12.06，$P$=0.000。右侧额叶对道德决策类型简单效应显著，$F$（3,54）=16.00，$P$=0.000。

由于简单效应显著，因此对脑电位置进行事后检验（BONFERRONI 法），结果发现，道德决策水平下，左前脑与右前脑及右后脑存在显著差异，$P$=0.000，$P$=0.000，右前脑与左后脑存在显著差异，$P$=0.005。不道德决策水平下，左前脑与右前脑及右后脑存在显著差异，$P$=0.000，$P$=0.000，右前脑与左后脑存在显著差异，$P$=0.0023。非道德水平下，左前脑与右前脑及右后脑存在显著差异，$P$=0.000，$P$=0.001。

### 3. N2 成分分析（如图 7-5 所示）

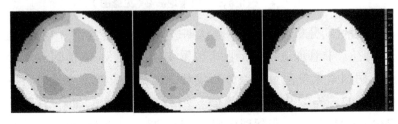

管理道德　　　　　　管理不道德　　　　　　非管理道德

**图 7-5　ERPs 三种决策地形 3（见彩图）**

（1）潜伏期分析。对 N2 潜伏期进行道德决策类型 3（管理道德 vs. 管理不道德 vs. 非管理道德）× 脑电位置 4（左前脑 vs. 右前脑 vs. 左后脑 vs. 右后脑）两因素重复测量方差分析发现，道德决策类型主效应不显著，$F$（2,36）=2.417，$P$=0.104［管理道德 =（306.855 ± 2.699）ms，管理不道德 =（302.118 ± 2.912）ms，非管理道德 =（310.316 ± 2.234）ms］。脑电位置主效应不显著，$F$（3,54）=0.248，$P$=0.793［左前脑 =（305.860 ± 1.855）ms，

右前脑 =（306.281 ± 2.165）ms，左后脑 =（306.140 ± 1.553）ms，右后脑 =（307.439 ± 2.066）ms〕。道德决策类型与脑电位置交互作用不显著，$F$（6,108）=1.068，$P$=0.380。

（2）波幅分析。对 N2 波幅进行道德决策类型 3（管理道德 vs. 管理不道德 vs. 非管理道德）× 脑电位置 4（左前脑 vs. 右前脑 vs. 左后脑 vs. 右后脑）两因素重复测量方差分析发现，道德决策类型主效应显著，$F$（2,36）=3.879，$P$=0.30〔管理道德 =（2.471 ± 1.056）μV，管理不道德 =（1.698 ± 1.010）μV，非管理道德 =（1.149 ± 1.116）μV〕。脑电位置主效应显著，$F$（3,54）=26.137，$P$=0.000〔左前脑 =（3.037 ± 1.078）μV，右前脑 =（0.266 ± 1.164）μV，左后脑 =（2.928 ± 0.963）μV，右后脑 =（0.860 ± 0.989）μV〕。道德决策类型与脑电位置交互作用显著，$F$（6,108）=6.824，$P$=0.000。

由于交互作用显著，因此分析其简单效应，发现道德决策类型与脑电位置简单效应显著，$P$=0.000，道德水平下脑电位置显著，$F$（3,54）=16.00，$P$=0.001，不道德水平下脑电位置显著，$F$（3,54）=16.00，$P$=0.001，非道德水平下脑电位置显著，$F$（3,54）=19.00，$P$=0.000。

左前脑水平下道德决策类型差异显著，$F$（3,54）=8.24，$P$=0.001，右前脑水平下道德决策类型差异不显著，$F$（3,54）=0.496，$P$=0.617，左后脑水平下道德决策类型差异显著，$F$（3,54）=7.98，$P$=0.001，右后脑水平下道德决策类型差异不显著，$F$（3,54）=1.65，$P$=0.206。经过事后比较（BONFERRONI 法）发现，道德决策类型水平下，左前脑与右前脑及右后脑存在显著差异，$P$=0.000，$P$=0.000。左后脑与右前脑存在显著差异，$P$=0.000。不道德类型水平下，左前脑与右前脑及右后脑存在显著差异，$P$=0.000，$P$=0.000。左后脑与右前脑存在显著差异，$P$=0.001。非道德水平下，右后脑与左后脑存在显著差异。左前脑与右后脑水平下，道德决策与不道德决策存在显著差异，$P$=0.003，$P$=0.004，其他差异不显著。

### 4. P1 成分分析（如图 7-6 所示）

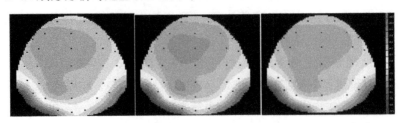

管理道德　　　　　　　管理不道德　　　　　　非管理道德

**图 7-6　ERPs 三种决策地形 4（见彩图）**

（1）潜伏期分析。对 P1 潜伏期进行道德决策类型 3（管理道德 vs. 管理不道德 vs. 非管理道德）× 脑电位置 4（左前脑 vs. 右前脑 vs. 左后脑 vs. 右后脑）两因素重复测量方差分析发现，道德决策类型主效应不显著，$F$（2,36）=0.100，$P$=0.905［管理道德 =（161.250 ± 1.538）ms，管理不道德 =（161.309 ± 1.602）ms，非管理道德 =（160.853 ± 1.721）ms］。脑电位置主效应不显著，$F$（3,54）=0.772，$P$=0.475［左前脑 =（160.333 ± 1.742）ms，右前脑 =（160.647 ± 1.756）ms，左后脑 =（162.333 ± 1.563）ms，右后脑 =（161.235 ± 1.834）ms］。道德决策类型与脑电位置交互作用不显著，$F$（6,108）=1.310，$P$=0.280。

（2）波幅分析。对 P1 波幅进行道德决策类型 3（管理道德 vs. 管理不道德 vs. 非管理道德）× 脑电位置 4（左前脑 vs. 右前脑 vs. 左后脑 vs. 右后脑）两因素重复测量方差分析发现，道德决策类型主效应显著，$F$（2,36）=3.879，$P$=0.030［管理道德 =（4.641 ± 0.502）μV，管理不道德 =（5.338 ± 0.755）μV，非管理道德 =（4.935 ± 0.565）μV］。脑电位置主效应显著，$F$（3,54）=26.137，$P$=0.000［左前脑 =（5.900 ± 0.580）μV，右前脑 =（5.057 ± 0.586）μV，左后脑 =（5.055 ± 0.600）μV，右后脑 =（3.875 ± 0.648）μV］。道德决策类型与脑电位置交互作用显著，$F$（6,108）=6.824，$P$=0.000。

由于上述主效应显著，因此分析简单效应发现，管理不道德决策下，左前脑与右前脑差异显著，$P$=0.004。管理道德决策下，右前脑与左前脑及左后脑差异显著，$P$=0.000，$P$=0.000。非管理道德决策中，右前脑与左前脑及左后脑差异显著，$P$=0.000，$P$=0.012。

在左前脑上，道德决策［$M$=（4.641 ± 0.502）μV］与不道德决策［$M$=（5.338 ± 0.755）μV］波幅差异显著，$P$=0.012。其他电极位置差异不显著。

### 5. P2成分分析（如图7-7所示）

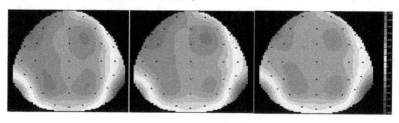

管理道德　　　　　　　管理不道德　　　　　　非管理道德

**图7-7　ERPs三种决策地形5（见彩图）**

（1）潜伏期分析。对P2潜伏期进行道德决策类型3（管理道德 vs. 管理不道德 vs.非管理道德）× 脑电位置4（左前脑 vs. 右前脑 vs. 左后脑 vs. 右后脑）两因素重复测量方差分析发现，道德决策类型主效应显著，$F(2,36)=17.225$，$P=0.00$［管理道德=（239.421±0.895）ms，管理不道德=（246.447±1.604）ms，非管理道德=（226.855±4.420）ms］。脑电位置主效应不显著，$F(3,54)=5.654$，$P=0.002$［左前脑=（233.930±1.991）ms，右前脑=（242.333±1.933）ms，左后脑=（236.281±1.674）ms，右后脑=（237.774±1.383）ms］。道德决策类型与脑电位置交互作用显著，$F(6,108)=26.005$，$P=0.000$。

由于交互作用显著，因此分析简单效应发现，控制脑电位置条件下，道德决策在脑电位置下差异显著，$F(3,54)=23.00$，$P=0.000$。不道德决策在脑电位置下差异显著，$F(3,54)=17.25$，$P=0.000$。非道德决策在脑电位置下差异显著，$F(3,54)=17.86$，$P=0.000$。

对上述差异进行事后检验（BONFERRONI法）发现，道德决策条件下，四个脑电位置都存在显著差异，$P=0.000$。右前脑与右后脑存在显著差异，$P=0.025$。

不道德决策条件下，左前脑与右前脑、右后脑存在显著差异，$P=0.003$，$P=0.003$。右前脑与右后脑存在显著差异，$P=0.000$。非道德条件下，四个脑电位置均差异不显著。控制道德决策类型条件下，左前脑位置对道德决策差异显著，$F(3,54)=32.50$，$P=0.000$，右前脑脑电位置对道德决策差异显著，$F(3,54)=32.50$，$P=0.000$，左后脑脑电位置对道德决策差异显著，$F(3,54)=8.52$，$P=0.001$，右后脑对道德决策差异显著，$F(3,54)=9.32$，$P=0.001$。

对上述差异事后多重比较（BONFERRONI 法）发现，左前脑道德与不道德决策存在显著差异，$P=0.000$，不道德与非道德决策存在显著差异，$P=0.000$。右前脑道德与不道德及非道德存在显著差异，$P=0.000$，$P=0.003$，不道德与非道德之间存在显著差异，$P=0.000$。右后脑道德与非道德存在显著差异，$P=0.036$，道德与不道德存在显著差异，$P=0.036$。左后脑道德与不道德及非道德存在显著差异，$P=0.004$，$P=0.020$。

（2）波幅分析。对 P2 波幅进行道德决策类型 3（管理道德 vs. 管理不道德 vs. 非管理道德）× 脑电位置 4（左前脑 vs. 右前脑 vs. 左后脑 vs. 右后脑）两因素重复测量方差分析发现，道德决策类型主效应显著，$F(2,36)=89.068$，$P=0.00$ ［管理道德 =（$7.454 \pm 0.242$）μV，管理不道德 =（$5.741 \pm 0.288$）μV，非管理道德 =（$4.200 \pm 0.251$）μV］。经过事后多重比较（BONFERRONI 法）发现，道德决策与不道德决策及非道德决策存在显著差异，$P=0.000$，$P=0.000$，不道德决策与非道德决策存在显著差异，$P=0.000$。

脑电位置主效应显著，$F(3,54)=10.090$，$P=0.000$ ［左前脑 =（$6.813 \pm 0.409$）μV，右前脑 =（$5.932 \pm 0.269$）μV，左后脑 =（$5.290 \pm 0.175$）μV，右后脑 =（$5.156 \pm 0.298$）μV］。经过事后多重比较（BONFERRONI 法）发现，左前脑与右后脑、左后脑存在显著差异，$P=0.008$，$P=0.001$，其他差异不显著。道德决策类型与脑电位置交互作用不显著，$F(6,108)=1.438$，$P=0.191$。

### 6. P3 成分分析（如图 7-8 所示）

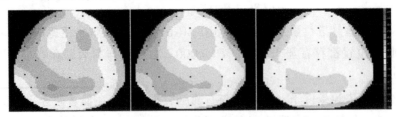

| 管理道德 | 管理不道德 | 非管理道德 |

**图 7-8　ERPs 三种决策地形 6（见彩图）**

（1）潜伏期分析。对 P3 潜伏期进行道德决策类型 3（管理道德 vs. 管理不道德 vs. 非管理道德）× 脑电位置 4（左前脑 vs. 右前脑 vs. 左后脑 vs. 右后脑）两因素重复测量方差分析发现，道德决策类型主效应不显著，$F$

（2,36）=0.220，$P$=0.799［管理道德 =（330.000 ± 2.221）ms，管理不道德 =（330.658 ± 2.280）ms，非管理道德 =（331.974 ± 2.603）ms］。脑电位置主效应不显著，$F$（3,54）=1.214，$P$=0.308［左前脑 =（332.263 ± 1.751）ms，右前脑 =（331.088 ± 1.924）ms，左后脑 =（330.825 ± 1.545）ms，右后脑 =（329.933 ± 2.174）ms］。道德决策类型与脑电位置交互作用显著，$F$（6,108）=4.328，$P$=0.003。

由于交互作用显著，因此分析简单效应发现，控制脑电位置条件下，道德决策在脑电位置下差异显著，$F$（3,54）=6.741，$P$=0.000。不道德决策在脑电位置下差异边缘显著，$F$（3,54）=2.77，$P$=0.051。非道德决策在脑电位置下差异不显著，$F$（3,54）=0.87，$P$=0.460。

对上述差异进行事后检验（BONFERRONI 法）发现，道德决策条件下，不道德决策下左前脑与右后脑存在显著差异，$P$=0.044。道德决策下，右前脑与右前脑差异显著，$P$=0.014。控制道德决策类型条件下，左前脑位置对道德决策差异不显著，$F$（3,54）=0.090，$P$=0.449，右前脑脑电位置对道德决策差异不显著，$F$（3,54）=0.76，$P$=0.477，左后脑脑电位置对道德决策差异不显著，$F$（3,54）=0.59，$P$=0.560，右后脑对道德决策差异不显著，$F$（3,54）=2.17，$P$=0.128。

（2）波幅分析。对 P3 波幅进行道德决策类型 3（管理道德 vs. 管理不道德 vs. 非管理道德）× 脑电位置 4（左前脑 vs. 右前脑 vs. 左后脑 vs. 右后脑）两因素重复测量方差分析发现，道德决策类型主效应显著，$F$（2,36）=4.333，$P$=0.021［管理道德 =（3.130 ± 0.974）μV，管理不道德 =（2.761 ± 1.052）μV，非管理道德 =（1.760 ± 0.979）μV］。经过事后多重比较（BONFERRONI 法）发现，道德决策与不道德决策及非道德决策存在显著差异，$P$=0.000，$P$=0.000，不道德决策与非道德决策存在显著差异，$P$=0.000。

脑电位置主效应显著，$F$（3,54）=22.491，$P$=0.000［左前脑 =（3.878 ± 1.075）μV，右前脑 =（1.176 ± 1.103）μV，左后脑 =（3.677 ± 0.860）μV，右后脑 =（1.469 ± 0.927）μV］。道德决策类型与脑电位置交互作用显著，$F$（6,108）=5.896，$P$=0.000。由于交互作用显著，分析简单效应，控制管理道德因素发现，管理道德水平下脑电位置差异显著，$F$（6,108）=16.02，$P$=0.000，管理不道德水平下脑电位置差异显著，$F$（6,108）=10.03，$P$=0.000，管理非道德水平下脑电位置差异显著，$F$

（6,108）=10.08，$P$=0.000。

　　对上述差异进行事后检验（BONFERRONI 法）发现，管理道德决策下，左前脑与右前脑及右后脑存在显著差异，$P$=0.000，$P$=0.003，右前脑与左后脑差异显著，$P$=0.000，右后脑与右前脑差异显著，$P$=0.000。管理不道德决策下，左前脑与右前脑及右后脑存在显著差异，$P$=0.000，$P$=0.002，右前脑与左后脑差异显著，$P$=0.000。非管理道德决策下，左前脑与右前脑差异显著，$P$=0.10，右后脑与左前脑差异显著，$P$=0.031，右前脑与右后脑差异显著，$P$=0.005。

　　控制脑电位置因素发现，左前脑下管理道德水平差异显著，$F$（6,108）=7.84，$P$=0.001，右前脑下管理道德水平差异不显著，$F$（6,108）=0.37，$P$=0.697，左后脑下管理道德水平差异显著，$F$（6,108）=8.79，$P$=0.001，右后脑下管理道德水平差异不显著，$F$（6,108）=1.65，$P$=0.206。

　　对上述差异进行事后检验（BONFERRONI 法）发现，左前脑管理道德与非管理道德决策差异显著，$P$=0.004，管理不道德与非管理道德决策差异显著，$P$=0.038。左后脑非管理道德决策与管理道德决策，管理不道德决策差异显著，$P$=0.004，$P$=0.005。右前脑与左后脑均差异不显著。

## （三）时间窗平均波幅分析

### 1. 130～180 ms 时间窗分析

　　对 130～180 ms 时间窗内平均波幅进行道德决策类型 3（管理道德 vs. 管理不道德 vs. 非管理道德）× 脑电位置 4（左前脑 vs. 右前脑 vs. 左后脑 vs. 右后脑）两因素重复测量方差分析发现，道德决策类型主效应不显著，$F$（2,36）=2.419，$P$=0.105〔管理道德 =（3.561±0.242）μV，管理不道德 =（4.363±0.678）μV，非管理道德 =（3.383±0.504）μV〕。脑电位置主效应显著，$F$（3,54）=13.262，$P$=0.000〔左前脑 =（4.811±0.513）μV，右前脑 =（3.972±0.527）μV，左后脑 =（3.988±0.557）μV，右后脑 =（2.900±0.618）μV〕。

　　经过事后多重比较（BONFERRONI 法）发现，左前脑与左后脑、右前脑及左后脑都存在显著差异，$P$=0.017，$P$=0.001，$P$=0.002，右前脑与左后脑存在显著差异，$P$=0.036，左后脑与右后脑存在显著差异，$P$=0.023。道德决策类型与脑电位置交互作用不显著，$F$（6,108）=1.194，$P$=0.616。

### 2. 180 ~ 230 ms 时间窗平均波幅分析

对 180 ~ 230 ms 时间窗内平均波幅进行道德决策类型 3（管理道德 vs. 管理不道德 vs. 非管理道德）× 脑电位置 4（左前脑 vs. 右前脑 vs. 左后脑 vs. 右后脑）两因素重复测量方差分析发现，道德决策类型主效应不显著，$F(2,36)=1.188$，$P=0.313$ ［管理道德 =（$4.736 \pm 0.798$）μV，管理不道德 =（$5.406 \pm 0.937$）μV，非管理道德 =（$4.835 \pm 0.733$）μV］。脑电位置主效应显著，$F(3,54)=45.685$，$P=0.000$ ［左前脑 =（$6.843 \pm 0.842$）μV，右前脑 =（$4.012 \pm 0.856$）μV，左后脑 =（$6.007 \pm 0.844$）μV，右后脑 =（$3.108 \pm 0.696$）μV］。道德决策类型与脑电位置交互作用显著，$F(6,108)=3.125$，$P=0.007$。

由于交互作用显著，因此分析简单效应，控制脑电位置条件下，道德决策在脑电位置差异显著，$F(3,54)=22.41$，$P=0.000$，不道德决策在脑电位置差异显著，$F(3,54)=18.61$，$P=0.000$，非道德决策在脑电位置差异显著，$F(3,54)=14.19$，$P=0.000$。

由于上述差异显著，因此进行事后检验（BONFERRONI 法），发现道德决策水平下，左前脑与右前脑、左后脑、右后脑差异显著，$P=0.000$，$P=0.024$，$P=0.000$，右前脑与左后脑差异显著，$P=0.000$。不道德决策水平下，左前脑与右前脑及右后脑差异显著，$P=0.000$，$P=0.000$。右前脑与左后脑差异显著，$P=0.000$。非道德决策水平下，左前脑与右前脑、左后脑、右后脑差异显著，$P=0.000$，$P=0.005$，$P=0.000$，右前脑与左后脑差异显著，$P=0.038$。

控制道德决策类型因素下，左前脑在道德决策类型因素下差异不显著，$F(3,54)=0.58$，$P=0.567$，右前脑在道德决策类型因素下差异不显著，$F(3,54)=1.88$，$P=0.167$，左后脑在道德决策类型因素下差异不显著，$F(3,54)=3.21$，$P=0.124$，右后脑在道德决策类型因素下差异不显著，$F(3,54)=1.54$，$P=0.228$。

### 3. 230 ~ 280 ms 时间窗平均波幅分析

对 230 ~ 280 ms 时间窗内平均波幅进行道德决策类型 3（管理道德 vs. 管理不道德 vs. 非管理道德）× 脑电位置 4（左前脑 vs. 右前脑 vs. 左后脑 vs. 右后脑）两因素重复测量方差分析发现，道德决策类型主效应不显著，$F(2,36)=1.554$，$P=0.225$ ［管理道德 =（$4.542 \pm 1.145$）μV，管理不道德 =（$4.021 \pm 1.205$）μV，非管理道德 =（$3.674 \pm 1.172$）μV］。脑电位置主效应显著，$F(3,54)=26.581$，$P=0.000$［左前脑=（5.618±0.1.238）μV，右前脑=（2.743±1.291）μV，左后脑=（5.127±1.063）μV，右后脑=（2.828±1.057）μV］。道德决策类型与脑电位置交互作用显著，$F(6,108)=4.363$，$P=0.006$。由于交互作用显著，因此分析简单效应，控制脑电位置条件下，道德决策在脑电位置差异显著，$F(3,54)=15.06$，$P=0.000$，不道德决策在脑电位置差异显著，$F(3,54)=11.91$，$P=0.000$，非道德决策在脑电位置差异显著，$F(3,54)=10.02$，$P=0.000$。

由于上述差异显著，因此进行事后检验（BONFERRONI 法），发现道德决策水平下，左前脑与右前脑、右后脑差异显著，$P=0.000$，$P=0.001$，右前脑与左后脑差异显著，$P=0.000$。不道德决策水平下，左前脑与右前脑及右后脑差异显著，$P=0.000$，$P=0.000$，右前脑与左后脑差异显著，$P=0.000$。非道德决策水平下，左前脑与左后脑、右后脑差异显著，$P=0.000$，$P=0.006$，右前脑与左后脑差异显著，$P=0.006$。控制道德决策类型因素下，左前脑、右前脑、左后脑、右后脑在道德决策类型因素下差异均不显著。

### 4. 280～320 ms 时间窗平均波幅分析

对 280～320 ms 时间窗内平均波幅进行道德决策类型 3（管理道德 vs. 管理不道德 vs. 非管理道德）× 脑电位置 4（左前脑 vs. 右前脑 vs. 左后脑 vs. 右后脑）两因素重复测量方差分析发现，道德决策类型主效应显著，$F(2,36)=5.872$，$P=0.007$［管理道德=（3.557±1.016）μV，管理不道德=（2.693±1.009）μV，非管理道德=（1.978±1.091）μV］。脑电位置主效应显著，$F(3,54)=25.056$，$P=0.000$［左前脑=（3.898±1.082）μV，右前脑=（1.268±1.128）μV，左后脑=（3.771±0.950）μV，右后脑=（2.033±0.945）μV］。道德决策类型与脑电位置交互作用显著，$F(6,108)=5.710$，$P=0.000$。由于交互作用显著，因此分析简单效应，控制脑电位置条件下，道德决策在脑电位置差异显著，$F(3,54)=16.02$，$P=0.000$，不道德决策在脑电位置差异显著，$F(3,54)=8.24$，$P=0.000$，非道德决策在脑电位置差异显著，$F(3,54)=13.50$，$P=0.000$。

由于上述差异显著，因此进行事后检验（BONFERRONI 法），发现道德决策水平下，左前脑与右前脑、右后脑差异显著，$P=0.000$，$P=0.006$，右前脑与左后脑差异显著，$P=0.000$。不道德决策水平下，左前脑与右前脑及右后脑差异显著，$P=0.000$，$P=0.000$。右前脑与左后脑及右后脑差异显著，$P=0.000$，$P=0.001$，右前脑与右后脑差异显著，$P=0.000$。非道德决策水平下，左前脑与右前脑差异显著，$P=0.004$，右前脑与左后脑差异显著，$P=0.004$，右后脑与右前脑差异显著，$P=0.002$。控制道德决策类型因素下，左前脑在道德决策类型因素下差异显著，$F_{(3,54)}=8.62$，$P=0.001$，右前脑在道德决策类型因素下差异不显著，$F_{(3,54)}=1.34$，$P=0.274$，左后脑在道德决策类型因素下差异显著，$F_{(3,54)}=9.54$，$P=0.000$，左前脑在道德决策类型因素下差异显著，$F_{(3,54)}=3.80$，$P=0.032$。由于上述差异显著，因此进行事后检验（BONFERRONI 法），发现左前脑下道德决策与非道德决策差异显著，$P=0.003$，右前脑下差异均不显著，左后脑下道德决策与非道德决策差异显著，$P=0.002$，不道德决策与非道德决策差异边缘显著，$P=0.051$，右后脑下道德决策与非道德决策差异显著，$P=0.047$。

### 5. 320～350 ms 时间窗平均波幅分析

对 320～350 ms 时间窗内平均波幅进行道德决策类型 3（管理道德 vs. 管理不道德 vs. 非管理道德）× 脑电位置 4（左前脑 vs. 右前脑 vs. 左后脑 vs. 右后脑）两因素重复测量方差分析发现，道德决策类型主效应显著，$F_{(2,36)}=4.461$，$P=0.020$［管理道德 =（$3.194±0.921$）μV，管理不道德 =（$2.651±0.790$）μV，非管理道德 =（$1.873±0.766$）μV］。脑电位置主效应显著，$F_{(3,54)}=19.488$，$P=0.000$［左前脑 =（$3.856±0.870$）μV，右前脑 =（$1.283±0.871$）μV，左后脑 =（$3.493±0.756$）μV，右后脑 =（$1.659±0.807$）μV］。道德决策类型与脑电位置交互作用显著，$F_{(6,108)}=8.900$，$P=0.000$。由于交互作用显著，因此分析简单效应，控制脑电位置因素下，道德决策在脑电位置差异显著，$F_{(3,54)}=14.69$，$P=0.000$，不道德决策在脑电位置差异显著，$F_{(3,54)}=7.62$，$P=0.000$，非道德决策在脑电位置差异显著，$F_{(3,54)}=11.62$，$P=0.000$。

由于上述差异显著，因此进行事后检验（BONFERRONI 法），发现道德决策水平下，左前脑与右前脑、右后脑差异显著，$P=0.000$，$P=0.004$，右前脑与左后脑差异显著，$P=0.000$，右前脑与右后脑差异显著，$P=0.000$。不道德决策水平下，左前脑与右前脑及右后脑差异显著，$P=0.000$，$P=0.011$，右前脑与左后脑差异显著，$P=0.000$。非道德决策水平下，各个脑电位置差异均不显著。控制道德决策类型因素下，左前脑在道德决策类型因素下差异显著，$F_{(3,54)}=8.69$，$P=0.001$，右前脑在道德决策类型因素下差异不显著，$F_{(3,54)}=0.29$，$P=0.748$，左后脑在道德决策类型因素下差异显著，$F_{(3,54)}=9.38$，$P=0.001$，左前脑在道德决策类型因素下差异显著，$F_{(3,54)}=1.72$，

$P$=0.194。由于上述差异显著，因此进行事后检验（BONFERRONI 法），发现左前脑下道德决策与非道德决策差异显著，$P$=0.001，右前脑下差异均不显著，左后脑下道德决策与非道德决策差异显著，$P$=0.001，不道德决策与非道德决策差异不显著，$P$=0.204。

### 6. 350～650 ms 时间窗平均波幅分析

对 350～650 ms 时间窗内平均波幅进行道德决策类型 3（管理道德 vs. 管理不道德 vs. 非管理道德）× 脑电位置 4（左前脑 vs. 右前脑 vs. 左后脑 vs. 右后脑）两因素重复测量方差分析发现，道德决策类型主效应显著，$F$（2,36）=4.477，$P$=0.019 [管理道德 =（1.613 ± 0.867）μV，管理不道德 =（1.406 ± 0.841）μV，非管理道德 =（0.328 ± 0.824）μV]。脑电位置主效应显著，$F$（3,54）=16.645，$P$=0.000 [左前脑 =（2.354 ± 0.887）μV，右前脑 =（−0.331 ± 0.161）μV，左后脑 =（2.148 ± 0.709）μV，右后脑 =（0.291 ± 0.223）μV]。

道德决策类型与脑电位置交互作用显著，$F$（6,108）=5.721，$P$=0.001。由于交互作用显著，因此分析简单效应，控制脑电位置条件下，道德决策在脑电位置差异显著，$F$（3,54）=13.14，$P$=0.000，不道德决策在脑电位置差异显著，$F$（3,54）=8.94，$P$=0.000，非道德决策在脑电位置差异显著，$F$（3,54）=8.89，$P$=0.000。由于上述差异显著，因此进行事后检验（BONFERRONI 法），发现道德决策水平下，左前脑与右前脑、右后脑差异显著，$P$=0.000，$P$=0.015，右前脑与左后脑差异显著，$P$=0.000。不道德决策水平下，左前脑与右前脑、右后脑差异显著，$P$=0.000，$P$=0.007，右前脑与左后脑差异显著，$P$=0.001。非道德决策水平下，左前脑与左后脑差异显著，$P$=0.027，右前脑与左后脑差异显著，$P$=0.029。控制道德决策类型因素下，左前脑在道德决策类型因素下差异显著，$F$（3,54）=7.26，$P$=0.002，右前脑在道德决策类型因素下差异不显著，$F$（3,54）=0.57，$P$=0.572，左后脑在道德决策类型因素下差异显著，$F$（3,54）=8.87，$P$=0.001，右后脑在道德决策类型因素下差异不显著，$F$（3,54）=1.13，$P$=0.333。由于上述差异显著，因此进行事后检验（BONFERRONI 法），发现左前脑下道德决策与非道德决策差异显著，$P$=0.006，右前脑与右后脑下差异均不显著，左后脑下道德决策与非道德决策差异显著，$P$=0.006，不道德决策与非道德决策差异显著，$P$=0.006。

## 三、讨论

从上述总平均波形中可以看出，个体对不道德词汇的判断与道德词汇的判断差别主要集中于晚期成分（300～650 ms），管理道德词汇判断与管理不道德词汇判断的加工机制在总体上类似，也就是说，它们有着类似的加工过程，与管理道德无关的词汇的波幅与潜伏期相对更小，表明道德的判断过程与普通判断过程存在加大差别。早期 N1 成分的潜伏期与波幅大小差异均不显著，主要是由于 N1 属于注意加工成分①，表现为视觉加工。本研究中出现 N1 说明实验设计是可行的，从地形图上可以看到在道德刺激呈现后的 100 ms 左右，大脑的放电已经发生了变化，道德行为在额叶附近放出了大量的负电，而不道德决策相对更少。当刺激呈现后的 160 ms 左右，出现了一个 P2 成分，在道德与不道德决策上存在差异，不道德决策的波幅更大，道德决策的波幅更小，表明在 160 ms 左右道德加工与不道德加工就已经存在差异。格林（Greene）认为，道德中功利与道义的决策过程是一个同时进行的并行加工过程，道义性决策激活的脑区加工更加复杂，对时间窗进行分析发现其激活大脑的程度与区域相对更多②。刺激呈现后的 240 ms 左右出现了一个正向偏移 P2 成分，道德决策的时间要短于不道德决策的时间，这一成分与情绪加工存在联系③。道德决策进入情绪加工的时间相对更短，而不道德决策情绪加工进入相对缓慢，管理道德决策波幅比管理不道德决策更大。格林双加工理论认为，不道德决策中不会涉及情绪加工，只是基于简单的认知过程④。通过上述实验发现，不道德决策的过程中一样包含情绪加工过程，可能是由于 fMRI 的时间分辨率过低，无法对其进行区分导致的，同时，格林的实验材料

① VOGEL E K, LUCK S J. The visual N1 component as an index of a discrimination process, *Psychophysiology*, 2000, 37（4）：190–123.

② GREENE J D, PAXTON J M. Patterns of neural activity associated with honest and dishonest moral decisions, *Proceedings of the National Academy of Sciences of the United States of America*, 2009, 106（30）：12506–12511.

③ SARLO M, LOTTO L, MANFRINATI A, et al. Temporal dynamics of cognitive-emotional interplay in moral decision-making, *Journal of Cognitive Neuroscience*, 2011, 24（4）：1–12.

④ GREENE J D. Why are VMPFC patients more utilitarian? A dual-process theory of moral judgment explains, *Trends in Cognitive Sciences*, 2007, 11（8）：322–323.

情感界定不清，会导致其加工差异①。

道德与不道德决策中 P3 波幅差异比较显著，P3 成分容易受情绪效价影响②，情绪效价越大，其波幅相对越大。上述实验发现，道德与不道德管理行为及非道德管理行为之间的 P3 差异较大，管理道德决策波幅最大，管理不道德决策波幅较小，此时认知控制加工对不道德决策影响较大，P3 对负性情绪较为敏感，但是不道德行为引起的负性情感小于道德行为。本研究中主要是由被试评价道德词汇是否合理，其个人卷入度较低导致，情绪加工的 P3 波幅相对较小。但管理不道德决策与非管理道德决策相比波幅也比较大，说明整个过程并非单纯意义上的认知控制加工，其中还包括了情绪加工成分。从 230～280 ms 时间窗平均波幅的比较中，也能发现道德与不道德及非道德行为之间的差别，地形图中非道德决策激活的位置与道德及不道德相比更小，即大脑激活程度更小，道德决策的激活程度与不道德决策激活程度类似，但在不同的脑区位置上表现出很大差异，左前脑位置相对激活程度更大，由于背外侧前额叶（DLPFC）、腹内侧前额叶（VMPFC）位于左前额叶附近，相对其激活的程度也更大，其余情绪加工过程比较密切。通过 PLC（晚期正成分）分析可以看到，管理道德决策的脑激活程度越来越小，而管理不道德决策的激活程度相对更大，笔者认为这是由于此时情绪加工变得更加平稳，而不道德决策中的认知加工更加活跃，因此，其中交互存在着两种效应的加工，导致其激活程度更大。

索拉认为，P2 成分在道德判断中与消极情绪加工存在正向连接，但是在普通的道德词汇判断中也表现出 P2 成分。笔者认为，本研究中采用的实验材料（诚信经营）在道德意义上的评价较少涉及消极情绪，因此把 P2 成分简单认为是消极情绪加工有待考察。

## 四、小结

通过上述实验与分析，可以得出以下结论：①道德决策与不道德决策神

① McGUIRE J, LANGDON R, COLTHEAR T M, et al. A reanalysis of the personal/impersonal distinction in moral psychology research, *Journal of Experimental Social Psychology*, 2009, 45（3）: 577-580.

② YEUNG N, SANFEY A G. Independent coding of reward magnitude and valence in the human brain, *Journal of Neuroscience*, 2004, 24（28）: 6258-6264.

经时间加工进程较为一致；②道德决策激活了更多的大脑区域；③道德决策相对更加复杂。但是，研究中对 P2 成分的解释存在异议，导致差异的原因可能是索拉的研究要求个体在实验中做出决策，即面对一个道德困境，要求被试面对这一困境做出选择，这一过程中激活的情绪加工会更多。

因此，本研究预采用与索拉类似的研究方式，对自身道德决策进行分析，同时在增加认知负荷条件下分析其道德加工差异。

# 第二节　实验二：情境负荷下管理道德决策神经机制

道德决策中格林的双加工理论[①]以及海德的认知情绪整合理论均指出了情绪与认知的作用[②]。海德认为道德决策中情绪具有一定程度的主导作用，情绪对道德决策结果具有预测作用，人们是基于情绪导向的。格林采用 fMRI 通过神经学影像学技术分析道德决策中情感的作用发现，功利决策与道义决策激活的脑区程度不同，与情绪相关的道义决策激活了杏仁核、内侧前额叶等区域，功利决策激活了背外侧前额叶、ACC 等与认知控制与加工相关的脑区，但 ACC 在情绪与认知中充当的角色比较复杂，不仅与认知加工、冲突监测有关，还与情绪加工存在关系[③]。个体在面对冲突的过程中，会产生焦虑、紧张等负性情绪体验。上述研究都是以道德判断过程来推断认知加工的作用，要证实认知加工的作用，最为直接的方法莫过于通过控制认知负荷，来观察认知负荷下道德决策的神经加工机制。上述理论都强调认知控制加工的影响，当个体讨论兄妹接吻为什么是错的时候，很多人都无法回答。但是，

① GREENE J D, SOMMERVILLE R B, NYSTROM L E, et al. An fMRI investigation of emotional engagement in moral judgment, *Science*, 2001, 293（5537）: 2105–2108.

② HAIDT J. The emotional dog and its rational tail: A social intuitionist approach to moral judgment, *Psychological Review*, 2001, 108（4）: 814–834.

③ ETKIN A, EGNER T, PERAZA D M, et al. Resolving emotional conflict: A role for the rostral anterior cingulate cortex in modulating activity in the amygdala, *Neuron*, 2006, 52（6）: 871–882.

如果面对购买一样产品，而货架上摆放了很多一样的产品时，右利手倾向于拿右手边的，左利手倾向于拿左手边的，但是当问及原因时，个体会找很多理由来解释自己行为的合理性，也就是人们说的"事后诸葛亮"，因此，道德决策中有可能过于高估了认知控制的作用。道德直觉自动化加工过程是否一定存在情绪因素，面对知识常识性问题，需要内隐记忆自动化加工，其中却并不存在情绪问题。海德和格林认为，道德决策的功利与道义产生的情绪加工有可能是由于道德决策实验材料导致的，而且格林采用的 fMRI 研究时间分辨率过低，其无法对道德功利与道义问题时间进行判断。个体面对双趋冲突与双避冲突时一样会激活与情绪加工相关的决策反应，道德两难问题在个体决策中产生的冲突有可能导致其产生焦虑、紧张等负性情绪体验，非道德决策本身的问题。而现实中个体面对的道德问题并非都是基于上述道德两难的，判断一个人随地吐痰与见义勇为、一个企业的背信弃义与诚信经营，或许不会在判断中产生冲突，人类在学习过程中存在陈述性加工与程序性加工，常见的道德问题已经内化，基于记忆的自动化加工过程就能判断道德与否。或许自动记忆加工要更加早于情绪判断，情绪判断的时间要晚于道德决策，情绪体验产生前个体就已经做出道德决策了，其后的情绪只是对其的评估过程而已。当看到"假冒伪劣"时个体就已经做出道德判断了，其后才产生厌恶情绪体验。

本研究通过控制认知负荷因素，探讨认知负荷下个体管理道德决策的加工机制。按照认知资源有限理论，个体认知资源加工有限，如果个体进行认知控制的加工，会影响情绪的加工过程，通过情境负荷增加进而影响情绪加工。实验一对道德决策进行了初步分析，发现在无任何道德情境下，个体的道德与不道德判断存在差异，但是对认知加工与情绪加工还存在不足，本实验通过设计道德情境分析个体在道德判断中的神经加工机制，通过提供情境信息，增加认知负荷，进而影响其认知控制加工过程，进一步分析管理道德决策神经进程。本研究认为个体在自己做出决策的过程中，由于受道德情境的影响，其情绪加工会比较大，同时由于社会期许的影响，其决策的反应时间与脑电潜伏期及波幅都会存在极大差异。本研究中采用经典的 Go-Nogo 范式，实验设计为单因素被试内设计，对道德行为个体做出按键反应，对不道德行为不按键。

# 一、方法

## （一）被试

某大学管理学院 22 名被试，男 10 人，女 12 人，年龄（22±1.09）岁，其裸视视力或矫正视力都在 1.0 以上，观看道德决策实验材料时无视觉障碍。被试均为右利手者，身体康健，无重大头部伤害也无精神方面疾病，实验前无参加过类似实验，并均获得其知情同意，实验完成后给予少量报酬。

## （二）实验材料与设计

实验设计为道德决策类型：道义性决策 vs. 功利性决策的单因素实验设计，管理道德实验材料按照被试，分为道义性决策和功利性决策两种。例如，公司老板要求财务总监小王通过虚增费用支出，减少公司利润，达到偷税的效果，如果小王不做，老板会扣除其年终奖金。决策选择为两种，一种是偷税漏税，另一种是坚决反对。由被试觉得是否道德，如果小王选择坚决反对，即为道义性决策；选择偷税漏税，即为功利性决策。采用已经标准化的 96 条管理道德决策两难问题作为实验材料（实验材料请见第六章预实验），字数限制在 60±4 范围。

## （三）实验程序

被试距离电脑屏幕约 80 厘米，水平视角为 1.5 度，垂直视角大约在 1.5 度。实验采用经典的 Go-Nogo 范式，实验过程中，试次（trail）随机呈现给被试。实验分为练习与正式实验部分。实验每 30 试次被试可选择性休息 2~5 分钟，被试在实验室休息。被试坐在屏幕前面，告知被试指导语"您好，欢迎参加本次实验。实验过程中，你会看到一段与管理相关的道德问题，看完问题后请按'1'键结束，接着你会看到一条故事中主角的选择，如果主人公做出的选择是道德的，请按'1'，如果是不道德的，请不要按键。实验共有 6 个部分，其中第一部分为练习，每个部分结束后可休息 4 分钟，同时你做出的任何选择都会保密，如果明白上述指导语，请按空格键开始实验"。

每次实验开始前，呈现给被试 2000 ms 的"+"，要求被试注视"+"，然后随机呈现 600~800 ms 空屏，紧接着呈现一个管理道德困境，等看完道德困境后，被试按"1"进入下一个屏幕，显示"他（她）的选择是："，呈现时间为1s，然后进入下一屏幕中，呈现"+"，时间为1000ms，结合随机呈现600~800ms空屏，随后呈现故事中主人公的决策，时间为3s。由被试按键反应，认为是道德决策按下"1"，不道德则不按键，然后进入下一个试次。实验程序由E-prime2.0编写，自动记录EEG脑电数据，并标记。实验流程如图7-9所示。

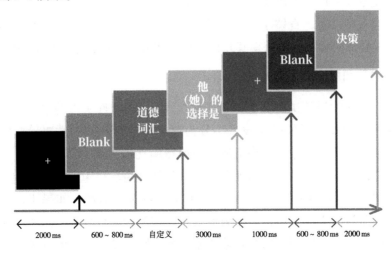

图7-9　实验二流程

## （四）EEG数据记录与分析

被试坐在光线较为阴暗的隔音室中，脑电数据采集设备为美国Neuroscan公司生产的事件相关电位设备（ERPs），采用国际10-20系统扩展导联的64导EEG电极帽收集EEG数据。离线处理将所有电极的数据与双侧乳突的平均值进行参考。同时，记录垂直眼电（VEOG）和水平眼电（HEOG），分别置于两侧外眦（HEOG）1厘米处和一只眼睛的垂直上下（VEOG）2厘米处。滤波带宽为0.05~100Hz，头皮电阻小于5kΩ，连续采样频率为500Hz。对数据进行离线分析，并对眼电伪迹进行校准。低波滤波带宽为20Hz，自动排出波幅大于±80μV的脑电数据。

实验依据刺激呈现时间分段，为刺激前100ms（基线）到刺激呈现后的1000ms。根据以往的研究，选择F1、F2、F3、F4、F5、F6、C1、C2、C3、C4、C5、C6等位置，电极位置进行2（功利决策 vs. 道义决策）×4（左前脑 vs. 右前脑 vs. 左后脑 vs. 右后脑）两因素重复测量方差分析。道德决策ERPs的研究较少，其成分不多，通过总平均图，本研究发现在刺激呈现后的250ms左右，出现一个正向偏移成分分析的成分。采用 IBM 公司的 PASW19.0 进行分析。

## 二、结果与分析

### （一）行为结果

从 22 名被试的数据中剔除 2 名数据漂移过大、1 名由于身体原因无法完成实验的被试的数据。其中，观看主人公做出道义决策次数为 48 次、功利性决策为 48 次。

### （二）ERPs 脑电成分分析

ERPs 脑电成分分析如图 7-10 所示。

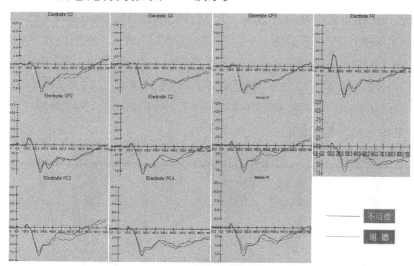

**图 7-10　ERPs 管理道德与不道德决策总平均（见彩图）**

### 1. N1 成分分析（如图 7-11 所示）

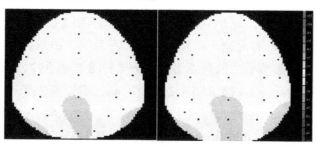

不道德决策　　　　　　　　道德决策

**图 7-11　不道德与道德行为决策地形 1（见彩图）**

（1）潜伏期分析。对N1潜伏期进行道德类型2（道德 vs. 不道德）×电极4（左前脑 vs. 右前脑 vs. 左后脑 vs. 右后脑）的双因素重复测量方差分析发现，道德类型主效应不显著，$F(1,18)=0.790$，$P=0.386$［道德决策平均潜伏期＝（110.303±1.750）ms，不道德决策平均潜伏期＝（111.434±1.833）ms］。电极位置主效应不显著，$F(3,54)=1.117$，$P=0.350$［左前脑＝（111.447±1.696）ms，右前脑＝（110.721±1.679）ms，左后脑＝（111.342±1.837）ms，右后脑＝（110.263±1.780）ms］，交互作用不显著，$F(3,54)=0.734$，$P=0.403$。

（2）波幅分析。对N1平均波峰进行道德类型2（道德 vs. 不道德）×电极4（左前脑 vs. 右前脑 vs. 左后脑 vs. 右后脑）的双因素重复测量方差分析发现，道德类型主效应不显著，$F(1,18)=1.716$，$P=0.207$［道德＝（−1.383±0.472）μV，不道德＝（−1.697±0.427）μV］。电极位置主效应不显著，$F(3,54)=0.536$，$P=0.660$［左前脑＝（−1.405±0.529）μV，右前脑＝（−1.483±0.475）μV，左后脑＝（−1.765±0.421）μV，右后脑＝（−1.507±0.456）μV］。交互作用不显著，$F(3,54)=0.388$，$P=0.762$。

### 2. N170成分分析（如图7-12所示）

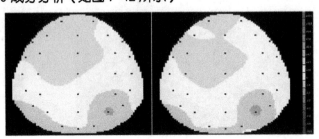

不道德决策　　　　　　　　道德决策

**图7-12　不道德与道德行为决策地形2（见彩图）**

（1）潜伏期分析。对N170潜伏期进行道德类型2（道德 vs. 不道德）×电极4（左前脑 vs. 右前脑 vs. 左后脑 vs. 右后脑）的双因素重复测量方差分析发现，道德类型主效应不显著，$F(1,18)=0.392$，$P=0.539$［道德决策平均潜伏期＝（174.816±2.098）ms，不道德决策平均潜伏期＝（176.263±1.840）ms］。电极位置主效应不显著，$F(3,54)=1.281$，$P=0.290$［左前脑＝（174.237±2.126）ms，右前脑＝（175.711±2.374）ms，左后脑＝（175.711±2.373）ms，右后脑＝（174.553±2.126）ms］，交互作用不显著，

$F$（3,54）=1.591，$P$=0.202。

（2）波幅分析。对 N170 平均波峰进行道德类型 2（道德 vs. 不道德）× 电极 4（左前脑 vs. 右前脑 vs. 左后脑 vs. 右后脑）的双因素重复测量方差分析发现，道德类型主效应显著，$F$（1,18）=1.162，$P$=0.295［不道德 =（0.369±0.425）μV，道德 =（0.659±0.362）μV］。电极位置主效应显著，$F$（3,54）=6.987，$P$=0.002［左前脑 =（−0.426±0.425）μV，右前脑 =（0.081±0.370）μV，左后脑 =（1.037±0.497）μV，右后脑 =（1.364±0.454）μV］。

由于主效应显著，经事后检验（BONFERRON 法）发现，不道德决策中右后脑［$M$=（1.142±0.549）μV］与左后脑［$M$=（−0.646±0.558）μV］差异显著，$P$=0.000。道德决策中右后脑［$M$=（1.245±0.549）μV］与左后脑［$M$=（−0.646±0.558）μV］差异显著，$P$=0.003。右后脑［$M$=（−0.265±0.392）μV］与左前脑［$M$=（1.483±0.497）μV］差异显著，$P$=0.021；交互作用不显著，$F$（3,54）=1.275，$P$=0.292。

3. N2 成分分析（如图 7-13 所示）

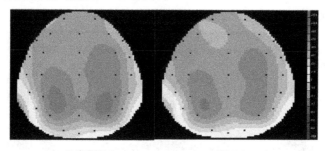

不道德决策　　　　　道德决策

图 7-13　不道德与道德行为决策地形 3（见彩图）

（1）潜伏期分析。对 N2 潜伏期进行道德类型 2（道德 vs. 不道德）× 电极 4（左前脑 vs. 右前脑 vs. 左后脑 vs. 右后脑）的双因素重复测量方差分析，发现道德类型主效应不显著，$F$（1,18）=0.173，$P$=0.683［道德决策平均潜伏期 =（299.539±3.351）ms，不道德决策平均潜伏期 =（300.947±30383）ms］。电极位置主效应不显著，$F$（3,54）=0.679，$P$=0.571［左前脑 =（300.368±3.255）ms，右前脑 =（300.477±3.410）ms，左后脑 =（301.000±3.392）ms，右后脑 =（298.237±3.605）ms］，交互作用不显著，$F$（3,54）=2.778，$P$=0.059。

（2）波幅分析。对 N2 波幅进行道德类型 2（道德 vs. 不道德）× 电极 4（左前脑 vs. 右前脑 vs. 左后脑 vs. 右后脑）的双因素重复测量方差分析发现，道德类型主效应显著，$F$（1,18）=4.485，$P$=0.048 ［不道德 =（3.288±0.437）μV，道德 =（3.947±0.510）μV］。电极位置主效应显著，$F$（3,54）=15.071，$P$=0.000 ［左前脑 =（1.965±0.704）μV，右前脑 =（2.694±0.396）μV，左后脑 =（4.773±0.6327）μV，右后脑 =（5.094±0.704）μV］，道德类型与电极位置交互作用不显著，$F$（3,54）= 2.079，$P$=0.114。

由于电极主效应显著，因此对电极位置事后多重比较（BNF），不道德决策下，左后脑 ［$M$=（1.876±0.437）μV］与左前脑 ［$M$=（4.629±0.623）μV］、右前脑 ［$M$=（4.799±0.475）μV］差异显著，$P$=0.000，$P$=0.001。道德决策下，左后脑 ［$M$=（2.054±0.437）μV］与左前脑 ［$M$=（4.916±0.728）μV］、右前脑 ［$M$=（5.389±0.701）μV］差异显著，$P$=0.001，$P$=0.009。右后脑的不道德 ［$M$=（4.629±0.623）μV］与道德 ［$M$=（4.916±0.28）μV］决策差异显著，$P$=0.007。

### 4. P1 成分分析（如图 7-14 所示）

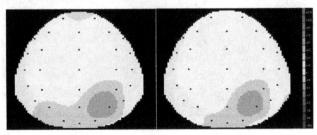

不道德决策　　　　　　　　道德决策

**图 7-14　不道德与道德行为决策地形 4（见彩图）**

（1）潜伏期分析。对 P1 潜伏期进行道德类型 2（道德 vs. 不道德）× 电极 4（左前脑 vs. 右前脑 vs. 左后脑 vs. 右后脑）的双因素重复测量方差分析发现，道德类型主效应不显著，$F$（1,18）=0.095，$P$=0.762 ［不道德决策平均潜伏期 =（161.711±1.705）ms，道德决策平均潜伏期 =（162.013±1.705）ms］。电极位置主效应显著，$F$（3,54）=5.113，$P$=0.006 ［左前脑 =（164.211±1.806）ms，右前脑 =（160.799±1.825）ms，左后脑 =（163.263±1.894）ms，右后脑 =（159.184±1.889）ms］，电极位置主效应显

著。对4个电极位置进行分析发现，各个脑区之间并无差异。道德决策与电极位置交互作用不显著，$F_{(3,54)}$=1.209，$P$=0.315。

（2）波幅分析。对P1波幅进行道德类型2（道德 vs. 不道德）×电极4（左前脑 vs. 右前脑 vs. 左后脑 vs. 右后脑）的双因素重复测量方差分析发现，道德类型主效应不显著，$F_{(1,18)}$=0.140，$P$=0.713［道德=（2.264±0.538）μV，不道德=（2.431±0.785）μV］。电极位置主效应不显著，$F_{(3,54)}$=2.642，$P$=0.189［左前脑=（2.642±0.648）μV，右前脑=（2.466±0.705）μV，左后脑=（2.655±0.613）μV，右后脑=（1.628±0.738）μV］，道德类型与电极位置交互作用不显著，$F_{(3,54)}$=1.143，$P$=0.340。

### 5. P2成分分析（如图7-15所示）

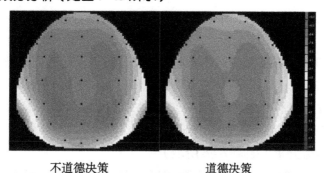

不道德决策　　　　　　　　道德决策

**图7-15　不道德与道德行为决策地形5（见彩图）**

（1）潜伏期分析。对P2潜伏期进行道德类型2（道德 vs. 不道德）×电极4（左前脑 vs. 右前脑 vs. 左后脑 vs. 右后脑）的双因素重复测量方差分析发现，道德类型主效应不显著，$F_{(1,18)}$=1.115，$P$=0.305［不道德决策平均潜伏期=（250.474±2.138）ms，道德决策平均潜伏期=（248.912±2.596）ms］。电极位置主效应显著，$F_{(3,54)}$=13.779，$P$=0.003［左前脑=（260.974±1.429）ms，右前脑=（248.684±2.168）ms，左后脑=（244.132±3.634）ms，右后脑=（345.000±3.696）ms］。道德决策与电极位置交互作用显著，$F_{(3,54)}$=8.129，$P$=0.000。

因此，分析简单效应发现，电极条件下，左后脑不道德［$M$=（266.368±1.996）ms］与道德［$M$=（255.579±1.464）ms］决策P2潜伏期差异显著，$P$=0.000。左前脑不道德［$M$=（242.421±3.822）ms］与道德［$M$=（245.824±3.598）ms］决策P2潜伏期差异显著，$P$=0.036。不道德决策在左后

脑［*M*=（266.368±1.996）ms］与左前脑［*M*=（250.842±1.739）ms］、右前脑
［*M*=（242.421±3.822）ms］、右后脑［*M*=（242.263±4.409）ms］差异显
著，*P*=0.000，*P*=0.000，*P*=0.000。道德决策在四个脑电位置差异不显著。

（2）波幅分析。对 P2 波幅进行道德类型 2（道德 vs. 不道德）× 电
极 4（左前脑 vs. 右前脑 vs. 左后脑 vs. 右后脑）的双因素重复测量方差分
析发现，道德类型主效应显著，$F(1,18)=48.587$，*P*=0.000［不道德 =
（5.212±0.188）μV，道德 =（6.901±0.284）μV］。电极位置主效应不
显著，$F(3,54)=0.447$，*P*=0.720［左前脑 =（5.797±0.206）μV，右
前脑 =（6.142±0.277）μV，左后脑 =（6.183±0.304）μV，右后脑 =
（6.104±0.411）μV］，道德类型与电极位置交互作用显著，$F(3,54)=$
5.770，*P*=0.002。

由于交互作用显著，因此分析简单效应发现，左前脑在不道德决策
［*M*=（4.432±0.221）μV］与道德决策［*M*=（7.162±0.265）μV］差异
显著，*P*=0.000。右前脑差异不显著，*P*=0.286。左后脑不道德决策［*M*=
（5.181±0.338）μV］与道德决策［*M*=（7.184±0.383）μV］差异显著，
*P*=0.000，右后脑不道德决策［*M*=（5.308±0.390）μV］与道德决策［*M*=
（6.916±0.598）μV］差异显著，*P*=0.014。

### 6. P3 成分分析（如图 7-16 所示）

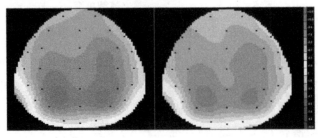

不道德决策　　　　　　　　　道德决策

**图 7-16　不道德与道德行为决策地形 6（见彩图）**

（1）潜伏期分析。对 P3 潜伏期进行道德类型 2（道德 vs. 不道德）×
电极 4（左前脑 vs. 右前脑 vs. 左后脑 vs. 右后脑）的双因素重复测量方
差分析发现，道德类型主效应不显著，$F(1,18)=0.644$，*P*=0.433［不
道德决策平均潜伏期 =（335.895±2.366）ms，道德决策平均潜伏期 =
（334.184±2.300）ms］。电极位置主效应显著，$F(3,54)=0.926$，*P*=0.417

［左前脑=（224.605±2.603）ms，右前脑=（334.168±2.667）ms，左后脑=（334.289±2.383）ms，右后脑=（337.105±1.907）ms］。道德类型与电极位置交互作用不显著，$F$（3,54）=0.926，$P$=0.400。

（2）波幅分析。对 P3 波幅进行道德类型 2（道德 vs. 不道德）× 电极 4（左前脑 vs. 右前脑 vs. 左后脑 vs. 右后脑）的双因素重复测量方差分析发现，道德类型主效应显著，$F$（1,18）=10.1765，$P$=0.005［不道德=（4.985±0.259）μV，道德=（5.961±0.179）μV］。电极位置主效应显著，$F$（3,54）=5.669，$P$=0.008［左前脑=（6.177±0.201）μV，右前脑=（4.915±0.255）μV，左后脑=（4.771±0.221）μV，右后脑=（6.0264±0.485）μV］。

经过事后检验多重比较（BONFERRONI 法）发现，左后脑不道德［$M$=（5.565±0.248）μV］与道德［$M$=（6.790±0.311）μV］决策差异显著，$P$=0.006，左前脑不道德［$M$=（4.342±0.214）μV］与道德［$M$=（5.201±0.333）μV］决策差异显著，$P$=0.023，右后脑不道德［$M$=（4.375±0.194）μV］与道德［$M$=（5.455±0.431）μV］决策差异显著，$P$=0.024，道德类型与电极位置交互作用不显著，$F$（3,54）=0.157，$P$=0.867。

## （三）时间窗平均波幅分析

### 1. 130～180 ms 时间窗平均波幅分析

对 130～180 ms 内的平均波幅进行道德类型 2（道德 vs. 不道德）× 电极 4（左前脑 vs. 右前脑 vs. 左后脑 vs. 右后脑）的双因素重复测量方差分析发现，道德决策主效应不显著，$F$（1,18）=0.292，$P$=0.596［道德=（0.524±0.541）μV，不道德=（0.326±0.784）μV］。电极位置主效应显著，$F$（3,54）=4.083，$P$=0.024［左前脑=（0.754±0.635）μV，右前脑=（0.457±0.722）μV，左后脑=（0.686±0.591）μV，右后脑=（−0.197±0.659）μV］。经过事后检验（LSD）发现，左前脑与右后脑脑电位置存在显著差异，$P$=0.031，右前脑与右后脑脑电位置存在显著差异，$P$=0.004，左后脑与右后脑之间存在显著差异，$P$=0.047。道德类型与电极位置交互作用不显著，$F$（3,54）=0.754，$P$=0.469。

### 2. 180～230 ms 时间窗分析

对 180～230 ms 内的平均波幅进行道德类型 2（道德 vs. 不道德）× 电极 4（左前脑 vs. 右前脑 vs. 左后脑 vs. 右后脑）的双因素重复测量方差

分析发现，道德决策主效应不显著，$F(1,18)=2.690$，$P=0.118$［道德 =（4.185±0.743）μV，不道德 =（3.605±0.765）μV］。电极位置主效应显著，$F(3,54)=6.088$，$P=0.004$［左前脑 =（4.535±0.717）μV，右前脑 =（3.017±0.890）μV，左后脑 =（4.923±0.850）μV，右后脑 =（3.097±0.771）μV］。经过事后检验（LSD）发现，左前脑与右前脑、右后脑脑电位置存在显著差异，$P=0.044$，$P=0.013$，右前脑与右后脑脑电位置存在显著差异，$P=0.013$，左后脑与右后脑之间存在显著差异，$P=0.001$。道德类型与电极位置交互作用不显著，$F(3,54)=0.852$，$P=0.437$。

### 3. 230～280 ms 时间窗分析

对 230～280 ms 内的平均波幅进行道德类型 2（道德 vs. 不道德）×电极 4（左前脑 vs. 右前脑 vs. 左后脑 vs. 右后脑）的双因素重复测量方差分析发现，道德决策主效应不显著，$F(1,18)=2.691$，$P=0.1189$［道德 =（4.183±0.743）μV，不道德 =（3.605±0.765）μV］。电极位置主效应显著，$F(3,54)=6.088$，$P=0.004$［左前脑 =（4.932±0.850）μV，右前脑 =（3.097±0.771）μV，左后脑 =（3.017±0.890）μV，右后脑 =（4.535±0.717）μV］。道德类型与电极位置交互作用不显著，$F(3,54)=0.852$，$P=0.,472$。

由于电极主效应显著，因此事后多重检验分析发现，道德决策中左前脑［$M=(5.101±0.876)$μV］与右前脑［$M=(3.348±0.784)$μV］差异显著，$P=0.011$。不道德决策左前脑［$M=(4.762±0.860)$μV］与右后脑［$M=(2.594±0.934)$μV］、右前脑［$M=(2.847±0.801)$μV］差异显著，$P=0.039$，$P=0.008$。

### 4. 280～320 ms 时间窗分析

对 280～320 ms 内的平均波幅进行道德类型 2（道德 vs. 不道德）×电极 4（左前脑 vs. 右前脑 vs. 左后脑 vs. 右后脑）的双因素重复测量方差分析发现，道德决策主效应显著，$F(1,18)=5.393$，$P=0.032$［道德 =（5.479±0.611）μV，不道德 =（4.986±0.644）μV］。电极位置主效应不显著，$F(3,54)=2.352$，$P=0.115$［左前脑 =（4.703±0.700）μV，右前脑 =（4.283±0.720）μV，左后脑 =（5.757±0.622）μV，右后脑 =（6.187±0.765）μV］。经过事后检验（LSD）发现，右后脑的道德［$M=(6.496±0.863)$μV］与不道德［$M=(5.163±0.977)$μV］决策差异显著，$P=0.031$，道德类型与电极位置交互作用不显著，$F(3,54)=0.942$，$P=0.394$。

### 5. 320～350 ms 时间窗分析

对 320～350 ms 内的平均波幅进行道德类型 2（道德 vs. 不道德）×电极 4（左前脑 vs. 右前脑 vs. 左后脑 vs. 右后脑）的双因素重复测量方差分析发现，道德决策主效应显著，$F(1,18)=0.980$，$P=0.336$［道德＝（5.570±0.766）μV，不道德＝（5.122±0.739）μV］。电极位置主效应不显著，$F(3,54)=5.098$，$P=0.015$［左前脑＝（4.567±0.812）μV，右前脑＝（4.204±0.848）μV，左后脑＝（5.987±0.745）μV，右后脑＝（6.624±0.945）μV］。经过事后检验（LSD）发现，左前脑与右前脑、右后脑脑电位置存在显著差异，$P=0.003$，$P=0.035$，右前脑与左后脑、右后脑脑电位置存在显著差异，$P=0.032$，$P=0.000$。道德类型与电极位置交互作用不显著，$F(3,54)=0.586$，$P=0.554$。

### 6. 350～650 ms 时间窗分析

对 350～650 ms 内的平均波幅进行道德类型 2（道德 vs. 不道德）×电极 4（左前脑 vs. 右前脑 vs. 左后脑 vs. 右后脑）的双因素重复测量方差分析发现，道德决策主效应不显著，$F(1,18)=0.153$，$P=0.700$［道德＝（4.894±0.776）μV，不道德＝（5.122±0.739）μV］。电极位置主效应不显著，$F(3,54)=4.650$，$P=0.020$［左前脑＝（4.213±0.809）μV，右前脑＝（4.041±0.857）μV，左后脑＝（5.467±0.733）μV，右后脑＝（6.312±0.883）μV］。经过事后检验（LSD）发现，左前脑与右前脑、右后脑脑电位置存在显著差异，$P=0.009$，$P=0.025$，右前脑与右后脑脑电位置存在显著差异，$P=0.001$。道德类型与电极位置交互作用不显著，$F(3,54)=2.171$，$P=0.103$。

## 三、讨论

基于情境负荷下的道德决策与不道德决策神在经加工初期并没有区别，N1 潜伏期与波幅交互作用并不显著，N1 在本研究中作为注意加工指标，表明研究设计较为合理。在 170 ms 的时候出现了一个 N170 成分道德与不道德潜伏期无差异，但其波幅差异较大，研究发现，这一差异主要集中于位置效应上，不道德决策与道德决策都有其加工位置，前额叶附近激发了一个较大的正成分，但在右后脑产生了一个抑制过程。管理道德与不道德决策之间依然无差别。刺激呈现后的 250 ms 左右出现了一个正向偏移，道德与不道德决策的加工存在较大差别，不道德的平均潜伏期更长，而道德的平均潜伏期更短，并且在左前脑、左后脑及右后脑都存在差别。在实验一中，笔者发现即使没有情境负荷，道德决策其潜伏期相对短，当增加情境负荷时潜伏期虽然增加，但是依然比不道德决策短，这是由于情境负荷导致其情绪加工受到影响[1]，而且增加认知负荷导致更大的负性情绪体验[2][3]。格林认为，道德直觉加工过程中，认知控制只会影响不道德决策的加工，但上述实验表明，增加认知负荷同样会影响道德决策的情绪体验，其道德判断的潜伏期增加，对不道德的行为个体的负性情绪体验应该更多。在波幅上道德决策比不道德决策更大，这是因为道德的判断依然是基于情绪驱动的，但是由于受认知因素的影响，其认知负荷增加。P2 这一成分与负性情绪体验相关[4]，也就是说不道德的行为更容易引起负性情绪体验[5]，道德行为会引起个体情绪体验，像诚信经营，引起的应该是正性情绪体验，因此，P2 这一脑电成分，并非索拉认为的负性情绪的标志。P2 成分或许代表了情绪的识别过程，评价他人不道德行为更容易受负性情绪的影响，导致波幅更小，负性情绪加工速度更快，由于正性情绪加工[6]，负性情绪受情境负荷的影响相对更大[7]，因此潜伏期更久，P3

① HINSON J M, WHITNEY P. Working memory load and decision making: A reply to Franco-Watkins, Pashler, and Rickard, *Journal of Experimental Psychology-Learning Memory and Cognition*, 2006, 32（2）: 448-450.

② FENSKE M J, RAYMOND J E, KUNAR M A. The affective consequences of visual attention in preview search, *Psychonomic Bulletin & Review*, 2004, 11（6）: 1055-1061.

③ FENSKE M J, RAYMOND J E, KESSLER K, et al. Attentional inhibition has social-emotional consequences for unfamiliar faces, *Psychological Science*, 2005, 16（10）: 753-758.

④ SARLO M, LOTTO L, MANFRINATI A, et al. Temporal dynamics of cognitive-emotional interplay in moral decision-making, *Journal of Cognitive Neuroscience*, 2011, 24（4）: 1-12.

⑤ CHAPMAN H A, KIM D A, SUSSKIND J M, et al. In bad taste: Evidence for the oral origins of moral disgust, *Science*, 2009, 323（5918）: 1222-1226.

⑥ 吴燕、余荣军、周晓林等:《自我主观标准决定执行任务和观察任务中的结果评价》，载《心理学报》2010 年第 2 期，第 279-287 页。

⑦ BADDELEY A. Working memory: Theories, models, and controversies, *Annual Review of Psychology*, 2012（63）: 1-29.

可作为情绪加工的标志之一 ①。

同样，道德与不道德行为也存在脑区位置的差异，道德决策中左前脑激活程度最大，而不道德决策中左前脑激活程度相对也比较大，左前脑中的腹内侧前额叶与背外侧前额叶都与情绪加工存在关系 ②。230～280 ms 时间窗内的平均波幅差异显著，道德与不道德决策之间的差别比较大，道德波幅更大，导致道德决策波幅更大的原因也可能是正性情绪的影响，使被试回忆情境增加工作记忆负荷 ③。情境的存在，导致被试需要对情境进行评价；相对增加记忆负荷，导致情绪驱动的道德判断需要更多认知资源，或者说，道德决策的判断更容易受认知负荷的影响，这一现象与格林的双加工理论并不冲突。格林的实验是个体自我决策过程，本研究中是对他人的行为评价，因此，其加工机制存在差异。而基于不道德决策的过程主要受认知控制加工，增加情境负荷对其影响相对较小，但由于认知控制加工要晚于情绪驱动加工，因此，不道德加工 P2 成分潜伏期增长。不道德判断过程中波幅相对更小，其加工的深度表明更浅，需要做出更多的认知努力，道德行为属于情绪直接驱动的 ④，相对认知加工较少，受认知负荷的影响较大。

道德与不道德决策中也表现出明显的脑区差异。通过实验可以看出，前脑区位置的波幅最大，大脑放电相对较多。从时间窗口分析发现，其阶段性也比较明显，180～230 ms 内右后脑放电最大，230～280 ms 内左前脑放电增加，280～320 ms 内道德决策依然比不道德判断激活程度高，并持续在650 ms 内。

---

① LANGESLAG S J E, FRANKEN I H A, VAN STRIEN J W. Dissociating love-related attention from task-related attention: An event-related potential oddball study, *Neuroscience Letters*, 2008, 431（3）: 236-240.

② RUSHWORTH M F S, KOLLING N, SALLET J, et al. Valuation and decision-making in frontal cortex: One or many serial or parallel systems?, *Current Opinion in Neurobiology*, 2012, 22（6）: 946-955.

③ LEVENS S M, GOTLIB I H. The effects of optimism and pessimism on updating emotional information in working memory, *Cognition & Emotion*, 2012, 26（2）: 341-350.

④ GREENE J D, SOMMERVILLE R B, NYSTROM L E, et al. An fMRI investigation of emotional engagement in moral judgment, *Science*, 2001, 293（5537）: 2105-2108.

## 四、小结

基于上述研究得出以下结论：认知负荷对道德判断产生一定影响，道德决策加工时间更长，不道德决策加工时间相对短；道德决策产生的波幅更大，负性情绪辨别更加容易。P2 成分可作为道德决策情绪识别指标。

# 第三节　实验三：负性情绪 ERPs 判断的道德评价神经机制

在实验二中，通过情境负荷增加认知负荷影响个体管理道德决策的加工机制。巴德利（Baddeley）等人发现，高兴、焦虑、紧张等情绪状态都会干扰工作记忆。例如，难过是一种负性情绪，会在情境缓冲中深入加工，从而容易减少工作记忆。也就是说，负性情绪负荷会影响道德决策中的认知控制加工[1]。为了更好地分析道德决策中认知情绪的作用，本研究采用诱发负性情绪增加情绪负荷，来分析管理道德决策情绪负荷对道德决策的影响。

## 一、方法

### （一）被试

某大学管理学院 23 名被试，男 10 人，女 13 人，年龄（21±2.42）岁，其裸眼视力或矫正视力都在 1.0 以上，观看道德决策实验材料时无视觉障碍。被试均为右利手者，身体康健，无重大头部伤害，也无精神方面疾病，实验前无参加过类似实验，均获得其知情同意，实验完成后给予少量报酬。

### （二）实验材料与设计

实验设计为道德决策类型：管理道德、普通道德、非道德单因素实验设计，分析过程采用问题类型 3（管理不道德行为 vs. 管理道德行为）× 脑区

---

① BADDELEY A. Working memory: Theories, models, and controversies, *Annual Review of Psychology*, 2012（63）：1-29.

位置 4（左前脑 vs. 右前脑 vs. 左后脑 vs. 右后脑）双因素重复测量分析。道德实验材料按照上述 3 水平进行分类，例如，管理不道德行为材料分为财务欺诈、偷税漏税、官商勾结、权力腐败、商业贿赂、假冒商标等，管理道德行为材料分为按章纳税、诚信经营、服务社会等类型。每个类型的实验材料字数控制在 4 ~ 5 字。情绪诱发刺激采用北师大编制的《汉语情感词系统》视频诱发实验材料，并进行了重新评定，选取 4 段为诱发刺激。

## （三）实验程序

被试距离电脑屏幕约 80 厘米，水平视角为 1.5 度，垂直视角大约在 1.5 度。实验采用经典的 Go-Nogo 范式，实验过程中，试次随机呈现给被试。实验分为练习与正式实验部分。实验每 30 试次被试可选择性休息 2 ~ 5 分钟，被试在实验室休息。被试坐在屏幕前面，告知被试指导语"您好，欢迎参加本次实验。实验过程中，你会看到与管理相关的道德词汇，如果词汇代表的含义是道德的，请按'1'，如果是不道德的，不需要按键。实验共有 6 个部分，其中第一部分为练习，每个部分结束后可休息 4 分钟，同时，你做出的任何选择都会保密，如果明白上述指导语请按空格键开始实验"。

每次实验开始前，呈现给被试 2000 ms 的"+"，要求被试注视"+"，然后随机呈现 600 ~ 800 ms 空屏，紧接着呈现管理道德行为，同时要求被试按键反应，认为道德的按下"1"，认为不道德的不按键，然后进入下一个试次。实验程序由 E-prime2.0 编写，自动记录 EEG 脑电数据，并标记。实验三流程如图 7-17 所示。

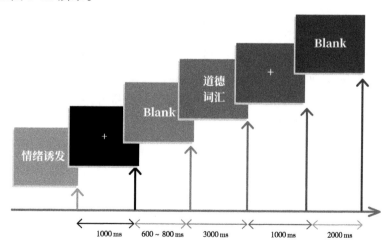

**图 7-17 实验三流程**

### （四）EEG 数据记录与分析

被试坐在光线较阴暗的隔音室中，脑电数据采集设备为美国 Neuroscan 公司生产的事件相关电位设备（ERPs），采用国际 10–20 系统扩展导联的 64 导 EEG 电极帽收集 EEG 数据。离线处理将所有电极的数据与双侧乳突的平均值进行参考。同时，记录垂直眼电（VEOG）和水平眼电（HEOG），分别置于两侧外眦（HEOG）1 厘米处和一只眼睛的垂直上下 2 厘米处（VEOG）。滤波带宽为 $0.05 \sim 100\,Hz$，头皮电阻小于 $5\,k\Omega$，连续采样频率为 $500\,Hz$。对数据进行离线分析，并对眼电伪迹进行校准。低波滤波带宽为 $20\,Hz$，自动排出波幅大于 $\pm 80\,\mu V$ 的脑电数据。

实验依据刺激呈现时间分段，为刺激前 100 ms（基线）到刺激呈现后的 1000 ms。根据以往的研究，选择 F1、F2、F3、F4、F5、F6、C1、C2、C3、C4、C5、C6 等位置，电极位置进行 3（管理道德 vs. 管理不道德 vs. 非管理道德）× 4（左前脑 vs. 右前脑 vs. 左后脑 vs. 右后脑）两因素重复测量方差分析。道德决策 ERPs 的研究较少，其成分不多。通过总平均图，本研究发现在刺激呈现后的 230 ms 左右，出现一个正向偏移分析的成分。索拉在 2011 年的研究中也发现了此成分。实验研究发现，P3 在一定程度与心理资源使用量成正相关，当被试做出更多认知努力时，波幅也会越大，N2 与消极情绪加工有关。笔者采用 IBM 公司的 PASW19.0 进行分析。

## 二、结果与分析

### （一）行为结果

剔除 4 名数据漂移过大的被试，实验共收集有效数据 19 份，管理道德行为判断反应时为（$632 \pm 2.78$）ms，管理不道德行为判断反应时为（$648 \pm 3.31$）ms，对上述反应时进行单因素重复测量方差分析发现差异显著，$F_{(2,36)} = 7.09$，$P = 0.00$。

### （二）ERPs 脑电成分分析

ERPs 脑电成分分析如图 7–18 所示。

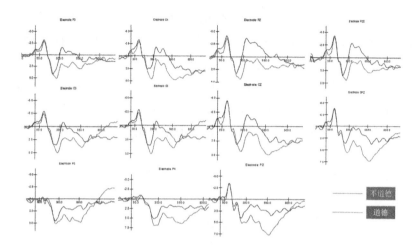

**图 7-18　脑电总平均 2（见彩图）**

## 1. N1 成分分析（如图 7-19 所示）

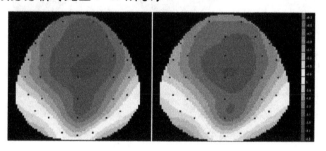

管理不道德决策　　　　　管理道德决策

**图 7-19　管理不道德决策与管理道德决策地形 1（见彩图）**

（1）潜伏期分析。对 N1 潜伏期进行道德决策类型 2（管理道德 vs. 管理不道德）× 脑电位置 4（左前脑 vs. 右前脑 vs. 左后脑 vs. 右后脑）两因素重复测量方差分析发现，道德决策类型主效应不显著，$F_{(2,36)}=0.227$，$P=0.640$（本研究均采用 Greenhouse-Geisser 矫正法矫正）［管理道德 =（108.329 ± 1.489）ms，管理不道德 =（107.737 ± 1.268）ms］。脑电位置主效应不显著，$F_{(3,54)}=0.628$，$P=0.600$［左前脑 =（108.763 ± 1.589）ms，右前脑 =（107.842 ± 1.322）ms，左后脑 =（107.053 ± 1.523）ms，右后脑 =（108.472 ± 1.493）ms］。道德决策类型与脑电位置交互作用不显著，$F_{(6,108)}=0.202$，$P=0.725$。

（2）波幅分析。对 N1 波幅进行道德决策类型 2（管理道德 vs. 管理不道德）× 脑电位置 4（左前脑 vs. 右前脑 vs. 左后脑 vs. 右后脑）两因素重复测量方差分析发现，道德决策类型主效应不显著，$F_{(2,36)}$ = 2.317，$P=0.145$（本研究均采用 Greenhouse-Geisser 矫正法矫正）[管理道德 =（$-3.511 \pm 0.686$）μV，管理不道德 =（$-3.896 \pm 0.723$）μV]。脑电位置主效应显著，$F_{(3,54)}$ =3.960，$P=0.028$ [左前脑 =（$-3.748 \pm 0.723$）μV，右前脑 =（$-4.189 \pm 0.667$）μV，左后脑 =（$-3.312 \pm 0.732$）μV，右后脑 =（$-3.565 \pm 0.725$）μV]。道德决策类型与脑电位置交互作用不显著，$F_{(6,108)}$ =2.024，$P=0.161$。

电极主效应显著道德决策下，左前脑 [$M=$（$-3.567 \pm 0.761$）μV] 与左后脑 [$M=$（$-2.906 \pm 0.751$）μV] 差异显著，$P=0.044$。

### 2. N170 成分分析（如图 7-20 所示）

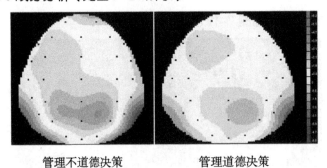

管理不道德决策　　　　　　　管理道德决策

**图 7-20　管理不道德决策与管理道德决策地形 2（见彩图）**

（1）潜伏期分析。对 N170 潜伏期进行道德决策类型 2（管理道德 vs. 管理不道德）× 脑电位置 4（左前脑 vs. 右前脑 vs. 左后脑 vs. 右后脑）两因素重复测量方差分析发现，道德决策类型主效应显著，$F_{(2,36)}$ = 5.634，$P=0.029$（本研究均采用 Greenhouse-Geisser 矫正法矫正）[管理道德 =（$178.526 \pm 2.359$）ms，管理不道德 =（$174.711 \pm 1.518$）ms]。脑电位置主效应不显著，$F_{(3,54)}$ =1.707，$P=0.177$ [左前脑 =（$177.053 \pm 2.053$）ms，右前脑 =（$177.421 \pm 2.312$）ms，左后脑 =（$173.789 \pm 1.627$）ms，右后脑 =（$178.211 \pm 1.493$）ms]。道德决策类型与脑电位置交互作用不显著，$F_{(6,108)}$ =1.144，$P=0.339$。道德决策类型主效应显著，左前脑道德 [$M=$（$174.526 \pm 1.882$）ms] 与不道德 [$M=$（$179.579 \pm 2.766$）ms] 决策潜伏期差异显著，$P=0.046$。右前脑道德 [$M=$（$175.474 \pm 2.348$）ms] 与不道德 [$M=$

（179.368±2.615）ms〕决策潜伏期差异显著，P=0.046。

（2）波幅分析。对 N170 波幅进行道德决策类型 2（管理道德 vs. 管理不道德）× 脑电位置 4（左前脑 vs. 右前脑 vs. 左后脑 vs. 右后脑）两因素重复测量方差分析发现，道德决策类型主效应不显著，$F_{(2,36)}$=0.108，P=0.747（本研究均采用 Greenhouse-Geisser 矫正法矫正）〔管理道德 =（-3.511±0.686）μV，管理不道德 =（-3.896±0.723）μV，非管理道德 =（-2.458±0.458）μV〕。脑电位置主效应不显著，$F_{(3,54)}$=1.974，P=0.129〔左前脑 =（1.783±0.918）μV，右前脑 =（0.936±0.735）μV，左后脑 =（1.520±0.742）μV，右后脑 =（0.970±0.600）μV〕。道德决策类型与脑电位置交互作用不显著，$F_{(6,108)}$=0.641，P=0.480。

### 3. N2 成分分析（如图 7-21 所示）

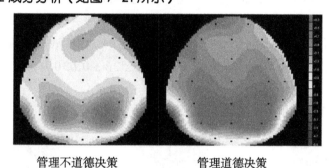

管理不道德决策　　　　　　　管理道德决策

**图 7-21　管理不道德决策与管理道德决策地形 3（见彩图）**

（1）潜伏期分析。对 N2 潜伏期进行道德决策类型 2（管理道德 vs. 管理不道德）× 脑电位置 4（左前脑 vs. 右前脑 vs. 左后脑 vs. 右后脑）两因素重复测量方差分析发现，道德决策类型主效应不显著，$F_{(1,18)}$=0.539，P=0.472（本研究均采用 Greenhouse-Geisser 矫正法矫正）〔管理道德 =（299.618±3.247）ms，管理不道德 =（300.408±3.179）ms〕。脑电位置主效应不显著，$F_{(1,18)}$=1.395，P=0.254〔左前脑 =（301.947±3.308）ms，右前脑 =（299.421±3.492）ms，左后脑 =（297.132±3.848）ms，右后脑 =（301.553±3.577）ms〕。道德决策类型与脑电位置交互作用不显著，$F_{(3,54)}$=0.699，P=0.506。

（2）波幅分析。对 N2 波幅进行道德决策类型 2（管理道德 vs. 管理不道德）× 脑电位置 4（左前脑 vs. 右前脑 vs. 左后脑 vs. 右后脑）两因素重复测量方差分析发现，道德决策类型主效应显著，$F_{(1,18)}$=

36.955，*P*=0.000（本研究均采用 Greenhouse-Geisser 矫正法矫正）[管理道德=（4.933±0.617）μV，管理不道德=（2.329±0.331）μV]。脑电位置主效应显著，*F*（1,18）=2.372，*P*=0.104[左前脑=（3.259±0.481）μV，右前脑=（3.485±0.567）μV，左后脑=（3.324±0.510）μV，右后脑=（4.462±0.619）μV]。道德决策类型与脑电位置交互作用不显著，*F*（3,54）=1.180，*P*=0.595。

由于主效应显著，进行多重比较发现，不道德决策下，右后脑[*M*=（3.536±0.630）μV]与左后脑[*M*=（1.848±0.489）μV]差异显著，*P*=0.044；左前脑道德[*M*=（4.629±0.633）μV]与不道德[*M*=（1.876±0.447）μV]差异显著，*P*=0.000。右前脑道德[*M*=（4.916±0.728）μV]与不道德[*M*=（2.054±0.526）μV]差异显著，*P*=0.000；左后脑道德[*M*=（4.799±0.752）μV]与不道德[*M*=（1.848±0.489）μV]差异显著，*P*=0.001；右后脑道德[*M*=（5.389±0.701）μV]与不道德[*M*=（3.536±0.630）μV]差异显著，*P*=0.001。

### 4. P1 成分分析（如图 7-22 所示）

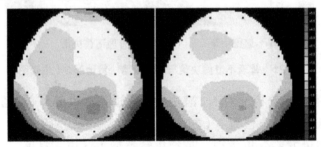

管理不道德决策　　　　　　　管理道德决策

**图 7-22　管理不道德决策与管理道德决策地形 4（见彩图）**

（1）潜伏期分析。对 P1 潜伏期进行道德决策类型 2（管理道德 vs. 管理不道德）× 脑电位置 4（左前脑 vs. 右前脑 vs. 左后脑 vs. 右后脑）两因素重复测量方差分析发现，道德决策类型主效应显著，*F*（2,36）=7.832，*P*=0.012（本研究均采用 Greenhouse-Geisser 矫正法矫正）[管理道德=（165.276±1.247）ms，管理不道德=（162.237±1.881）ms]。脑电位置主效应不显著，*F*（3,54）=0.755，*P*=0.524[左前脑=（164.132±2.053）ms，右前脑=（163.684±1.761）ms，左后脑=（164.211±1.627）ms，右

后脑 =（163.000 ± 1.695）ms］。道德决策类型与脑电位置交互作用不显著，*F*（6,108）=0.251，*P*=0.708。道德决策类型主效应显著，左前脑道德［*M*=（165.579 ± 1.520）ms］与不道德［*M*=（162.684 ± 1.960）ms］决策潜伏期差异显著，*P*=0.038。右前脑道德［*M*=（164.684 ± 1.578）ms］与不道德［*M*=（162.684 ± 1.990）ms］决策潜伏期差异显著，*P*=0.011。

（2）波幅分析。对 P1 波幅进行道德决策类型 2（管理道德 vs. 管理不道德）× 脑电位置 4（左前脑 vs. 右前脑 vs. 左后脑 vs. 右后脑）两因素重复测量方差分析发现，道德决策类型主效应显著，*F*（2,36）=5.935，*P*=0.025（本研究均采用 Greenhouse-Geisser 矫正法矫正）［管理道德 =（1.606 ± 0.698）μV，管理不道德 =（2.557 ± 0.791）μV］。脑电位置主效应不显著，*F*（3,54）=1.164，*P*=0.332［左前脑 =（2.429 ± 0.899）μV，右前脑 =（1.764 ± 0.713）μV，左后脑 =（2.191 ± 0.721）μV，右后脑 =（1.942 ± 0.676）μV］。道德决策类型与脑电位置交互作用不显著，*F*（6,108）=1.250，*P*=0.301。左前脑道德［*M*=（1.779 ± 1.818）μV］与不道德决策［*M*=（3.080 ± 1.035）μV］波幅差异显著，*P*=0.018。右前脑道德［*M*=（1.388 ± 0.746）μV］与不道德决策［*M*=（2.136 ± 0.724）μV］波幅差异显著，*P*=0.050。

### 5. P2 成分分析（如图 7-23 所示）

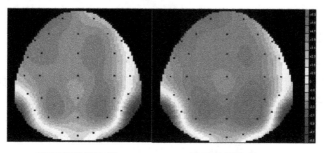

管理不道德决策　　　　　　　管理道德决策

**图 7-23　管理不道德决策与管理道德决策地形 5（见彩图）**

（1）潜伏期分析。对 P2 潜伏期进行道德决策类型 2（管理道德 vs. 管理不道德）× 脑电位置 4（左前脑 vs. 右前脑 vs. 左后脑 vs. 右后脑）两因素重复测量方差分析发现，道德决策类型主效应显著，*F*（2,36）=12.928，*P*=0.002（本研究均采用 Greenhouse-Geisser 矫正法矫正）［管理道德 =（231.855 ± 3.967）ms，管理不道德 =（220.974 ± 3.589）ms］。脑电位置主效应不显著，$F_{(3,54)}=4.488$，$P=0.017$［左前脑 = （227.474±3.377）ms，右前脑 = （219.421±3.675）ms，左后脑 = （230.526±4.110）ms，右后脑 = （228.237±4.683）ms］。道德决策类型与脑电位置交互作用不显著，$F_{(6,108)}=0.080$，$P=0.896$。主效应显著，事后多重比较发现，左前脑道德［$M=$（233.737±4.597）ms］与不道德［$M=$（221.211±5.163）ms］决策潜伏期差异显著，$P=0.050$。右前脑道德［$M=$（225.158±4.248）ms］与不道德［$M=$（213.684±3.309）ms］决策潜伏期差异显著，$P=0.015$。右后脑道德［$M=$（233.368±5.220）ms］与不道德［$M=$（223.105±4.839）ms］决策潜伏期差异显著，$P=0.012$。

（2）波幅分析。对 P2 波幅进行道德决策类型 2（管理道德 vs. 管理不道德）× 脑电位置 4（左前脑 vs. 右前脑 vs. 左后脑 vs. 右后脑）两因素重复测量方差分析发现，道德决策类型主效应显著，$F_{(2,36)}=$ 30.621，$P=0.000$（本研究均采用 Greenhouse-Geisser 矫正法矫正）［管理道德 = （6.100±1.056）μV，管理不道德 = （4.809±1.159）μV］。脑电位置主效应不显著，$F_{(3,54)}=2.329$，$P=0.085$［左前脑 = （6.132±1.409）μV，右前脑 = （4.879±1.127）μV，左后脑 = （5.622±1.119）μV，右后脑 = （5.185±0.858）μV］。道德决策类型与脑电位置交互作用不显著，$F_{(6,108)}=2.056$，$P=0.114$。道德决策下左前脑［$M=$（6.991±1.396）μV］与左后脑［$M=$（5.318±1.118）μV］差异显著，$P=0.021$。左前脑道德［$M=$（6.991±1.396）μV］与不道德决策［$M=$（5.273±1.432）μV］波幅差异显著，$P=0.000$。右前脑道德［$M=$（5.318±1.118）μV］与不道德决策［$M=$（4.876±1.169）μV］波幅差异显著，$P=0.024$。左后脑道德［$M=$（6.368±1.088）μV］与不道德决策［$M=$（4.879±1.169）μV］波幅差异显著，$P=0.000$。右后脑道德［$M=$（5.724±0.740）μV］与不道德决策［$M=$（1.647±0.999）μV］波幅差异显著，$P=0.012$。

### 6. P3 成分分析（如图 7–24 所示）

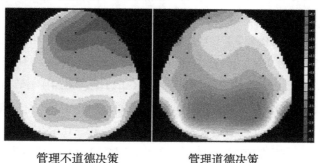

管理不道德决策 管理道德决策

**图 7–24 管理不道德决策与管理道德决策地形 6（见彩图）**

（1）潜伏期分析。对 P3 潜伏期进行道德决策类型 2（管理道德 vs. 管理不道德）× 脑电位置 4（左前脑 vs. 右前脑 vs. 左后脑 vs. 右后脑）两因素重复测量方差分析发现，道德决策类型主效应显著，$F(2,36)=1.243$，$P=0.280$（本研究均采用 Greenhouse-Geisser 矫正法矫正）［管理道德 =（332.645±2.986）ms，管理不道德 =（329.289±2.958）ms］。脑电位置主效应不显著，$F(3,54)=3.925$，$P=0.013$［左前脑 =（331.711±2.725）ms，右前脑 =（332.342±2.962）ms，左后脑 =（329.421±2.284）ms，右后脑 =（330.395±2.485）ms］。道德决策类型与脑电位置交互作用不显著，$F(6,108)=1.600$，$P=0.200$。主效应显著，事后多重比较发现，左前脑道德［$M=$（334.316±3.175）ms］与不道德［$M=$（329.105±2.972）ms］决策潜伏期差异显著，$P=0.014$。

（2）波幅分析。对 P3 波幅进行道德决策类型 2（管理道德 vs. 管理不道德）× 脑电位置 4（左前脑 vs. 右前脑 vs. 左后脑 vs. 右后脑）两因素重复测量方差分析发现，道德决策类型主效应显著，$F(2,36)=13.108$，$P=0.002$（本研究均采用 Greenhouse-Geisser 矫正法矫正）［管理道德 =（6.100±1.056）μV，管理不道德 =（4.809±1.159）μV］。脑电位置主效应不显著，$F(3,54)=6.537$，$P=0.001$［左前脑 =（6.132±1.409）μV，右前脑 =（4.879±1.127）μV，左后脑 =（5.622±1.119）μV，右后脑 =（5.185±0.858）μV］。道德决策类型与脑电位置交互作用不显著，$F(6,108)=0.261$，$P=0.853$。

电极与决策主效应显著，对其事后多重比较发现，不道德决策下右前脑［$M=$（0.687±0.683）μV］与右后脑［$M=$（2.640±0.650）μV］、左后脑［M=（2.050±0.585）μV］差异显著，P=0.001，P=0.039。道德决策下，右前脑［M=（2.110±0.824）μV］与右后脑［M=（4.400±0.640）μV］、左后脑［M=（3.356±0.587）μV］差异显著，P=0.006，P=0.027。左前脑道德［M=（3.502±0.964）μV］与不道德决策［M=（1.943±0.863）μV］波幅差异显著，P=0.027。右前脑道德［M=（2.110±0.824）μV］与不道德决策［M=（0.687±0.683）μV］波幅差异显著，P=0.017。左后脑道德［M=（4.400±0.640）μV］与不道德决策［M=（2.640±0.650）μV］波幅差异显著，P=0.01。右后脑道德［M=（3.356±0.587）μV］与不道德决策［M=（2.020±0.585）μV］波幅差异显著，P=0.015。

## （三）时间窗平均波幅分析

### 1. 130～180 ms 时间窗平均波幅分析

对 130～180 ms 时间窗内平均波幅进行道德决策类型 2（管理道德 vs. 管理不道德）× 脑电位置 4（左前脑 vs. 右前脑 vs. 左后脑 vs. 右后脑）两因素重复测量方差分析发现，道德决策类型主效应不显著，$F_{(2,36)}=2.059$，P=0.179［管理道德 =（0.359±0.743）μV，管理不道德 =（0.998±0.847）μV］。脑电位置主效应显著，$F_{(3,54)}=1.124$，P=0333［左前脑 =（0.839±0.945）μV，右前脑 =（0.259±0.747）μV，左后脑 =（0.994±0.810）μV，右后脑 =（0.623±0.711）μV］。道德决策类型与脑电位置交互作用不显著，$F_{(6,108)}=0.366$，P=0.651。

### 2. 180～230 ms 时间窗平均波幅分析

对 180～230 ms 时间窗内平均波幅进行道德决策类型 2（管理道德 vs. 管理不道德）× 脑电位置 4（左前脑 vs. 右前脑 vs. 左后脑 vs. 右后脑）两因素重复测量方差分析发现，道德决策类型主效应显著，$F_{(2,36)}=7.265$，P=0.015［管理道德 =（3.112±1.005）μV，管理不道德 =（3.741±0.942）μV］。脑电位置主效应不显著，$F_{(3,54)}=2.634$，P=0.089［左前脑 =（4.013±1.193）μV，右前脑 =（2.975±1.022）μV，左后脑 =（3.557±0.938）μV，右后脑 =（3.162±0.797）μV］。道德决策类型与脑电位置交互作用不显著，$F_{(6,108)}=2.724$，P=0.095。

主效应显著，对其事后多重比较（BONFERRONI法）发现，道德决策下，左前脑［M=（4.385±1.152）μV］与右前脑［M=（3.059±1.051）μV］平均波幅差异显著，P=0.012。左前脑电极道德［M=（4.385±1.152）μV］

与不道德［M=（3.641±1.251）μV］决策差异显著，P=0.027。左后脑电极道德［M=（4.153±0.887）μV］与不道德［M=（2.960±1.251）μV］决策差异显著，P=0.003。

### 3. 230～280 ms 时间窗平均波幅分析

对 230～280 ms 时间窗内平均波幅进行道德决策类型 2（管理道德 vs. 管理不道德）× 脑电位置 4（左前脑 vs. 右前脑 vs. 左后脑 vs. 右后脑）两因素重复测量方差分析发现，道德决策类型主效应显著，F（2,36）= 94.092，P=0.000［管理道德 =（4.947±0.958）μV，管理不道德 =（2.445±1.104）μV］。脑电位置主效应不显著，F（3,54）=7.449，P=0.005 ［左前脑 =（4.145±1.290）μV，右前脑 =（2.539±1.012）μV，左后脑 =（4.512±1.073）μV，右后脑 =（3.588±0.815）μV］。道德决策类型与脑电位置交互作用不显著，F（6,108）=0.818，P=0.490。不

主效应显著，对其事后多重比较（BONFERRONI 法）发现，不道德决策下，右前脑［M=（1.238±1.068）μV］与右后脑［M=（2.463±0.917）μV］、左后脑［M=（3.238±1.151）μV］平均波幅差异显著，P=0.000，P=0.005。道德决策下，左前脑［M=（5.500±1.215）μV］与右前脑［M=（3.840±0.979）μV］平均波幅差异显著，P=0.020。左前脑道德［M=（5.500±1.215）μV］与不道德决策［M=（2.791±1.215）μV］波幅差异显著，P=0.000。右前脑道德［M=（3.840±0.979）μV］与不道德决策［M=（1.238±1.068）μV］波幅差异显著，P=0.000。左后脑道德［M=（5.736±1.007）μV］与不道德决策［M=（3.287±1.151）μV］波幅差异显著，P=0.000。右后脑道德［M=（4.731±0.735）μV］与不道德决策［M=（2.463±0.917）μV］波幅差异显著，P=0.000。

### 4. 280～320 ms 时间窗平均波幅分析

对 280～320 ms 时间窗内平均波幅进行道德决策类型 2（管理道德 vs. 管理不道德）× 脑电位置 4（左前脑 vs. 右前脑 vs. 左后脑 vs. 右后脑）两因素重复测量方差分析发现，道德决策类型主效应显著，F（1,18）= 44.647，P=0.000［管理道德 =（3.782±0.917）μV，管理不道德 =（1.186±0.917）μV］。脑电位置主效应显著，F（1,18）=7.973，P=0.004 ［左前脑 =（2.352±1.048）μV，右前脑 =（1.182±0.908）μV，左后脑 =（3.387±0.833）μV，右后脑 =（3.015±0.681）μV］。道德决策类型与脑电位置交互作用不显著，F（3,54）=0.244，P=0.865。

主效应显著，对其事后多重比较（BONFERRONI 法）发现，不道德下右前脑［$M=$（–0.169±0.965）μV］与左后脑［$M=$（2.016±0.929）μV］、右后脑［$M=$（1.821±0.987）μV］差异显著，$P=0.001$，$P=0.000$。道德下右前脑［$M=$（2.532±0.891）μV］与左后脑［$M=$（4.758±0.815）μV］、右后脑［$M=$（4.208±0.614）μV］差异显著，$P=0.004$，$P=0.003$。左前脑道德［$M=$（3.631±0.987）μV］与不道德决策［$M=$（1.073±1.168）μV］波幅差异显著，$P=0.000$。右前脑道德［$M=$（2.532±0.891）μV］与不道德决策［$M=$（–0.169±0.965）μV］波幅差异显著，$P=0.000$。左后脑道德［$M=$（4.758±0.815）μV］与不道德决策［$M=$（2.016±0.929）μV］波幅差异显著，$P=0.000$。右后脑道德［$M=$（4.208±0.614）μV］与不道德决策［$M=$（1.821±0.807）μV］波幅差异显著，$P=0.000$。

### 5. 320～350 ms 时间窗平均波幅分析

对 320～350 ms 时间窗内平均波幅进行道德决策类型 2（管理道德 vs. 管理不道德）×脑电位置 4（左前脑 vs. 右前脑 vs. 左后脑 vs. 右后脑）两因素重复测量方差分析发现，道德决策类型主效应显著，$F$（1,18）=9.776，$P=0.006$［管理道德=（2.313±0.735）μV，管理不道德=（0.967±0.672）μV］。脑电位置主效应显著，$F$（1,18）=7.320，$P=0.006$［左前脑=（1.848±0.866）μV，右前脑=（0.334±0.785）μV，左后脑=（2.681±0.650）μV，右后脑=（1.697±0.630）μV］。

主效应显著，对其事后多重比较（BONFERRONI 法）发现，不道德下右前脑［$M=$（–0.309±0.731）μV］与右后脑［$M=$（1.900±0.693）μV］、左后脑［$M=$（1.129±0.623）μV］差异显著，$P=0.000$，$P=0.022$。道德下右前脑［$M=$（0.978±0.915）μV］与右后脑［$M=$（3.461±0.682）μV］、左后脑［$M=$（2.265±0.730）μV］差异显著，$P=0.003$，$P=0.016$。四个脑电位置上道德与不道德决策差异均显著，道德决策波幅均大于不道德决策波幅。

### 6. 350～650 ms 时间窗平均波幅分析

对 350～650 ms 时间窗内平均波幅进行道德决策类型 2（管理道德 vs. 管理不道德）×脑电位置 4（左前脑 vs. 右前脑 vs. 左后脑 vs. 右后脑）两因素重复测量方差分析发现，道德决策类型主效应显著，$F$（1,18）=28.031，$P=0.000$［管理道德=（4.342±0.589）μV，管理不道德=（1.983±0.917）μV］。脑电位置主效应显著，$F$（1,18）=3.132，$P=0.033$［左前脑=（2.677±0.747）μV，右前脑=（2.164±0.561）μV，左后脑=

（3.867±0.596）μV，右后脑 =（3.942±0.440）μV］。道德决策类型与脑电位置交互作用不显著，$F$（3,54）=0.244，$P$=0.865。

主效应显著，对其事后多重比较（BONFERRONI 法）发现，不道德下右前脑［$M$=（0.960±0.571）μV］与左后脑［$M$=（2.602±0.451）μV］差异显著，$P$=0.007。道德下左前脑［$M$=（3.637±0.999）μV］与右后脑［$M$=（5.132±0.565）μV］差异显著，$P$=0.003。左前脑道德［$M$=（3.637±0.999）μV］与不道德决策［$M$=（1.718±0.568）μV］波幅差异显著，$P$=0.010。右前脑道德［$M$=（3.367±0.631）μV］与不道德决策［$M$=（0.960±0.571）μV］波幅差异显著，$P$=0.000。左后脑道德［$M$=（5.132±0.843）μV］与不道德决策［$M$=（2.602±0.451）μV］波幅差异显著，$P$=0.001。右后脑道德［$M$=（5.231±0.565）μV］与不道德决策［$M$=（2.653±0.405）μV］波幅差异显著，$P$=0.000。

## 三、讨论

格林的双加工理论与海德的情绪认知整合理论均指出情绪的重要性，甚至是主导地位。研究中，笔者通过负性情绪负荷谈到道德决策中情绪的作用时发现，负性情绪对道德决策的脑电影响更大。道德决策初始阶段 N1 与 N170 的波幅与潜伏期就出现了差异，道德决策在左前脑与左后脑差异加大。刺激呈现后 170 ms 左右的道德决策潜伏期更小，N170 作为视觉刺激，当负性情绪负荷下对不道德现象产生的负向情绪体验（厌恶）产生了影响，由于不道德决策中产生的属于负性情绪提前诱发，因此，个体更加容易进入情绪状态，道德决策的情绪加工更快。此外，由于在刺激呈现后的 160 ms 左右就已经产生了影响，其道德潜伏期更大，尤其注意初始阶段。P2 反映了注意的负性情绪偏好，具有自动加工的特点，正性刺激诱发的 P2 波幅要小于负性刺激诱发的波幅和潜伏期[①]。负性情绪的诱发，影响个体负性情绪加工进程，进而导致道德判断中情绪加工潜伏期延长。道德决策中使用的道德词汇更容易产生正向情绪体验，之前产生的负性情绪体验抑制个体正向情绪诱发，导致被试情绪判断时间加长，同时需要抑制更多的负性情绪，从而使 P2 波幅更大，P2 波幅的大小不仅与情绪诱发相关，而且与冲突的解决存在关系。

---

① 李雪冰、罗跃嘉：《情绪和记忆的相互作用》，载《心理科学进展》2007 年第 1 期，第 3-7 页。

道德决策进入情绪加工的时间更长，或者说情绪辨别的时间更久[1]。增加情绪加工会抑制认知控制加工，不道德决策中诱发的负性情绪体验加工，受到了负性情绪的影响，负性情绪与负向情绪都会在情境缓冲器中进行加工。由于先期负性情绪的作用，因此负向情绪加工更快，而道德决策中诱发的正向情绪与产生的负性情绪体验相互冲突，导致其整体波幅相对更大。与实验一中的波幅相比，其波幅更小，无情绪负荷下的 P2 及 P3 波幅更大。从时间窗的分析中可以看到，整个道德决策与不道德决策过程中，平均波幅都存在显著差异，不道德诱发的波幅更小，道德诱发的波幅相对更大，说明负性情绪在整个过程中都会影响到道德决策。无情绪负荷下潜伏期则更短，似乎表明在道德判断中情绪的影响下加快了道德诱发的速度，无情绪负荷情绪诱发相对较小，当存在情绪诱发下，不道德决策情绪诱发加快。格林和海德的理论中道义决策的脑激活位置更多，涉及的负性情绪体验较多，上述实验采用的是负性情绪，而且道德行为的判断产生的也是负向情绪，同时负性情绪激活程度更大。同样，个体卷入度高低影响道德决策加工，道德情境与判断方式都会影响个体的道德加工方式，而不能按照单一情境统一决策。深思熟虑内化于内隐记忆的管理道德行为，加工方式更加自动化，整个过程中不需要进行情感与理性的分析，在企业道德决策模型中，琼斯提出的问题权变模型同样适用于个体道德决策神经加工方式，由于不同的道德情境及个体文化因素，形成不同的道德观念。

对道德与不道德决策中脑电放电位置的比较可以看到，其存在明显的位置差异，道德决策中差异相对较小，不道德决策中的差异相对较大，左前额诱发的波幅相对最大，右前脑诱发的波幅相对较小。不道德决策下左后脑平均波幅较大，表明道德决策与不道德决策存在脑区位置加工差异。

## 四、小结

从上述的分析中，我们可以得到以下结论，情绪负荷下管理道德决策受情绪影响，不道德决策诱发更多负性情绪，道德决策正性情绪受负性情绪诱发影响。管理道德决策与普通道德决策存在差别，道德决策受个体卷入度、道德问题类型影响。因此，需要对卷入度进行进一步的研究，接下来的研究

---

[1] 黄宇霞、罗跃嘉：《负性情绪刺激是否总是优先得到加工：ERP 研究》，载《心理学报》2009 年第 9 期，第 822—831 页。

中将采用个体自我决策分析卷入度对道德判断的影响。

# 第四节　管理道德决策中认知与情绪的交互机制

本研究内容之一是分析情绪与认知负荷的交互作用，实验二中，通过设计道德情境增加道德决策中的认知负荷，获得道德决策中的脑电数据；通过设计情绪负荷，获得道德决策中的脑电数据。将实验二与实验三获得的数据进行情绪认知负荷类型 2（情绪 vs. 道德）× 决策类型（道德 vs. 不道德）× 电极位置 4（左前脑 vs. 右前脑 vs. 左后脑 vs. 右后脑）三因素重复测量方差分析，探讨道德决策中情绪与认知的交互作用。本研究主要针对道德判断中三个重要的脑电数据进行处理，分别为 P2、P3 及 LPC（350 ~ 650 ms 时间窗数据）。研究采用 SPSS 21.0 处理实验二与实验四的数据结果。

## 一、结果与分析

### （一）P2 成分分析

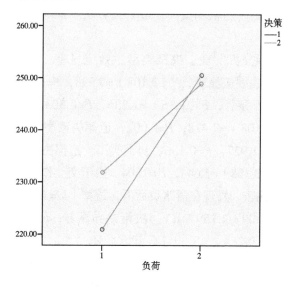

图 7-25　管理道德决策情绪与认知交互作用

对 P2 潜伏期进行分析发现（如图 7-25 所示），决策类型主效应显著，$F$（1,36）=7.687，$P$=0.013，电极位置主效应显著，$F$（3,108）=7.398，$P$=0.002；道德决策中情绪与认知交互作用显著，$F$（1,36）=13.650，$P$=0.002；负荷类型与电极交互作用显著，$F$（3,108）=10.242，$P$=0.000，道德决策类型与电极交互作用不显著，$F$（3,108）=1.252，$P$=0.298；负荷类型、道德决策类型及电极位置交互作用不显著，$F$（3,108）=2.290，$P$=0.115。由于交互作用显著，因此分析简单效应及事后多重比较，发现不道德决策中在情绪负荷下道德 [$M$=（231.855±3.967）ms] 与不道德 [$M$=（220.974±3.589）ms] 决策差异显著，$P$=0.000。左前脑情绪负荷 [$M$=（221.211±5.163）ms] 与认知负荷 [$M$=（266.368±1.996）ms] 差异显著，$P$=0.000。右前脑情绪负荷 [$M$=（213.684±3.309）ms] 与认知负荷 [$M$=（250.842±1.739）ms] 差异显著，$P$=0.000。左后脑情绪负荷 [$M$=（225.895±5.563）ms] 与认知负荷 [$M$=（242.421±3.822）ms] 差异显著，$P$=0.014。右后脑情绪负荷 [$M$=（223.105±4.839）ms] 与认知负荷 [$M$=（242.263±4.409）ms] 差异显著，$P$=0.008。道德决策中左前脑情绪负荷 [$M$=（233.737±4.594）ms] 与认知负荷 [$M$=（255.579±1.464）ms] 差异显著，$P$=0.000。右前脑情绪负荷 [$M$=（225.158±5.027）ms] 与认知负荷 [$M$=（246.526±3.758）ms] 差异显著，$P$=0.004。右后脑情绪负荷 [$M$=（231.368±5.220）ms] 与认知负荷 [$M$=（247.737±3.402）ms] 差异显著，$P$=0.016。

对 P2 波幅进行分析发现，决策类型主效应显著，$F$（1,36）=78.338，$P$=0.000，电极位置主效应显著，$F$（3,108）=7.398，$P$=0.002。道德决策中情绪与认知交互作用不显著，$F$（1,36）=1.236，$P$=0.303，负荷类型与电极交互作用显著，$F$（3,108）=7.428，$P$=0.002，道德决策类型与电极交互作用不显著，$F$（3,108）=1.927，$P$=0.136，负荷类型、道德决策类型及电极位置交互作用不显著，$F$（3,108）=1.645，$P$=0.204。由于交互作用显著，因此分析简单效应及事后多重比较，发现在情绪负荷下，道德 [$M$=（6.100±1.056）μV] 与不道德 [$M$=（4.809±1.159）μV] 决策差异显著，$P$=0.000。认知负荷下道德 [$M$=（6.901±0.284）μV] 与不道德 [$M$=（5.212±0.188）μV] 决策差异显著，$P$=0.000。左前脑情绪负荷 [$M$=（4.432±0.221）μV] 与认知负荷 [$M$=（5.273±1.432）μV] 差异显著，$P$=0.000。右前脑情绪负荷 [$M$=（4.440±1.164）μV] 与认知负荷 [$M$=（5.928±0.221）μV] 差异显著，

$P$=0.001。道德决策中在左前脑情绪负荷［$M$=（6.991±1.369）μV］与认知负荷［$M$=（7.162±0.265）μV］差异显著，$P$=0.000。

## （二）P3 成分分析

对 P3 潜伏期进行分析发现，决策类型主效应不显著，$F_{(1,36)}$=0.153，$P$=0.700；电极位置主效应不显著，$F_{(3,108)}$=1.083，$P$=0.353。道德决策中，情绪与认知交互作用显著，$F_{(1,36)}$=13.6560，$P$=0.002，负荷类型与电极交互作用不显著，$F_{(3,108)}$=2.689，$P$=0.119，道德决策类型与电极交互作用不显著，$F_{(3,108)}$=1.892，$P$=0.172，决策类型与电极交互作用不显著，$F_{(3,108)}$=0.906，$P$=0.424，负荷类型、道德决策类型及电极位置交互作用不显著，$F_{(3,108)}$=1.225，$P$=0.308。

对 P3 波幅进行分析发现，决策类型主效应显著，$F_{(1,36)}$=29.934，$P$=0.000；电极位置主效应显著，$F_{(3,108)}$=6.197，$P$=0.004。道德决策中情绪与认知交互作用不显著，$F_{(1,36)}$=0.874，$P$=0.303；负荷类型与电极交互作用显著，$F_{(3,108)}$=6.098，$P$=0.008；道德决策类型与电极交互作用不显著，$F_{(3,108)}$=0.199，$P$=0.862；负荷类型、道德决策类型及电极位置交互作用不显著，$F_{(3,108)}$=0.182，$P$=0.849。

由于存在交互作用显著，因此分析简单效应及事后多重比较，发现在情绪负荷下，道德［$M$=（3.342±0.679）μV］与不道德［$M$=（1.830±0.630）μV］决策差异显著，$P$=0.002。认知负荷下道德［$M$=（5.961±0.179）μV］与不道德［$M$=（4.984±0.259）μV］决策差异显著，$P$=0.005。不道德条件下，左前脑情绪负荷［$M$=（1.943±0.863）μV］与认知负荷［$M$=（5.565±0.248）μV］差异显著，$P$=0.001。右前脑情绪负荷［$M$=（0.687±0.683）μV］与认知负荷［$M$=（4.375±0.194）μV］差异显著，$P$=0.002。左后脑情绪负荷［$M$=（2.640±0.650）μV］与认知负荷［$M$=（4.342±0.214）μV］差异显著，$P$=0.023。右后脑情绪负荷［$M$=（2.050±0.585）μV］与认知负荷［$M$=（5.655±0.865）μV］差异显著，$P$=0.003。道德条件下，左前脑情绪负荷［$M$=（3.502±0.864）μV］与认知负荷［$M$=（6.790±0.311）μV］差异显著，$P$=0.005。右前脑情绪负荷［$M$=（2.110±0.824）μV］与认知负荷［$M$=（5.455±0.431）μV］差异显著，$P$=0.000。右后脑情绪负荷［$M$=（3.356±0.587）μV］与认知负荷［$M$=（6.397±0.351）μV］差异显著，$P$=0.000。

### （三）晚期正成分分析

对晚期正成分（LPC）平均波幅进行分析发现（如图 7-26 所示），决策类型主效应显著，$F(1,36)=12.609$，$P=0.002$；电极位置主效应显著，$F(3,108)=8.436$，$P=0.002$。道德决策中情绪与认知交互作用不显著，$F(1,36)=9.122$，$P=0.007$；负荷类型与电极交互作用显著，$F(3,108)=0.230$，$P=0.745$；道德决策类型与电极交互作用不显著，$F(3,108)=0.953$，$P=0.394$；负荷类型、道德决策类型及电极位置交互作用不显著，$F(3,108)=1.813$，$P=0.176$。

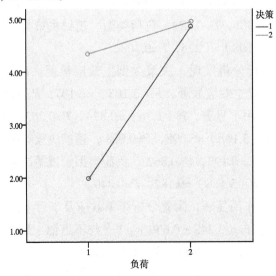

**图 7-26　管理道德决策情绪与认知交互作用**

由于存在交互作用显著，因此分析简单效应及事后多重比较，发现在不道德条件下，左前脑情绪负荷 $[M=(1.718 \pm 0.586)\mu V]$ 与认知负荷 $[M=(3.872 \pm 0.943)\mu V]$ 差异显著，$P=0.049$。右前脑情绪负荷 $[M=(0.960 \pm 0.571)\mu V]$ 与认知负荷 $[M=(4.102 \pm 0.870)\mu V]$ 差异显著，$P=0.011$。左后脑情绪负荷 $[M=(2.602 \pm 0.451)\mu V]$ 与认知负荷 $[M=(5.221 \pm 0.806)\mu V]$ 差异显著，$P=0.012$。右后脑情绪负荷 $[M=(2.653 \pm 0.405)\mu V]$ 与认知负荷 $[M=(6.232 \pm 0.782)\mu V]$ 差异显著，$P=0.000$。

## 二、讨论与结论

通过对实验二与实验三的数据分析发现，道德决策中认知与情绪的交互作用显著，从神经学数据上证实了认知与情绪的相互影响。P2、P3 脑电成分的潜伏期在情绪负荷与认知负荷下表现出极大差异，在情绪负荷下，潜伏期则明显短于认知负荷，其脑电波幅也是如此。正向情绪诱发下，道德决策脑电更大，因为道德决策产生的是正性情绪体验，不道德决策产生的是负性情绪体验，正性情绪抑制了负性情绪的加工。

格林在对道德决策的大量研究中提出了双加工理论[①]，即道德决策过程中有基于情绪的直觉加工系统和基于认知控制的抽象推理系统控制，两个系统协同处理道德问题，并指出了强烈的情绪直觉系统导致个体在道德决策中胜出。海德于 2001 年提出的社会直觉理论也认为道德决策中存在两条加工途径，这两条途径是一种先情绪直觉系统后抽象推理系统[②]，是串行加工。海德结合社会生物学、认知神经学、社会心理学及格林的双加工理论修正了社会直觉模型，提出了认知 – 情绪整合模型，指出情绪负荷的直觉加工系统启动了道德决策过程，并在道德判断中占有重要地位。在实验二与实验四中，我们的结论认为，针对不同的道德问题有不同的情绪体验与认知加工。增加认知负荷下，不道德潜伏期比道德潜伏期更长，表明不道德情绪加工更容易受认知负荷的影响。在道德决策中，认知负荷比情绪负荷诱发出的潜伏期更久。这样一来，道德判断中情绪的影响还是早于认知加工的影响。认知负荷对道德与不道德决策的时间进程都会产生影响。认知负荷增加对不道德决策中的 P2 及 P3 潜伏期影响较大，不道德决策中产生的负性情绪体验更容易受认知影响，道德决策中的情绪体验影响相对较少，但是同样作为道德的决策，情绪之一的作用要小于认知抑制的作用，说明了情绪的内隐作用。认知负荷的波幅在各个脑区位置均大于情绪负荷下诱发的脑电，认知负荷下对道德决策中的正性情绪与不道德决策中的负性情绪都会产生影响，在道德行为中产生的波幅更大。不道德决策中负性情绪体验较为强烈，通过情绪的直觉决策时间更短，产生的脑电变化更小。对认知负荷下的加工属于外显加工，

① GREENE J, SOMMERVILLE B, NYSTROM L, et al. Cognitive and affective conflict in moral judgment, *Journal of Cognitive Neuroscience*, 2002: 49–49.

② HAIDT J. The emotional dog and its rational tail: A social intuitionist approach to moral judgment, *Psychological Review*, 2001, 108（4）: 814–834.

相对认知负荷较强。格林发现两难决策中，道义决策激活的脑区更多，也就是说大脑放电更多，在 ERPs 波幅上反映出来的也更大。不管在情绪负荷还是认知负荷下，对道德决策的判断都更加复杂，对不道德行为的判断相对都更加简单，这与 fMRI 的脑功能研究较为一致。

管理道德决策中存在认知与情绪的交互作用，不道德决策的判断受认知与情绪负荷影响较小，道德决策的判断受认知与情绪负荷影响较大。管理道德决策同样部分适用于情绪 – 认知整合模型。

# 第八章
## 管理道德决策的自我决策机制

## 第一节　实验四：管理道德自我决策的神经
加工机制

　　管理伦理要求企业管理者在经营管理中，应该主动考虑社会公认的伦理道德因素，遵循道德规范，使管理制度、职能设置与经营理念符合伦理道德要求，处理好与员工、股东、顾客、供应商、竞争者等利益相关者的关系，为社会发展负责。亚当·斯密（Adam Smith）在《国富论》中提出的经济人假说又被称为"理性－经济人"或"唯利人"，其指出人的行为动机根源于经济诱因，人都要争取最大的经济利益，工作就是为了取得经济报酬。为此，需要用金钱与权力、组织机构的操纵和控制，使员工服从与为此效力。人的一切行为都是唯利是图的，都是为了满足自己的私利。同时，亚当·斯密在《道德情操论》中指出经济人又是道德人，在不断追求个人私利时，要遵循利他主义、社会道义与责任，指出管理或经济中利己行为与利他行为存在逻辑的统一性。

　　道德决策中，个体不仅会对他人的决策进行评价，同时还要面对各种道德问题，必须做出自己的选择。海德发现被试在道德决策过程中出现了"道德失声"现象，即被试在道德决策过程中能够快速做出决策，但当被问及做出决策的理由时却无法回答。海德认为，道德决策是一个迅速的、自动的、无意识的评价过程，也是一个情绪驱动过程。道德决策的核心内容是直觉加工，由此，海德提出了道德决策的社会知觉模型（social intuitionist model，

SIM）。同时，格林应用 fMRI 研究发现道德决策很大程度上取决于社会情绪。神经影像学研究发现，在做出道德两难决策时，功利性决策反应时间更长，同时激活了背外侧前额叶（dorsolateral prefrontal cortex，DLPFC）和顶下回（inferior parietal lobule，IPL），这些区域与审慎加工（deliberative processing）有关，是一种需要认知控制的加工方式。道义性决策反应时间相对短一些，激活的脑区更加复杂，如腹内侧前额叶（VMPFC）、颞叶上回（Gyrus temporalis superior）和杏仁核（amygdala）及边缘系统（limbic system）[①]，格林进而提出了道德决策双加工理论。这些区域与情绪加工和无意识思考有关[②]，而且这一现象在普通道德决策过程中也有发现。那么，在管理道德决策中脑电神经加工机制是否与其他决策的加工机制一样呢？实验一、实验二中的有些材料并不会引起个体的消极情绪体验，反而会使做出符合管理道德行为规范的现象个体产生积极情绪体验，如高尚感。海德认为，个体在面对不同的道德问题时，既会产生消极情绪体验也会产生积极情绪体验[③]。但如果面对两难的道德困境，个体在选择牺牲个人利益（减少企业利润）与实现公共利益（拒绝伪劣产品）之间存在自私性与公益性问题。

当个人利益与集体利益冲突时，在遵循道德人假设，又无法满足个人利益的冲突过程中，个体的神经加工机制如何，是否遵循格林双加工理论或海德的认知 - 情绪整合理论呢？格林研究中的道德问题较少涉及管理中个人利益与集体利益的区别。研究人员采用的多为极端道德困境问题，同时这些问题的利益主体并不深刻，因此，笔者通过编制的管理道德决策两难实验材料，采用实验一中的道德与不道德二元决策，运用 ERPs 实验技术分析个体亲自做出的管理道德决策的时间加工进程，以揭示商业道德决策的神经机制。

① GREENE J D, MORELLI S A, LOWENBER G K, et al. Cognitive load selectively interferes with utilitarian moral judgment, *Cognition*, 2008, 107（3）: 1144-1154.

② CAMERON C D, PAYNE B K, KNOBE J. Do theories of implicit race bias change moral judgments?, *Social Justice Research*, 2010, 23（4）: 272-289.

③ GLENN A L, IYER R, GRAHAM J, et al. Are all types of morality compromised in psychopathy?, *Journal of Personality Disorders*, 2009, 23（4）: 384-398.

## 一、方法

### （一）被试

某大学管理学院 21 名被试，其中，男 10 人，女 11 人，年龄（22±1.45）岁，裸眼视力或矫正视力都在 1.0 以上，观看道德决策实验材料时无视觉障碍。被试均为右利手者，身体康健，无重大头部伤害，也无精神方面疾病，实验前无参加过类似实验，并均获得其知情同意，实验完成后给予少量报酬。

### （二）实验设计与材料

采用道德决策结果：道义性决策 vs. 功利性决策单因素实验设计。管理道德两难实验材料按照被试的分类，分为道义性决策和功利性决策，例如，公司要求你在销售产品的过程中，可以给予客户一部分回扣，如果你不给，可能拿不到项目，还会影响你的销售业绩及公司奖金。决策选择为两种，一种是不给回扣，另一种是给回扣。如果被试选择不给回扣，即为道义性决策，如果被试选择给回扣，即为功利性决策。通过编制并标准化 96 条管理道德决策两难实验材料，字数限制在 60±4 范围内。

### （三）实验程序

被试距离电脑屏幕大约 80 厘米，水平视角约 1.5 度，垂直视角大约在 1.5 度。实验过程中，试次随机呈现给被试。实验分为练习与正式实验部分。实验每 30 试次，被试可选择休息 2 ~ 5 分钟，被试在实验室休息。被试坐在屏幕前面，听到指导语："同学，您好，欢迎参加本次实验。本研究的内容是关于商业活动中可能出现的一些问题，研究中你作为当事人面对此种道德两难困境时，请选择你的决策。"

每次实验开始前，呈现给被试 2000 ms 的 "+" 注视点，要求被试注视此 "+"，之后随机呈现 600 ~ 800 ms 空屏，紧接着呈现一个管理道德困境，看完问题后请按任意键进入下一幅屏幕，随后呈现给被试二元道德选项 "1. 做；2. 不"，请被试按照真实的意愿回答问题，如果选择 "1"，请按下 "1" 键，如果选择 "2"，请按下 "2" 键。被试按键反应后进入下一个试次。被试实验程序由 E-prime 2.0 编写，自动记录 EEG 脑电数据，并做标记（如图 8-1 所示）。

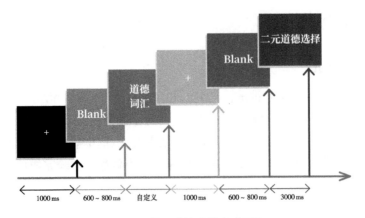

图 8-1　管理道德决策实验程序

### （四）EEG 数据记录与分析

被试坐在光线较为阴暗的隔音室中，脑电数据采集设备为美国 Neuroscan 公司生产的事件相关电位设备（ERPs），采用国际 10–20 系统扩展导联的 64 导 EEG 电极帽收集 EEG 数据。离线处理将所有电极的数据与双侧乳突的平均值进行参考。同时，记录垂直眼电（VEOG）和水平眼电（HEOG），分别置于两侧外眦（HEOG）1 厘米处和一只眼睛的垂直上下 2 厘米处（VEOG）。滤波带宽为 0.05 ~ 100 Hz，头皮电阻小于 5 kΩ，连续采样频率为 500 Hz。对数据进行离线分析，并对眼电伪迹进行校准。低波滤波带宽为 20 Hz，自动排出波幅大于 ±80 μV 的脑电数据。

实验依据刺激呈现时间分段，为刺激前 100 ms（基线）到刺激呈现后的 1000 ms。根据以往的研究，选择 F1、F2、F3、F4、F5、F6、C1、C2、C3、C4、C5、C6 等位置，电极位置进行决策类型 2（功利性决策 vs. 道义性决策）× 脑电位置 4（左前脑 vs. 右前脑 vs. 左后脑 vs. 右后脑）两因素重复测量方差分析。道德决策 ERPs 的研究较少，其成分不多，通过总平均图，本研究发现在刺激呈现后的 260 ms 左右，出现一个正向偏移成分分析的成分，采用 IBM 公司的 PASW19.0 进行分析。

## 二、结果与分析

### （一）行为结果

从 21 名被试中除去 2 名选择极端的被试，有效数据为 19 份，即 96 次决策 80 次以上做出道义决策的数据，其中，功利决策的次数为（34±2）次，道义性决策的次数为（67±3）次，经卡方检验发现，$x^2$（1）=5.42，$P<0.05$，差异显著。表明被试在决策时，还是更加趋向于道义性的结果。

### （二）ERPs 脑电成分分析

ERPs 脑电成分分析如图 8-2 所示。

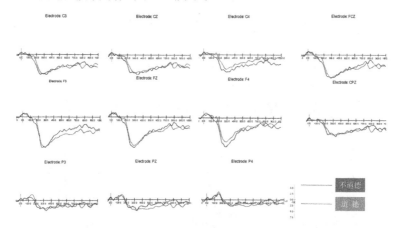

**图 8-2 管理道德自我决策总平均 1（见彩图）**

### 1. N1 成分分析（如图 8-3 所示）

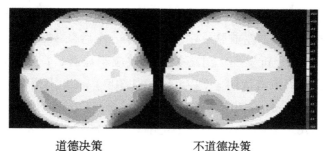

道德决策　　　　　　　不道德决策

**图 8-3 道德与不道德决策地形 1（见彩图）**

（1）潜伏期分析。对 N1 潜伏期进行道德类型 2（道德 vs. 不道德）× 脑电位置 4（左前脑 vs. 右前脑 vs. 左后脑 vs. 右后脑）的双因素重复测量方差分析发现，道德类型主效应显著，$F$（1,18）=4.888，$P$=0.040［道德决策潜伏期 =（107.329±1.786）ms，不道德决策潜伏期 =（111.026±1.378）ms］。电极位置主效应不显著，$F$（3,54）=1.82，$P$=0.184［左前脑 =（109.711±1.586）ms，右前脑 =（107.342±1.556）ms，左后脑 =（110.395±1.695）ms，右后脑 =

（109.263±1.549）ms］，交互作用不显著，$F$（3,54）=1.861，$P$=0.147。

（2）波幅分析。对 N1 波幅进行道德类型 2（道德 vs. 不道德）× 脑电位置 4（左前脑 vs. 右前脑 vs. 左后脑 vs. 右后脑）的双因素重复测量方差分析发现，道德类型主效应不显著，$F$（1,18）=0.041，$P$=0.841［道德决策波幅 =（−1.507±0.603）μV，不道德决策波幅 =（−1.231±1.338）μV］。电极位置主效应不显著，$F$（3,54）=2.365，$P$=0.081［左前脑 =（−0.999±1.142）μV，右前脑 =（−2.156±1.0026）μV，左后脑 =（−0.726±0.636）μV，右后脑 =（−1.594±0.507）μV］，交互作用不显著，$F$（3,54）=2.114，$P$=0.109。

### 2. N170 成分分析（如图 8-4 所示）

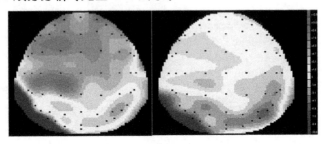

道德决策　　　　　　　　不道德决策

**图 8-4　道德与不道德决策地形 2（见彩图）**

（1）潜伏期分析。对 N170 潜伏期进行道德类型 2（道德 vs. 不道德）× 脑电位置 4（左前脑 vs. 右前脑 vs. 左后脑 vs. 右后脑）的双因素重复测量方差分析发现，道德类型主效应不显著，$F$（1,18）=0.559，$P$=0.464［道德决策潜伏期 =（175.688±1.309）ms，不道德决策潜伏期 =（174.447±1.253）ms］。电极位置主效应不显著，$F$（3,54）=2.196，$P$=0.127［左前脑 =（176.211±1.531）ms，右前脑 =（173.053±0.918）ms，左后脑 =（176.684±1.863）ms，右后脑 =（174.361±1.030）ms］，交互作用不显著，$F$（3,54）=1.191，$P$=0.137。

（2）波幅分析。对 N1 波幅进行道德类型 2（道德 vs. 不道德）× 脑电位置 4（左前脑 vs. 右前脑 vs. 左后脑 vs. 右后脑）的双因素重复测量方差分析发现，道德类型主效应不显著，$F$（1,18）=0.273，$P$=0.608［道德决策波幅 =（−2.918±0.974）μV，不道德决策波幅 =（2.204±0.997）μV］。电极位置主效应显著，$F$（3,54）=7.055，$P$=0.004［左前脑 =（4.088±1.776）μV，右前脑 =（1.792±1.709）μV，左后脑 =（3.802±1.177）μV，右后脑 =

（0.769±1.079）μV〕。

由于主效应显著，因此对脑电位置因素进行事后比较（BNF）发现，道德决策条件下，左前脑〔*M*=（3.693±2.646）μV〕与右前脑〔*M*=（2.395±2.457）μV〕脑电位置差异显著，*P*=0.009；左后脑〔*M*=（4.028±1.161）μV〕与右后脑〔*M*=（1.807±1.370）μV〕脑电位置差异显著，*P*=0.014。不道德决策下，左前脑〔*M*=（4.322±1.221）μV〕与右前脑〔*M*=（1.189±1.336）μV〕及右后脑〔*M*=（3.579±20.496）μV〕脑电位置差异显著，*P*=0.025，*P*=0.002，交互作用不显著，$F_{(3,54)}$=2.112，*P*=0.109。

### 3. N2 成分分析（如图 8-5 所示）

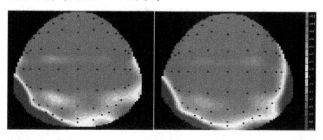

道德决策　　　　　　不道德决策

**图 8-5　道德与不道德决策地形 3（见彩图）**

（1）潜伏期分析。N2 潜伏期进行道德类型 2（道德 vs. 不道德）× 脑电位置 4（左前脑 vs. 右前脑 vs. 左后脑 vs. 右后脑）的双因素重复测量方差分析发现，道德类型主效应不显著，$F_{(1,18)}$=0.022，*P*=0.884〔道德决策潜伏期 =（298.539±4.548）ms，不道德决策潜伏期 =（298.145±4.402）ms〕。电极位置主效应不显著，$F_{(3,54)}$=2.078，*P*=0.114〔左前脑 =（298.474±4.322）ms，右前脑 =（300.947±4.596）ms，左后脑 =（298.316±4.104）ms，右后脑 =（295.632±4.819）ms〕，交互作用不显著，$F_{(3,54)}$=0.594，*P*=0.621。

（2）波幅分析。对 N2 波幅进行道德类型 2（道德 vs. 不道德）× 脑电位置 4（左前脑 vs. 右前脑 vs. 左后脑 vs. 右后脑）的双因素重复测量方差分析发现，道德类型主效应显著，$F_{(1,18)}$=10.416，*P*=0.005〔道德决策波幅 =（6.789±0.244）μV，不道德决策波幅 =（5.675±0.299）μV〕。电极位置主效应显著，$F_{(3,54)}$=7.016，*P*=0.002〔左前脑 =（6.873±0.386）μV，右前脑 =（6.477±0.236）μV，左后脑 =（6.234±0.356）μV，右后脑 =

（5.343±0.289）μV］，交互作用显著，$F$（3,54）=3.426，$P$=0.026。

由于交互作用显著，因此分析简单效应，控制道德决策类型因素下，道德决策在脑电位置上差异显著，$F$（3,54）=9.26，$P$=0.000；不道德决策在脑电位置上差异显著，$F$（3,54）=3.05，$P$=0.036，进一步事后多重比较发现，道德决策在左前脑［$M$=（8.110±0.251）μV］与右前脑［$M$=（6.748±0.361）μV］、右后脑［$M$=（5.532±0.460）μV］差异显著，$P$=0.007，$P$=0.000。不道德决策无显著性差异。左前脑在道德［$M$=（8.110±0.251）μV］与不道德［$M$=（5.635±0.211）μV］决策下差异显著，$F$（3,54）=44.13，$P$=0.000；右前脑在道德决策下差异不显著，$F$（3,54）=0.71，$P$=0.410；左后脑在道德决策下差异不显著，$F$（3,54）=2.73，$P$=0.116；右后脑在道德决策下差异不显著，$F$（3,54）=0.46，$P$=0.504。

### 4. P1成分分析（如图8-6所示）

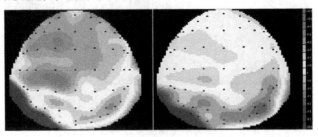

道德决策　　　　　　　　　不道德决策

**图8-6　道德与不道德决策地形4（见彩图）**

（1）潜伏期分析。对P1潜伏期进行道德类型2（道德 vs. 不道德）× 脑电位置4（左前脑 vs. 右前脑 vs. 左后脑 vs. 右后脑）的双因素重复测量方差分析发现，道德类型主效应不显著，$F$（1,18）=0.012，$P$=0.915［道德决策潜伏期=（162.053±1.683）ms，不道德决策潜伏期=（162.132±1.665）ms］。电极位置主效应不显著，$F$（3,54）=1.014，$P$=0.394［左前脑=（161.632±1.828）ms，右前脑=（161.368±2.122）ms，左后脑=（163.526±1.545）ms，右后脑=（161.842±1.804）ms］，交互作用不显著，$F$（3,54）=1.336，$P$=0.270。

（2）波幅分析。对P1波幅进行道德类型2（道德 vs. 不道德）× 脑电位置4（左前脑 vs. 右前脑 vs. 左后脑 vs. 右后脑）的双因素重复测量方差分析发现，道德类型主效应边缘显著，$F$（1,18）=3.501，$P$=0.078［道德决策波幅=（6.789±0.244）μV，不道德决策波幅=（5.675±0.299）μV］。电极位置主效应显著，$F(3,54)=11.705$，$P=0.000$［左前脑 =（$3.999\pm0.716$）μV，右前脑 =（$0.099\pm0.849$）μV，左后脑 =（$3.753\pm0.642$）μV，右后脑 =（$1.535\pm0.709$）μV］。

由于电极位置主效应显著，因此采用事后多重比较（BONFERRONI 法）发现，道德决策中左前脑［$M=（3.121\pm0.717$）μV］与右前脑［$M=（1.656\pm0.690$）μV］差异显著，$P=0.002$。左前脑道德［$M=（3.121\pm0.717$）μV］与不道德决策［$M=（4.877\pm0.934$）μV］差异显著，$P=0.050$，交互作用不显著，$F(3,54)=1.797$，$P=0.185$。

### 5. P2 成分分析（如图 8-7 所示）

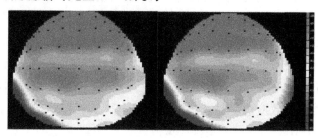

道德决策　　　　　　　　　不道德决策

**图 8-7　道德与不道德决策地形 5（见彩图）**

（1）潜伏期分析。对 P2 潜伏期进行道德类型 2（道德 vs. 不道德）× 脑电位置 4（左前脑 vs. 右前脑 vs. 左后脑 vs. 右后脑）的双因素重复测量方差分析发现，道德类型主效应显著，$F(1,18)=103.425$，$P=0.000$［道德决策潜伏期 =（$240.171\pm1.165$）ms，不道德决策潜伏期 =（$253.118\pm0.996$）ms］。电极位置主效应显著，$F(3,54)=5.236$，$P=0.008$［左前脑 =（$250.798\pm1.125$）ms，右前脑 =（$242.553\pm1.220$）ms，左后脑 =（$346.868\pm2.126$）ms，右后脑 =（$246.368\pm1.518$）ms］，交互作用显著，$F(3,54)=7.378$，$P=0.001$。

由于交互作用显著，因此分析简单效应，道德决策下，左后脑［$M=（245.158\pm1.844$）ms］与右前脑［$M=（237.158\pm1.662$）ms］差异显著，$P=0.012$。发现控制脑电因素下，道德决策水平下脑电位置差异显著，$F(3,54)=15.47$，$P=0.000$；不道德决策水平下脑电位置差异显著，$F(3,54)=23.64$，$P=0.000$。

由于上述差异显著，因此进行事后多重比较（BONFERRONI 法），发现道德决策水平下右前脑 [$M=$（237.158±1.662）ms] 与左后脑 [$M=$（245.158±1.844）ms] 差异显著，$P=0.012$。不道德水平下左前脑 [$M=$（260.000±0.958）ms] 与右前脑 [$M=$（247.947±1.294）ms]、左后脑 [$M=$（248.579±3.164）ms] 差异显著，$P=0.000$，$P=0.025$。控制道德决策类型因素下，左前脑在道德 [$M=$（241.579±2.162）ms] 与不道德 [$M=$（260.000±0.985）ms] 决策中潜伏期差异显著，$F$（3,54）=54.57，$P=0.000$；右前脑在道德 [$M=$（237.158±1.662）ms] 与不道德 [$M=$（247.947±1.294）ms] 决策中潜伏期差异显著，$F$（3,54）=39.93，$P=0.000$；左后脑在道德与不道德决策中潜伏期差异不显著，$F$（3,54）=1.34，$P=0.262$；右后脑在道德 [$M=$（236.789±2.750）ms] 与不道德 [$M=$（255.947±1.568）ms] 决策中潜伏期差异显著，$F$（3,54）=33.88，$P=0.000$。

（2）波幅分析。对 P2 波幅进行道德类型 2（道德 vs. 不道德）× 脑电位置 4（左前脑 vs. 右前脑 vs. 左后脑 vs. 右后脑）的双因素重复测量方差分析发现，道德类型主效应边缘显著，$F$（1,18）=27.279，$P=0.000$ [道德决策波幅 =（4.181±0.106）μV，不道德决策波幅 =（5.684±0.241）μV]。电极位置主效应显著，$F$（3,54）=15.765，$P=0.000$ [左前脑 =（5.778±0.744）μV，右前脑 =（5.680±0.363）μV，左后脑 =（1.023±0.167）μV，右后脑 =（1.250±0.169）μV]，交互作用显著，$F$（3,54）=15.524，$P=0.000$。

由于交互作用显著，因此分析简单效应发现，控制脑电位置因素下，道德决策水平下脑电位置差异显著，$F$（3,54）=21.78，$P=0.000$；不道德决策水平下脑电位置差异显著，$F$（3,54）=19.88，$P=0.000$。由于上述简单效应检验显著，因此进行事后多重比较（BONFERRONI 法），发现道德水平下左前脑 [$M=$（5.150±0.737）μV] 与左后脑 [$M=$（3.842±0.253）μV]、右前脑 [$M=$（4.115±0.196）μV] 及右后脑 [$M=$（3.618±0.187）μV] 差异显著，$P=0.003$，$P=0.003$，$P=0000$。不道德水平下左前脑 [$M=$（6.405±0.305）μV] 与左后脑 [$M=$（7.518±0.725）μV] 及右后脑 [$M=$（4.882±0.255）μV] 差异显著，$P=0.000$，$P=0.002$。右前脑 [$M=$（7.518±0.725）μV] 与右后脑 [$M=$（4.882±0.255）μV] 差异显著，$P=0.005$。控制道德决策因素下发现，左前脑在道德 [$M=$（5.150±0.737）μV] 与不道德 [$M=$（6.405±0.305）μV] 决策水平下差异显著，$F$（3,54）=12.61，$P=0.002$；右前脑在道德 [$M=$（3.842±0.253）μV] 与不道德 [$M=$（7.518±0.725）μV] 决策水平下差异显著，$F$（3,54）=20.75，$P=0.002$；左后脑在道德与

不道德决策水平下差异不显著，$F(3,54)=0.41$，$P=0.532$；右后脑在道德 [$M=(3.618±0.187)μV$] 与不道德 [$M=(4.882±0.255)μV$] 决策水平下差异显著，$F(3,54)=18.61$，$P=0.000$。

### 6. P3 成分分析（如图 8-8 所示）

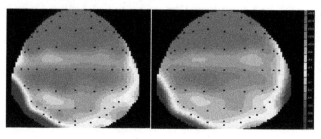

道德决策　　　　　　　　不道德决策

**图 8-8　道德与不道德决策地形 6（见彩图）**

（1）潜伏期分析。对 P3 潜伏期进行道德类型 2（道德 vs. 不道德）× 脑电位置 4（左前脑 vs. 右前脑 vs. 左后脑 vs. 右后脑）的双因素重复测量方差分析发现，道德类型主效应不显著，$F(1,18)=0.023$，$P=0.882$ [道德决策潜伏期 =（331.539±2.116）ms，不道德决策潜伏期 =（331.776±1.936）ms]。电极位置主效应不显著，$F(3,54)=1.020$，$P=0.346$ [左前脑 =（330.632±2.357）ms，右前脑 =（330.553±2.237）ms，左后脑 =（333.816±2.105）ms，右后脑 =（331.632±2.401）ms]，交互作用不显著，$F(3,54)=0.876$，$P=0.417$。

（2）波幅分析。对 P3 波幅进行道德类型 2（道德 vs. 不道德）× 脑电位置 4（左前脑 vs. 右前脑 vs. 左后脑 vs. 右后脑）的双因素重复测量方差分析发现，道德类型主效应不显著，$F(1,18)=0.246$，$P=0.626$ [道德决策波幅 =（11.689±0.644）μV，不道德决策波幅 =（11.982±0.241）μV]。电极位置主效应显著，$F(3,54)=8.240$，$P=0.000$ [左前脑 =（11.708±0.334）μV，右前脑 =（12.641±0.517）μV，左后脑 =（12.935±0.617）μV，右后脑 =（10.059±0.668）μV]，交互作用显著，$F(3,54)=3.495$，$P=0.036$。

由于交互作用显著，因此分析简单效应，控制脑电位置因素发现，道德决策在脑电位置上不显著，$F(3,54)=1.97$，$P=0.129$；不道德决策在脑电位置上显著，$F(3,54)=5.97$，$P=0.001$。由于上述简单效应检验显著，因此进行事后多重比较（BONFERRONI 法）发现，不道德决策水平上，左前脑［*M*=（12.293±0.265）μV］与右前脑［*M*=（13.311±0.164）μV］及右后脑［*M*=（8.886±0.265）μV］差异显著，*P*=0.017，*P*=0.000。右后脑［*M*=（8.886±0.265）μV］与左后脑［*M*=（13.440±0.405）μV］差异显著，*P*=0.000。控制道德决策类型因素发现，左前脑上道德决策［*M*=（11.122±0.432）μV］与不道德决策［*M*=（12.292±0.164）μV］差异显著，*F*（3,54）=20.52，*P*=0.000，其他差异不显著。

## （三）时间窗平均波幅分析

### 1. 130～180 ms 时间窗平均波幅分析（如图 8-9 所示）

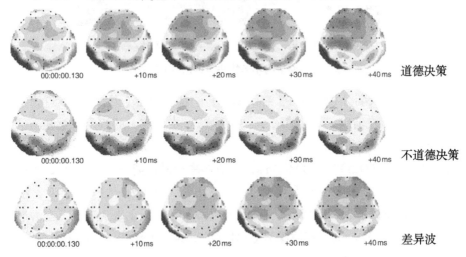

图 8-9　道德、不道德与差异波行为决策地形 1（见彩图）

对 130～180 ms 时间窗平均波幅进行道德类型 2（道德 vs. 不道德）× 脑电位置 4（左前脑 vs. 右前脑 vs. 左后脑 vs. 右后脑）的双因素重复测量方差分析发现，道德类型主效应不显著，*F*（1,18）=0.021，*P*=0.886［道德决策波幅=（1.204±0.651）μV，不道德决策波幅=（1.310±0.633）μV］。电极位置主效应显著，*F*（3,54）=15.974，*P*=0.000［左前脑=（2.384±0.716）μV，右前脑=（1.136±0.703）μV，左后脑=（2.011±0.536）μV，右后脑=（-0.504±0.365）μV］，交互作用显著，*F*（3,54）=8.077，*P*=0.002。

由于交互作用显著，因此分析简单效应发现，控制脑电位置因素下，道德决策在脑电位置上差异不显著，*F*（3,54）=1.73，*P*=0.172；不道德决策在脑电位置上差异显著，*F*（3,54）=6.09，*P*=0.001。由于上述差异显著，因此对其进行事后多重比较（BONFERRONI 法）发现，道德决策下左前脑［$M=$（1.417±0.724）μV］与右前脑［$M=$（0.667±0.768）μV］差异显著，$P=0.033$；右后脑［$M=$（0.671±0.660）μV］与右前脑［$M=$（0.667±0.768）μV］及左后脑［$M=$（20.59±0679）μV］差异显著，$P=0.016$，$P=0.023$。不道德决策水平下，左前脑［$M=$（3.351±1.033）μV］与右后脑［$M=$（−1.679±0.306）μV］、左后脑［$M=$（1.962±0.731）μV］差异显著，$P=0.027$，$P=0.000$；右后脑［$M=$（−1.679±0.306）μV］与左后脑［$M=$（1.962±0.731）μV］差异显著，$P=0.022$。控制道德决策类型因素下，左前脑道德与不道德决策差异不显著，$F_{(3,54)}=3.30$，$P=0.086$；右前脑道德与不道德决策差异不显著，$F_{(3,54)}=1.00$，$P=0.331$，左后脑道德与不道德决策差异不显著，$F_{(3,54)}=0.01$，$P=0.916$；右后脑道德与不道德决策差异不显著，$F_{(3,54)}=2.86$，$P=0.124$。

### 2. 180～230 ms 时间窗平均波幅分析（如图 8-10 所示）

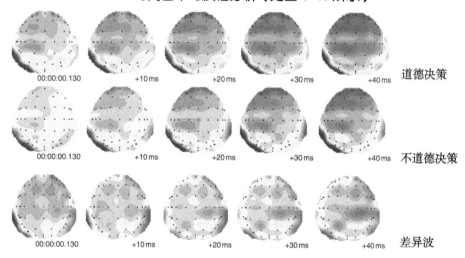

图 8-10 道德、不道德与差异波行为决策地形 2（见彩图）

对 180～230 ms 时间窗平均波幅进行道德类型 2（道德 vs. 不道德）× 脑电位置 4（左前脑 vs. 右前脑 vs. 左后脑 vs. 右后脑）的双因素重复测量方差分析发现，道德类型主效应不显著，$F_{(1,18)}=0.802$，$P=0.382$［道德决策波幅 =（3.702±0.100）μV，不道德决策波幅 =（2.866±0.103）μV］。电极位置主效应不显著，$F_{(3,54)}=0.525$，$P=0.481$［左前脑 =（3.395±0.105）μV，右前脑 =（3.820±0.140）μV，左后脑 =（3.170±0.148）μV，右后脑 =（2.750±0.123）μV］，交互作用不显著，$F_{(3,54)}=1.301$，$P=0.269$。

### 3. 230～280 ms 时间窗平均波幅分析（如图 8-11 所示）

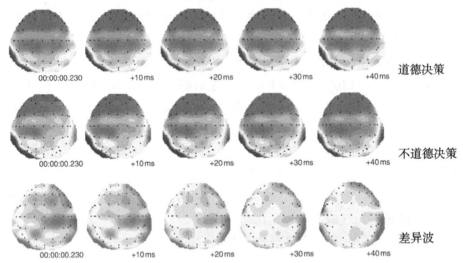

道德决策

不道德决策

差异波

**图 8-11　道德、不道德与差异波行为决策地形 3（见彩图）**

对 230～280 ms 时间窗平均波幅进行道德类型 2（道德 vs. 不道德）× 脑电位置 4（左前脑 vs. 右前脑 vs. 左后脑 vs. 右后脑）的双因素重复测量方差分析发现，道德类型主效应显著，$F(1,18)=16.108$，$P=0.001$ ［道德决策波幅 =（$5.307 \pm 0.161$）μV，不道德决策波幅 =（$4.429 \pm 0.193$）μV］。电极位置主效应不显著，$F(3,54)=2.050$，$P=0.122$ ［左前脑 =（$4.808 \pm 0.224$）μV，右前脑 =（$5.363 \pm 0.273$）μV，左后脑 =（$4.556 \pm 0.271$）μV，右后脑 =（$4.745 \pm 0.238$）μV］，交互作用显著，$F(3,54)=5.315$，$P=0.006$。

由于交互作用显著，因此分析简单效应发现，控制脑电位置因素下，道德决策在脑电位置上差异不显著，$F(3,54)=1.29$，$P=0.287$；不道德决策在脑电位置上差异显著，$F(3,54)=9.39$，$P=0.000$。由于上述差异显著，因此对其进行事后多重比较（BONFERRONI 法）发现，道德决策下左前脑 ［$M=（5.178 \pm 0.167）$μV］与右前脑 ［$M=（6.505 \pm 0.239）$μV］差异显著，$P=0.000$；右前脑 ［$M=（6.505 \pm 0.239）$μV］与左后脑 ［$M=（4.738 \pm 0.215）$μV］、右后脑 ［$M=（4.808 \pm 0.451）$μV］差异显著，$P=0.001$，$P=0.009$。不道德决策水平下，各个脑电位置差异均不显著。控制道德决策类型因素下，左前脑道德与不道德决策差异不显著，$F(3,54)=3.30$，$P=0.086$；右前脑道德与不道德决策差异显著，$F(3,54)=40.82$，$P=0.000$；左后脑道德与不道德决策差异不显著，$F(3,54)=0.86$，$P=0.365$；右后脑道德与不道德决策差异不显著，$F$（3,54）=0.06，$P$=0.813。

### 4. 280～320 ms 时间窗平均波幅分析（如图 8-12 所示）

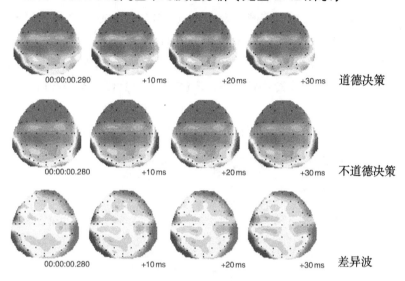

**图 8-12 道德、不道德与差异波行为决策地形 4（见彩图）**

对 280～320 ms 时间窗平均波幅进行道德类型 2（道德 vs. 不道德）× 脑电位置 4（左前脑 vs. 右前脑 vs. 左后脑 vs. 右后脑）的双因素重复测量方差分析发现，道德类型主效应显著，$F$（1,18）=31.593，$P$=0.000［道德决策波幅=（4.675±0.095）μV，不道德决策波幅=（3.616±0.120）μV］。电极位置主效应不显著，$F$（3,54）=10.749，$P$=0.000［左前脑=（4.053±0.135）μV，右前脑=（4.794±0.135）μV，左后脑=（4.065±0.106）μV，右后脑=（3.671±0.167）μV］，交互作用显著，$F$（3,54）=9.419，$P$=0.000。

由于交互作用显著，因此分析简单效应发现，控制脑电位置因素下，道德决策在脑电位置上差异显著，$F$（3,54）=22.24，$P$=0.000；不道德决策在脑电位置上差异显著，$F$（3,54）=8.33，$P$=0.000。由于上述差异显著，因此对其进行事后多重比较（BONFERRONI 法）发现，道德决策下右后脑［$M$=（3.909±0.196）μV］与右前脑［$M$=（4.960±0.182）μV］、左后脑［$M$=（5.314±0.243）μV］差异显著，$P$=0.000，$P$=0.011。不道德决策水平下，左前脑［$M$=（3.578±0.190）μV］与右前脑［$M$=（4.627±0.202）μV］及左后脑［$M$=（2.815±0.196）μV］差异显著，$P$=0.011，$P$=0.017；右前脑［$M$=（4.627±0.202）μV］与右后脑［$M$=（3.434±0.290）μV］

及左后脑 [ $M$=（2.815±0.196）μV ] 差异显著，$P$=0.000，$P$=0.047。各个脑电位置差异均不显著。控制道德决策类型因素下，左前脑道德 [ $M$=（4.519±0.208）μV ] 与不道德决策 [ $M$=（3.587±0.190）μV ] 差异显著，$F$（3,54）=8.87，$P$=0.008；右前脑道德与不道德决策差异不显著，$F$（3,54）=1.48，$P$=0.240；左后脑道德 [ $M$=（5.314±0.243）μV ] 与不道德 [ $M$=（2.815±0.196）μV ] 决策差异显著，$F$（3,54）=41.82，$P$=0.000；右后脑道德与不道德决策差异不显著，$F$（3,54）=1.68，$P$=0.211。

5. 320～350 ms 时间窗平均波幅分析（如图 8–13 所示）

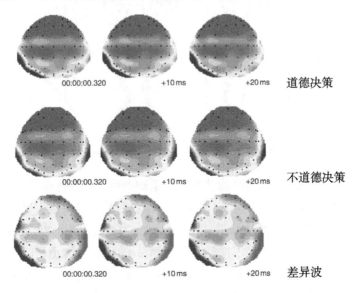

道德决策

不道德决策

差异波

**图 8–13　道德、不道德与差异波行为决策地形 5（见彩图）**

对 320～350 ms 时间窗平均波幅进行道德类型 2（道德 vs. 不道德）× 脑电位置 4（左前脑 vs. 右前脑 vs. 左后脑 vs. 右后脑）的双因素重复测量方差分析发现，道德类型主效应不显著，$F$（1,18）=1.521，$P$=0.233 [ 道德决策波幅 =（3.574±0.101）μV，不道德决策波幅 =（3.443±0.114）μV ]。电极位置主效应不显著，$F$（3,54）=25.223，$P$=0.000 [ 左前脑 =（4.075±0.114）μV，右前脑 =（3.808±0.127）μV，左后脑 =（3.258±0.132）μV，右后脑 =（2.892±0.149）μV ]，交互作用显著，$F$（3,54）=13.582，$P$=0.000。

由于交互作用显著，因此分析简单效应发现，控制脑电位置因素下，道德决策在脑电位置上差异显著，$F$（3,54）=11.98，$P$=0.000；不道德决策在脑电位置上差异显著，$F$（3,54）=23.02，$P$=0.000。由于上述差异显著，因此对其进行事后多重比较（BONFERRONI 法）发现，道德决策下左前脑［$M$=（$3.733\pm0.158$）μV］与右前脑［$M$=（$4.460\pm0.166$）μV］、右后脑［$M$=（$2.652\pm0.188$）μV］差异显著，$P$=0.007，$P$=0.004。右前脑［$M$=（$4.460\pm0.166$）μV］与左后脑［$M$=（$3.451\pm0.217$）μV］、右后脑［$M$=（$2.652\pm0.188$）μV］差异显著，$P$=0.001，$P$=0.000。不道德决策水平下，左前脑［$M$=（$4.418\pm0.169$）μV］与右前脑［$M$=（$3.155\pm0.129$）μV］、左后脑［$M$=（$3.065\pm0.148$）μV］、右后脑［$M$=（$3.133\pm0.223$）μV］差异显著，$P$=0.0100，$P$=0.000，$P$=0.000。

控制道德决策类型因素下，左前脑道德［$M$=（$4.519\pm0.208$）μV］与不道德［$M$=（$3.587\pm0.190$）μV］决策差异显著，$F$（3,54）=8.50，$P$=0.009；右前脑道德与不道德决策差异显著，$F$（3,54）=12.37，$P$=0.000；左后脑道德［$M$=（$5.314\pm0.243$）μV］与不道德［$M$=（$2.815\pm0.196$）μV］决策差异不显著，$F$（3,54）=2.19，$P$=0.156；右后脑道德与不道德决策差异不显著，$F$（3,54）=2.85，$P$=0.109。

### 6. 350～650 ms 时间窗平均波幅分析（如图 8-14 所示）

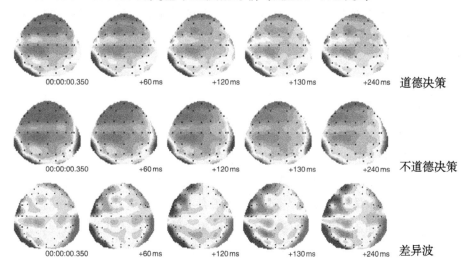

**图 8-14　道德、不道德与差异波行为决策地形 6（见彩图）**

对 350～650 ms 时间窗平均波幅进行道德类型 2（道德 vs. 不道德）× 脑电位置 4（左前脑 vs. 右前脑 vs. 左后脑 vs. 右后脑）的双因素重复测量方差分析发现，道德类型主效应显著，$F$（1,18）=12.776，$P$=0.002［道德决策波幅 =（$3.982\pm0.103$）μV，不道德决策波幅 =（$3.633\pm0.102$）μV］。电极位置主效应不显著，$F (3,54) =19.857$，$P=0.000$［左前脑 =（4.431 ± 0.120）μV，右前脑 =（3.939 ± 0.127）μV，左后脑 =（3.63 ± 0.123）μV，右后脑 =（2.498 ± 0.109）μV］，交互作用显著，$F (3,54) =7.206$，$P=0.000$。

由于交互作用显著，因此分析简单效应发现，控制脑电位置因素下，道德决策在脑电位置上差异显著，$F (3,54) =20.17$，$P=0.000$；不道德决策在脑电位置上差异显著，$F (3,54) =8.79$，$P=0.000$。由于上述差异显著，因此对其进行事后多重比较（BONFERRONI 法）发现，道德决策下左前脑［$M=（4.522 ± 0.146）μV$］与左后脑［$M=（3.662 ± 0.199）μV$］、右后脑［$M=（3.283 ± 0.208）μV$］差异显著，$P=0.006$，$P=0.000$。右前脑［$M=（4.460 ± 0.124）μV$］与左后脑［$M=（3.662 ± 0.199）μV$］、右后脑［$M=（3.283 ± 0.208）μV$］差异显著，$P=0.001$，$P=0.000$。不道德决策水平下，左前脑［$M=（4.418 ± 0.169）μV$］与右前脑［$M=（3.155 ± 0.129）μV$］差异显著，$P=0.010$。

控制道德决策类型因素下，右前脑道德［$M=（4.461 ± 0.146）μV$］与不道德［$M=（4.339 ± 0.124）μV$］决策差异显著，$F (3,54) =29.84$，$P=0.000$；左后脑道德［$M=（3.662 ± 0.199）μV$］与不道德决策［$M=（3.065 ± 0.148）μV$］差异显著，$F (3,54) =5.70$，$P=0.028$；其他差异不显著。

## 三、讨论

在管理道德两难决策中，个体道德行为与不道德行为的加工机制不同。从总平均波幅上可以看到，两种类型的道德决策过程中，成分与波幅之间存在差异。个体卷入的道德决策中，情感卷入度应该更高。从行为结果上分析，可以发现个体道德决策与不道德决策存在差异，道德性决策相对更多。管理道德决策加工初期，道德决策与不道德决策 N1 潜伏期并无差异，但与实验二比较其波幅更大。N1 属于视觉加工成分，是出现于额叶中央区的负波 ①，本研究同样表明其主要集中于左右前脑。受注意成分影响，被注意的刺

---

① VOGEL E K, LUCK S J. The visual N1 component as an index of a discrimination process, *Psychophysiology*, 2000, 37（4）：190−123.

激已发更大的波幅，无明显的 N170 成分出现[①]。海德的情绪 – 认知整合理论认为，道德决策中情绪驱动加工影响较大，情绪对道德的影响贯穿于整个道德决策过程中，对后期的认知加工过程有重要影响，道德认知加工对道德情感加工在一定情境下有驾驭作用。不道德情境下诱发了更大的 P2 成分，P2 成分对负性情绪更加敏感[②]，反映了负性情绪自动加工的现象[③]，负性情绪诱发了更大的波幅及更短的潜伏期。本实验中，当个体做出不道德决策时，诱发了更大的 P2 波幅。在认知资源紧张的过程中，负性情绪总会得到优先加工[④]，研究中道德决策的时间相对较短，此时诱发的负性情绪更多。个体在面对不道德行为时产生的负性情绪更强烈，当个体面对利己与利他决策时，做出利己决策时会产生更多负性情绪，这种负性情绪为焦虑、紧张、厌恶等消极情绪体验，个体为减少焦虑、紧张等负性情绪，就更愿意做出道德决策，这也是维系社会发展的重要功能之一。虽然个体做出了道德的选择，但也会产生由潜在的损失导致的消极情绪体验，如难过、愤怒等负性情绪。在刺激呈现后的 350 ms 左右出现了一个 P3 成分，P3 成分作为情绪加工的评价指标与认知资源使用的指标之一，有研究发现正负情绪都会诱发 P3，但是，负性情绪诱发的 P3 相对更多[⑤]。本研究发现，个体 P3 潜伏期并无差异，但是其波幅在道德与不道德之间比较显著，不道德行为诱发出更大成分的 P3 波幅，表明其负性情绪激活程度更大。

本实验由被试自己决定应该做出什么样的道德选择，发现其差异与观看他人道德选择较大。格林的道德双加工理论认为，个体在面对两难道德决策时会激活两个道德加工机制，一个是由情绪驱动的直觉加工系统，另一个是

① CLARK V, HILLYARD S A. Spatial selective attention affects early extrastriate but not striate components of the visual evoked, *Journal of Cognitive Neuroscience*, 1996, 8（5）：267 - 275.

② PIZZAGALLI D A, GREISCHAR L L, DAVIDSON R J. Spatio-temporal dynamics of brain mechanisms in aversive classical conditioning: High-density event-related potential and brain electrical tomography analyses, *Neuropsychologia*, 2003, 41（2）：184-194.

③ 白露、马慧、黄宇霞等：《中国情绪图片系统的编制：在 46 名大学生中的试用》，载《中国心理卫生杂志》2005 年第 11 期，第 719-722 页。

④ 黄宇霞、罗跃嘉：《负性情绪刺激是否总是优先得到加工：ERP 研究》，载《心理科学》2009 年第 9 期，第 822-831 页。

⑤ CAMPANELLA S, GASPARD C, DEBATISSE D, et al. Discrimination of emotional facial expressions in a visual oddball task: an ERP study, *Biological Psychology*, 2002, 59（3）：171-186.

由认知控制的理性加工系统。个体面对两难道德困境时，有两个加工途径来完成。道德决策前期，被试在 N1 及 P1 潜伏期并无显著差异，但是不道德决策激活了更大的 P1 波幅，从地形图上可以看出道德决策激活程度更大，从道德判断的初期就表现出差别来，特别是左前脑位置。在 240 ms 左右出现了一个明显的负性偏移，道德决策潜伏期比不道德决策更短，双加工理论认为个体在面对道德困境时，道德选择受情绪加工控制时间更短，实验二中道德决策 P2 潜伏期也要短于其不道德决策，此时道德直觉加工占了主要地位。不道德决策的波幅明显大于道德决策波幅，尤其是在前脑位置，引起的波幅更大。安德森（Anderson）等人的研究发现，额叶受损的病人在情绪上有所缺陷，同时表现出更多的不道德现象 ①，个体做出不道德行为时，前脑中的额叶参与道德判断，引发更大的情绪体验。

## 四、小结

个体面对管理道德两难决策时，情绪加工程度更大。道德决策与不道德决策都会引发负性情绪，与实验二中观看他人面临不道德决策相比波幅更大，诱发的负性情绪更强烈，这是由个体情绪动机卷入导致的。当个体在观看他人不道德决策时，更多的是主观评价过程；当个体卷入其中后，有了一定程度的动机，同时由于设置为二元决策，个体必须在其中做出自己的选择，其情绪体验比较强烈。由于个体的利己特点，做出道德行为会使个体利益受损，同样能诱发个体负性情绪。

# 第二节　实验五：管理道德决策自我决策的反馈神经机制

在行动过程中，个体不断利用他人给予的反馈来调节自己的行为。在道德的形成过程中，反馈有着重要的作用。当你面对跌倒的老人，好心去帮扶

---

① ANDERSON R W, NYBORG K G. Financing and corporate growth under repeated moral hazard, *Journal of Financial Intermediation*, 2011, 20（1）: 1-24.

了对方，结果却被对方诓诈，你就会想，"如果当初不管他该多好啊"。在管理中，当企业利益与环境保护发生两难冲突时，个体选择了企业利益为先，结果受到严重处罚，企业在面对破产时可能会想，当初不这么做就不会导致企业破产了。近年来，道德决策多关注道德判断过程中的心理加工机制，忽视了道德形成中重要的反馈机制。但对管理道德或不道德的行为给予惩罚或奖励时，个体的行为反应如何的呢？对奖励或惩罚的研究主要集中在反馈相关负波（feedback related negativity, FRN）和 P3 上。反馈相关负波在赌博游戏中会被激活，应该赢钱却输钱会产生后悔情绪，并且激活眶额皮层，因此，推断眶额皮层是调节后悔情绪的一个重要因素。而且 FRN 在刺激呈现后的 200～400 ms 以内的道德峰值，是对好与坏的结果评价，面对惩罚类的结果其峰值更大，波幅更大。对 FRN 的脑区位置分析发现，其主要集中于前扣带回 [1]、内侧前额叶及海马 [2]、中脑多巴胺神经元 [3]。笔者认为，在道德决策过程中，当个体做出道德的决策却被给予惩罚时，个体的 FRN 波幅会更大。在对反馈结果的评价中会产生相应的情绪体验，这一现象主要从 P3 上反映出来，其波幅大小表明了情绪的卷入度。

对惩罚与奖励的研究发现，个体面对奖励或惩罚时纹状体也会被激活。研究发现，当个体获金钱奖励、酒精成瘾者看到酒精强化物或看到自己亲人影像时，其背侧纹状体都比较活跃 [4]。当前研究中，对 FRN 的解释理论主要有强化敏感理论（reinforcement sensitivity theory, RST）与情绪动机理论（emotional motivation theory, EMT）。

哈罗德（Holoryd）认为，FRN 是负性强化学习的信号通过中脑的多巴胺系统传输到前扣带回。整个过程中基底神经节（basal ganglia）对事件进行评估，如果当前的反馈与预期背离较大，多巴胺细胞神经活动减弱，之后这些

---

[1] NIEUWENHUIS S, HOLROYD C B, MOL N, et al. Reinforcement-related brain potentials from medial frontal cortex: Origins and functional significance, *Neuroscience and Biobehavioral Reviews*, 2004, 28（42）: 441–448.

[2] GIORGIO C, CRITCHLEY H D, MATEUS J, et al. Regret and its avoidance: A neuroimaging study of choice behavior, *Nature Neuroscience*, 2005, 54（8）: 1255–1262

[3] HABER S N, KNUTSON B. The reward circuit: Linking primate anatomy and human imaging, *Neuropsychopharmacology*, 2010, 35（1）: 4–26.

[4] BJORK J M, KNUTSON B, HOMMER D W. Incentive-elicited striatal activation in adolescent children of alcoholics, *Addiction*, 2008, 103（8）: 1308–1319.

信息被传输至前扣带回，但是，多巴胺的减弱并不能一直刺激前扣带回的放电活动，此时就会出现较大的负波。如果反馈高于个体预期，多巴胺神经细胞活动加强，前扣带回就无法产生一个负向偏移。FRN 波幅大小反映个体利用外部信息进行学习的过程，并系统地监控当前执行动作行为的学习机制。

EMT 解释 FRN 出现的现象是指个体面对错误的行为或者负性结果导致的情绪动机意义的评价[①]，其对应的是敏感反应，对正确与错误不敏感，ACC（扣带回）不是对行为的结果评价，而是对行为造成的后果进行情绪动机意义的评价。虽然被试对结果不反应，但是面对损失金钱，客体同样会产生FRN，表明 ACC 对奖励与惩罚的反馈结果带有一定的动机水平，其波幅的大小反映出个体的主观参与程度，当个体参与实验过程时，FRN 波幅更大，说明 FRN 受动机因素的影响[②]。

个人在道德观念的形成过程中，不断面对违反道德规则并受到处罚，进而修改自己的行为，使之符合当前的道德规范。当个体做出符合道德规范的行为时，会受到表扬或奖励，从而使个体做出更多意义的道德行为，形成自己的道德规范。当前道德研究过多地关注个体道德决策过程，而忽视道德反馈的重要意义，因此，本研究通过设置道德情境，以及二元道德决策并给以结果评价，来研究结果反馈的道德神经机制。本研究认为，当个体做出道德行为后，给以惩罚会诱发更强烈的 FRN 波幅；当个体做出不道德行为后，受到奖励也会诱发更大的 FRN 波幅；道德决策反馈神经机制更符合情绪动机假说。

# 一、方法

## （一）被试

某大学管理学院 20 名被试，其中男 10 人，女 10 人，年龄介于（23±1.04）岁之间，裸眼视力或矫正视力都在 1.0 以上，观看道德决策实验材料时无视觉障碍。被试均为右利手者，身体康健，无重大头部伤害，也无

---

① GEHRING W J, WILLOUGHBY A R. The medial frontal cortex and the rapid processing of monetary gains and losses, *Science*, 2002, 295（5563）: 2279-2282.

② DONKERS F C L, NIEUWENHUIS S, VAN BOXTEL G J M. Mediofrontal negativities in the absence of responding, *Cognitive Brain Research*, 2005, 25（3）: 777-787.

精神方面疾病，实验前无参加过类似实验，并均获得其知情同意，实验完成后给予少量报酬。

## （二）实验设计与材料

采用道德决策结果：道义性决策 vs. 功利性决策单因素实验设计。管理道德两难实验材料按照被试的分类，分为道义性决策和功利性决策。实验材料如第八章实验四，例如，公司要求你在销售产品过程中，可以给予客户一部分回扣，如果你不给，可能拿不到项目，还会影响你的销售业绩及公司奖金。决策选择为两种，一种是不给回扣，另一种是给回扣。如果被试选择不给回扣，即为道义性决策；如果被试选择给回扣，即为功利性决策。通过编制并标准化 96 条管理道德决策两难实验材料，字数限制在 $69 \pm 4$ 的范围内。

## （三）实验程序

被试距离电脑屏幕大约 80 厘米，水平视角约 1.5 度，垂直视角大约在 1.5 度。实验过程中，试次随机呈现给被试。实验分为练习与正式实验部分。实验每 30 试次被试可选择休息 2 ~ 5 分钟，被试在实验室休息。被试坐在屏幕前面，告知被试指导语："同学，您好，欢迎参加本次实验，本研究的内容是关于商业活动中可能出现的一些道德问题，研究中你作为当事人面对此种道德两难困境时，请选择你的决策。当你做出选择后，会给予你选择的评价。"

每次实验开始前，呈现给被试 2000 ms 的 "+" 注视点，要求被试注视此 "+"，之后随机呈现 600 ~ 800 ms 空屏，紧接着呈现一个管理道德困境。看完问题后，请按任意键进入下一幅屏幕，随后呈现给被试二元道德选项 "1. 做；2. 不"。请被试按照真实的意愿回答问题，如果选择 "1" 请按下 "1" 键，如果选择 "2" 请按下 "2" 键，之后被试将会看到对其决策的评价，被试所选择的结果都会保密。被试按键反应后自动进入下一个试次。被试实验程序由 E-prime 2.0 编写，自动记录 EEG 脑电数据，并做标记（如图 8-15 所示）。

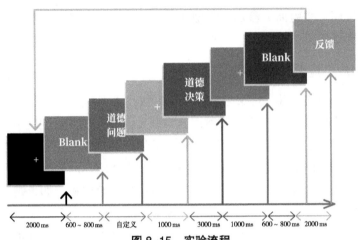

图 8-15　实验流程

## （四）EEG 数据记录与分析

被试坐在光线较为阴暗的隔音室中，脑电数据采集设备为美国 Neuroscan 公司生产的事件相关电位设备（ERPs），采用国际 10-20 系统扩展导联的 64 导 EEG 电极帽收集 EEG 数据。离线处理将所有电极的数据与双侧乳突的平均值进行参考。同时，记录垂直眼电（VEOG）和水平眼电（HEOG），分别置于两侧外眦（HEOG）1 厘米处和一只眼睛的垂直上下 2 厘米处（VEOG）。滤波带宽为 0.05 ~ 100 Hz，头皮电阻小于 5 kΩ，连续采样频率为 500 Hz。对数据进行离线分析，并对眼电伪迹进行校准。低波滤波带宽为 20 Hz，自动排出波幅大于 ±80 μV 的脑电数据。

实验依据刺激呈现时间分段，为刺激前 100 ms（基线）到刺激呈现后的 1000 ms。由于 FRN 的平均波幅会受其他成分的影响，因此，研究中采用 Holroyd 等人的方法测量反馈相关负波的波幅与潜伏期。反馈刺激出现后的 160 ~ 240 ms 找到正向偏移最大的波幅作为一个参考点，本研究采用的是 P2 成分波，然后从 240 ~ 400 ms 找到最负的波作为第二个参考点。如果在此期间没有出现负波，就将其波幅记录为 0；如果发现了负波，那么 FRN 的波幅定义为最负的点与最正参考点波幅的差值。P3 定义为反馈刺激出现的 200 ~ 400 ms 内最正波幅。根据以往的研究，选择 FCZ、F6、CPZ、PZ、P3、P4 等 15 位置电极进行道德类型 2（功利性决策 vs. 道义性决策）× 惩罚类型 2（积极反馈 vs. 消极反馈）× 脑电位置 3（FZ vs. PZ vs. CZ）三因素重复测量方差分析。由于对道德决策 ERPs 的研究较少，其成分不多，通过总平均图，本研究发现在刺激呈现后的 260 ms 左右，出现一个正向偏移分析的成分，P3 在一定程度与心理资源使用量成正相关，当被试做出更多认知努力时，波幅也会越大。因此，本研究采用 IBM 公司的 PASW 19.0 进行分析。

## 二、结果与分析

### （一）行为结果

20 名被试选择道德决策惩罚次数为（56±2.10）次，不道德奖励次数为（58±2.34）次，二者差异不显著，$F=$（1,19）$=0.491$，$P=0.489$。

### （二）ERPs 成分分析

ERPs 成分分析如图 8-16 所示。

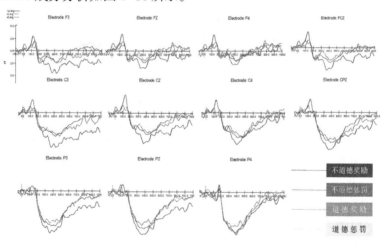

图 8-16　管理道德自我决策总平均 2（见彩图）

### 1. N1 成分分析（如图 8-17 所示）

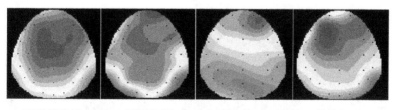

不道德奖励　　不道德惩罚　　道德奖励　　道德惩罚

图 8-17　管理不道德奖励、不道德惩罚、道德奖励、道德惩罚地形 1（见彩图）

对 N1 潜伏期道德类型 2（功利性决策 vs. 道义性决策）× 惩罚类型 2（积极反馈 vs. 消极反馈）× 脑电位置 3（FZ vs. PZ vs. CZ）三因素重复测量方差分析发现，道德类型主效应不显著，$F_{(1,19)}=0.002$，$P=0.969$；惩罚类型主效应不显著，$F_{(1,19)}=2.616$，$P=0.122$；电极主效应显著，$F_{(2,38)}=7.706$，$P=0.002$；道德类型与奖励类型交互不显著，$F_{(1,19)}=2.169$，$P=0.157$；道德类型与电极类型交互作用不显著，$F_{(2,38)}=0.307$，$P=0.656$；奖惩与电极类型交互作用显著，$F_{(2,38)}=4.220$，$P=0.043$；道德类型、奖惩与电极类型交互作用不显著，$F_{(2,38)}=0.933$，$P=0.402$。由于奖惩与电极类型交互作用显著，因此分析简单效应发现惩罚水平下 CZ（$M=121.400 \pm 3.718$）与 PZ（$M=108.650 \pm 4.160$）差异显著，$P=0.028$；PZ 电极水平下奖励（$M=120.952 \pm 3.695$）与惩罚（$M=108.650 \pm 4.160$）潜伏期存在差异，$P=0.007$。

对 N1 波幅进行道德类型 2（功利性决策 vs. 道义性决策）× 惩罚类型 2（积极反馈 vs. 消极反馈）× 脑电位置 3（FZ vs. PZ vs. CZ）三因素重复测量方差分析发现，道德类型主效应不显著，$F_{(1,19)}=3.069$，$P=0.096$；惩罚类型主效应不显著，$F_{(1,19)}=0.775$，$P=0.390$；电极主效应显著，$F_{(2,38)}=7.851$，$P=0.001$。

通过事后多重比较（BONFERRONI 法）发现，FZ [$M=(-2.515 \pm 0.435)$ μV] 与 PZ [$M=(-1.428 \pm 0.421)$ μV] 差异显著，$P=0.012$。道德类型与奖励类型交互不显著，$F_{(1,19)}=3.659$，$P=0.071$；道德类型与电极类型交互作用不显著，$F_{(2,38)}=2.731$，$P=0.097$；奖惩与电极类型交互作用显著，$F_{(2,38)}=1.877$，$P=0.017$；道德类型、奖惩与电极类型交互作用不显著，$F_{(2,38)}=2.691$，$P=0.102$。由于交互作用显著，因此进行简单效应分析，发现道德奖励水平下，CZ [$M=(-4.037 \pm 0.800)$ μV] 与 PZ [$M=(-1.787 \pm 0.651)$ μV] 差异显著，$P=0.001$；不道德水平下奖励行为 [$M=(-3.299 \pm 0.597)$ μV] 与惩罚行为 [$M=(-1.672 \pm 0.368)$ μV] 差异显著，$P=0.023$。

### 2. P3 成分分析（如图 8-18 所示）

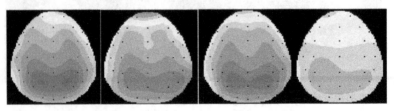

不道德奖励　　　不道德惩罚　　　道德奖励　　　道德惩罚

**图 8-18　管理不道德奖励、不道德惩罚、道德奖励、道德惩罚地形 2（见彩图）**

对 P3 潜伏期道德类型 2（功利性决策 vs. 道义性决策）× 惩罚类型 2（积极反馈 vs. 消极反馈）× 脑电位置 3（FZ vs. PZ vs. CZ）三因素重复测量方差分析发现，道德类型［不道德 $M=$（419.942 ± 6.161）ms，道德 $M=$（409.942 ± 6.0230）ms］主效应不显著，$F$（1,19）=1.058，$P$=0.317；惩罚类型［奖励 $M=$（401.708 ± 6.535）ms，惩罚 $M=$（427.758 ± 8.465）ms］主效应显著，$F$（1,19）=5.509，$P$=0.030；电极［FZ=（423.063 ± 5.723）ms，PZ=（403.738 ± 5.537）ms，CZ=（418.100 ± 6.456）ms］主效应显著，$F$（2,38）=7.613，$P$=0.005；道德类型与奖励类型交互不显著，$F$（1,19）=0.187，$P$=0.670；道德类型与电极类型交互作用显著，$F$（2,38）=4.220，$P$=0.043；奖惩与电极类型交互作用不显著，$F$（2,38）=2.804，$P$=0.090；道德类型、奖惩与电极类型交互作用显著，$F$（2,38）=6.095，$P$=0.000。由于交互作用显著，因此分析简单效应发现，不道德情境下，奖励［$M=$（405.200 ± 8.979）ms］与惩罚［$M=$（434.683 ± 10.712）ms］潜伏期差异显著，$P$=0.041，不道德对惩罚更加敏感。道德情境下，奖励［$M=$（398.217 ± 9.814）ms］与惩罚［$M=$（420.833 ± 10.132）ms］的潜伏期差异显著，$P$=0.032。奖励情境下，道德［$M=$（398.217 ± 9.814）ms］与不道德［$M=$（405.200 ± 8.979）ms］潜伏期差异显著，不道德情境下给予奖励造成的反馈更加久。惩罚情境下在 PZ 电极上道德［$M=$（398.800 ± 12.646）ms］与不道德［$M=$（429.100 ± 13.675）ms］行为差异显著，$P$=0.028。

对 P3 波幅进行道德类型 2（功利性决策 vs. 道义性决策）× 惩罚类型 2（积极反馈 vs. 消极反馈）× 脑电位置 3（FZ vs. PZ vs. CZ）三因素重复测量方差分析发现，道德类型［不道德 $M=$（−3.028 ± 0.297）μV，道德 $M=$（−2.698 ± 0.447）μV］主效应显著，$F$（1,19）=4.475，$P$=0.048；惩罚类型［奖励 $M=$（−2.6328 ± 0.391）μV，惩罚 $M=$（−3.280 ± 0.397）μV］主效应显著，$F$（1,19）=24.194，$P$=0.000；电极［FZ=（−3.844 ± 0.459）μV，PZ=（−1.875 ± 0.294）μV，CZ=（−3.199 ± 0.487）μV］主效应显著，$F$（2,38）=49.841，$P$=0.000；道德类型与奖励类型交互不显著，$F$（1,19）=1.225，$P$=0.282；道德类型与电极类型交互作用显著，$F$（2,38）=17.689，$P$=0.00；奖惩与电极类型交互作用显著，$F$（2,38）=5.833，$P$=0.013；道德类型、奖惩与电极类型交互作用显著，$F$（2,38）=11.113，$P$=0.000。

由于交互作用显著，因此分析其简单效应及事后多重比较（BONFERRONI 法）发现，CZ 电极位置上，不道德行为给予奖励［$M=$

（8.216±0.750）μV］与惩罚［M=（7.067±0.792）μV］的 P3 波幅差异显著，P=0.039。道德行为给予奖励［M=（6.326±1.005）μV］与惩罚［M=（2.923±0.646）μV］的 P3 波幅差异显著，P=0.001。FZ 电极位置上，不道德行为给予奖励［M=（5.049±0.738）μV］与惩罚［M=（3.188±0.868）μV］的 P3 波幅差异显著，P=0.039。道德行为给予奖励［M=（3.554±0.777）μV］与惩罚［M=（5.560±0.864）μV］的 P3 波幅差异显著，P=0.001。奖励水平下，道德［M=（6.326±1.005）μV］与不道德［M=（8.216±0.750）μV］行为在 CZ 电极位置差异显著，P=0.018。道德［M=（3.554±0.777）μV］与不道德［M=（5.049±0.738）μV］行为在 FZ 电极位置差异显著，P=0.050。惩罚水平下，道德［M=（2.934±0.646）μV］与不道德［M=（7.067±0.792）μV］行为在 CZ 电极位置差异显著，P=0.000。道德［M=（3.188±0.868）μV］与不道德［M=（5.560±0.864）μV］行为在 FZ 电极位置差异显著，P=0.049。

3. FRN 成分分析

（1）潜伏期分析。对 FRN 潜伏期道德类型 2（功利性决策 vs. 道义性决策）× 惩罚类型 2（积极反馈 vs. 消极反馈）× 脑电位置 3（FZ vs. PZ vs. CZ）三因素重复测量方差分析发现，道德类型［不道德 M=（288.133±6.561）ms，道德 M=（292.525±6.567）ms］主效应不显著，F（1,19）=0.713，P=0.409；惩罚类型［奖励 M=（284.958±7.339）ms，惩罚 M=（295.700±5.961）ms］主效应不显著，F（1,19）=3.447，P=0.079；电极［FZ=（303.363±6.032）ms，PZ=（278.550±7.389）ms，CZ=（289.075±6.331）ms］主效应显著，F（2,38）=14.042，P=0.001；道德类型与奖励类型交互不显著，F（1,19）=1.195，P=0.288；道德类型与电极类型交互作用显著，F（2,38）=4.155，P=0.024；奖惩与电极类型交互作用不显著，F（2,38）=0.584，P=0.563；道德类型、奖惩与电极类型交互作用显著，F（2,38）=4.414，P=0.020。

由于交互作用显著，因此分析简单效应发现，不道德水平下 PZ 电极奖励［M=（270.400±7.509）ms］与惩罚［M=（290.350±8.750）ms］FRN 差异显著，P=0.036。不道德决策给予奖励时在 PZ［M=（270.400±7.509）ms］和 FZ［M=（295.350±8.664）ms］电极位置 FRN 潜伏期差异显著，P=0.013。道德决策给予奖励时在 PZ［M=（278.250±10.012）ms］和 FZ［M=（303.450±8.045）ms］电极位置 FRN 潜伏期差异显

著，$P=0.011$。道德决策给予惩罚时在 PZ［$M=$（$275.200 \pm 7.172$）ms］电极与 FZ［$M=$（$308.900 \pm 7.605$）ms］、CZ［$M=$（$304.600 \pm 7.938$）ms］差异显著，$P=0.045$，$P=0.013$。PZ 电极位置，道德行为奖励［$M=$（$270.400.200 \pm 7.509$）ms］与惩罚［$M=$（$290.355 \pm 8.750$）ms］FRN 差异显著，$P=0.036$。

（2）波幅分析。对 FRN 波幅进行道德类型 2（功利性决策 vs. 道义性决策）× 惩罚类型 2（积极反馈 vs. 消极反馈）× 脑电位置 3（FZ vs. PZ vs. CZ）三因素重复测量方差分析发现，道德类型［不道德 $M=$（$-3.028 \pm 0.297$）$\mu V$，道德 $M=$（$-2.698 \pm 0.447$）$\mu V$］主效应显著，$F_{(1,19)}=5.169$，$P=0.035$；惩罚类型［奖励 $M=$（$-2.6328 \pm 0.391$）$\mu V$，惩罚 $M=$（$-3.280 \pm 0.397$）$\mu V$］主效应显著，$F_{(1,19)}=4.518$，$P=0.047$；电极［FZ=（$-3.844 \pm 0.459$）$\mu V$，PZ=（$-1.875 \pm 0.294$）$\mu V$，CZ=（$-3.199 \pm 0.487$）$\mu V$］主效应显著，$F_{(2,38)}=14.252$，$P=0.000$；道德类型与奖励类型交互不显著，$F_{(1,19)}=1.516$，$P=0.233$；道德类型与电极类型交互作用不显著，$F_{(2,38)}=0.297$，$P=0.745$，奖惩与电极类型交互作用显著，$F_{(2,38)}=7.376$，$P=0.002$；道德类型、奖惩与电极类型交互作用不显著，$F_{(2,38)}=2.610$，$P=0.109$。

由于交互作用显著，进行简单效应分析，并进行事后检验（BONFERRONI 法）发现，惩罚水平下 CZ 电极在道德［$M=$（$-3.010 \pm 0.574$）$\mu V$］与不道德［$M=$（$-3.823 \pm 0.529$）$\mu V$］决策上 FRN 的差异显著，$P=0.031$；FZ 电极在道德［$M=$（$-1.673 \pm 0.408$）$\mu V$］与不道德决策［$M=$（$-2.361 \pm 0.395$）$\mu V$］上 FRN 的差异显著，$P=0.032$。

奖励水平不道德决策行为在 FZ［$M=$（$-3.311 \pm 0.383$）$\mu V$］与 PZ［$M=$（$-1.979 \pm 0.320$）$\mu V$］电极位置 FRN 波幅差异显著，$P=0.035$。奖励水平下在道德行为决策中，PZ［$M=$（$-1.488 \pm 0.442$）$\mu V$］与 FZ［$M=$（$-3.255 \pm 0.563$）$\mu V$］、CZ［$M=$（$-2.873 \pm 0.637$）$\mu V$］电极位置差异显著，$P=0.001$，$P=0.000$。惩罚水平不道德行为在 FZ［$M=$（$-3.254 \pm 0.563$）$\mu V$］与 PZ［$M=$（$-1.488 \pm 0.442$）$\mu V$］、CZ［$M=$（$-2.873 \pm 0.637$）$\mu V$］电极位置 FRN 波幅差异显著，$P=0.004$，$P=0.002$。惩罚水平道德行为 PZ［$M=$（$-1.673 \pm 0.408$）$\mu V$］与 FZ［$M=$（$-3.889 \pm 0.548$）$\mu V$］、CZ［$M=$（$-3.010 \pm 0.574$）$\mu V$］FRN 波幅差异显著，$P=0.001$，$P=0.012$。不道德行为给予惩罚时，FZ［$M=$（$-4.924 \pm 0.606$）$\mu V$］与 PZ［$M=$（$-2.361 \pm 0.395$）

μV]、CZ[$M=(-3.823 \pm 0.529)$μV]电极位置 FRN 波幅差异显著，$P=0.004$，$P=0.002$。道德给予惩罚时，PZ[$M=(-1.673 \pm 0.408)$μV]与 FZ[$M=(-3.889 \pm 0.548)$μV]、CZ[$M=(-3.010 \pm 0.574)$μV]电极位置 FRN 波幅差异显著，$P=0.012$，$P=0.001$。CZ 电极位置上，不道德行为在奖励[$M=(-2.853 \pm 0.425)$μV]与惩罚[$M=(-3.823 \pm 0.529)$μV]上 FRN 波幅差异显著，$P=0.030$。道德行为在奖励[$M=(-1.4883 \pm 0.442)$μV]与惩罚[$M=(-1.673 \pm 0.408)$μV]上 FRN 波幅差异显著，$P=0.002$。FZ 电极位置上，不道德行为在奖励[$M=(-3.311 \pm 0.383)$μV]与惩罚[$M=(-4.924 \pm 0.606)$μV]上 FRN 波幅差异显著，$P=0.006$。道德行为上差异不显著。道德行为在奖励[$M=(-3.254 \pm 0.563)$μV]与惩罚[$M=(-3.889 \pm 0.548)$μV]上 FRN 波幅差异显著，$P=0.021$。

## 三、讨论

本研究采用二元道德决策范式，设置道德困境考察被试做出决策后被给予反馈的脑电生理数据，发现当个体做出不道德行为时给予奖励产生的 FRN 更大，FRN 及 P3 的交互作用差异比较明显，不道德奖励的波幅明显大于不道德惩罚的波幅。按照强化学习理论观点，FRN 的波幅和预期与事实之间的差别相关，事实与预期相差越大，个体 FRN 波幅相应越大。如当个体做出不道德行为，预期会受到惩罚，但事实上却受到了奖励，这与预期相差较大，导致 FRN 的波幅较大；同样，作为预期不一致的道德行为，惩罚诱发的 FRN 相对较小，按照强化敏感理论，应该无差别，这一点与其不符合，说明道德决策中的反馈不仅包含预期背离问题，还包含情绪动机因素。

本研究比较关注的是不道德受到奖励个体的加工机制与道德受到奖励的差别，不道德行为的 N1 波幅要远远大于其他类型的波幅。在 FRN 的研究中，N1 波幅大小与情绪动机存在关系，引起个体注意力越集中，其波幅相对越大，在这种预期背离较大的情境下，个体的注意力相对更大，其 N1 波幅越大。说明不道德行为奖励引起被试更大的关注。不道德决策奖励与惩罚之间差异显著，不道德奖励引起更大的波幅变化。不道德行为在 FZ 与 CZ 脑电位置诱发更大的 FRN 波幅，而负性结果的出现会引发 FRN 更大的波幅[①]，不道德奖励对被试来说，并非真正的奖励，造成的是一种负性结果。被试做出

① NIEUWENHUIS S, HOLROYD C B, MOL N, et al. Reinforcement-related brain potentials from medial frontal cortex: Origins and functional significance, *Neuroscience and Biobehavioral Reviews*, 2004, 28（42）: 441-448.

道德行为而给予惩罚或奖励时的脑电并无差异，但是对于不道德行为，个体更加敏感。P3是作为结果评价的情绪加工过程，其波幅大小反映了情绪卷入度大小，波幅越大，卷入程度越大。上述研究发现，不道德行为给予奖励的过程中P3波幅最大，被试在决策前后都投入较多的认知资源，看到不道德奖励时产生的波幅更大。被试在P3过程中，对不道德奖励所诱发的内容有了更深一步的加工，情绪体验比较强烈。

奖励水平下道德决策与不道德决策FRN差异较为显著，而奖励水平下个体道德与不道德决策差异不显著，表明个体对奖励不敏感。按照强化敏感理论观点，个体产生的FRN好与坏的分类过程，道德行为的奖励惩罚无显著差异，这是由于FRN的发生源自ACC。但是，ACC的功能不仅仅是冲突监测中心，同时也具有情绪功能。布什（Bush）发现，ACC的不同区域有着不同的功能，ACC的喙部（rostralanterior cingulate cortex，rACC）主要跟情绪加工相关，其尾部（caudal anterior cingulate cortex，cACC）主要与认知加工有关①。道德决策中，个体对于预期背离的加工更加敏感，在惩罚的基础上，个体不道德行为与道德行为不同，对不道德行为给予惩罚，其FRN波幅更大，表明个体对惩罚敏感。道德决策与不道德决策的反馈，更具有情绪动机意义。按照强化敏感理论，不道德的行为与道德行为面对同样的奖励，其差别应该较小，实验结果却与之相反，即不道德波幅更大，说明对不道德行为的奖励诱发的情绪意义更多，因此，从情绪动机与强化敏感理论对道德行为反馈相关负波进行单一解释比较困难。杨（Yeung）认为，认知理论和情绪理论应该是相互补充而不是互相矛盾的②，戴维斯（Davis）等报告了一个采用单细胞记录技术的研究，认为ACC这种认知与情绪的分区可能会更复杂，分区的功能不是独立的，存在更多的交互作用③，认知过程与情绪意义可能复杂地交织于其中。道德决策中单一线索的加工并不存在，情绪与认知是一个交互过程。

---

① BUSH G, LUU P, POSNER M I. Cognitive and emotional influences in anterior cingulate cortex, *Trends in Cognitive Sciences*, 2000, 4（6）: 215-222.

② YEUNG N, SANFEY A G. Independent coding of reward magnitude and valence in the human brain, *Journal of Neuroscience*, 2004, 24（28）: 6258-6264.

③ DAVIS S K, HUMPHREY N. Emotional intelligence predicts adolescent mental health beyond personality and cognitive ability, *Personality and Individual Differences*, 2012, 52（2）: 144-149.

上述研究发现，管理道德与不道德决策在面对奖励与惩罚时存在脑区位置差异，对不道德行为给予奖励时前后脑区放电差异较大，对不道德行为给予惩罚时前中后脑都有差异，表明不道德决策存在一定的脑区。不道德水平下个体面对奖励与惩罚的加工时间不同，不道德奖励下 FRN 的潜伏期更短，表明个体在不道德奖励下的加工速度更快，对其更加敏感，这是由个体情绪动机水平差异导致的，在注意阶段其情绪水平加工比较深刻，引起个体更大的注意力，导致反馈速度更快。道德给予奖励与惩罚并无差异，这与情绪动机理论的观点较为一致。在 P3 成分时，个体的不道德奖励潜伏期同样较短，可见，管理道德决策中虽然情绪与认知交织其中，但是道德决策自身包含情绪因素，导致情感加工较大。P3 与个体对刺激的唤醒程度有关，唤醒程度越高，波幅也就越大，本研究中不道德奖励下个体的唤醒程度比其他情境下要高。杨（Yeung）和萨菲（Sanfey）采用简单赌博任务发现个体卷入情境下，P3 对奖惩的反应比较敏感，与赢钱或输钱存在正比例的关系，赢钱多的情境下波幅更大[①]。本研究发现，道德行为条件下，被试赢钱与输钱存在差别，道德行为惩罚的波幅较大，而且不道德惩罚波幅更大，这是由于道德惩罚与不道德奖励对被试来说是一种更负的情境，其负性情绪体验更强烈。上述结果表明，P3 反映出对负性情绪更高的体验与评价。

道德行为给予惩罚诱发的 FRN 波幅更大，比道德奖励更加敏感，引起更大的负向情绪，个体道德受到处罚时引起更大的不良反应。因此，如果个体做出了道德决策但是被给予惩罚时，引起的个体不良情绪反应更大。在对其脑区位置分析时发现，其与不道德行为奖励有着类似的位置。不道德行为惩罚的脑电负波同样较大，总体上道德奖励的波幅最小，这是因为道德受到奖励与个体预期一致，诱发的波幅相对较小，而且正性情绪可抑制负性情绪体验。整个道德决策反馈中情绪与认知交织在一起，共同发挥作用。

## 四、结论

通过上述分析发现，在道德反馈中被试做出不道德行为被给予奖励、做出道德行为被给予惩罚均会引起较大的 FRN；其中，不道德行为奖励引起个体更大的情绪反应，这种情绪反应是负性的；道德决策过程中存在预期背离

① YEUNG N, SANFEY A G. Independent coding of reward magnitude and valence in the human brain, *Journal of Neuroscience*, 2004, 24（28）：6258-6264.

现象，道德惩罚与不道德奖励的预期背离效应最为显著；道德反馈中情绪与认知加工过程相互交织。道德惩罚诱发更大的不良情绪体验，对道德行为有重要的影响，显示避免对道德行为的惩罚，道德奖励诱发的负性情绪相对较低，因此，适当的道德奖励对正性情绪的提高有重要作用。

# 第三节　管理道德神经科学机制影响因素分析

## 一、管理道德决策时间加工进程

通过眼动分析发现，管理道德决策与普通及极端道德决策在行为加工上存在差异，那么，这种行为差异在脑电中是如何反映出来的呢？实验一基于管理中面对的道德问题进行判断，分析了管理道德词汇判断的神经机制。格林的道德决策双加工理论与海德的认知 – 情绪整合模型是道德决策的重要加工理论。格林的双加工理论认为，道德决策过程中存在两条加工路径，基于情绪驱动的直觉加工系统与基于认知控制的理性推理系统，道德决策中两个系统并行加工。通过 fMRI 发现，功利性决策中大脑激活区域与道义性决策中大脑激活区域存在差异，道德决策中个体面对的不仅仅是道义性与功利性决策，很多道德问题具有明显的好与坏、是与非、对与错的倾向，而格林和海德道德决策中使用的研究材料，不论是道义决策还是功利决策都无法回答对与错。例如，电车困境：一辆失控电车飞速通过一岔路口，前面的轨道上有 5 个人，岔道上有 1 个，电车正驶向这 5 个工人，千钧一发之际，你可以通过变轨，使车转向另一条铁路撞死 1 个工人来拯救 5 个人。在电车困境中，不管你是选择扳动扳手，还是不扳动扳手，都很难评价道德与否。管理中的很多道德问题都是比较明确的。例如，你是一个人力资源专员，要在两个候选人中选择一个作为公司部门经理，测评完毕后你发现 A 比 B 更适合当选公司副经理，但是 B 是你的大学好友，B 也多次向你表达过意愿，决定权在你手里，你的选择会是谁？这一类管理道德问题的是非对错关系非常明确。

通过实验一对管理道德决策的分析发现，管理道德行为的判断与管理不道德行为判断存在差异。被试在面对管理中的道德问题时，脑电波幅明显大于不道德决策的波幅，刺激呈现后在 240 ms 出现了一个正向偏移，这个过程中道德决策加工时间短于不道德决策，管理道德决策中激活的是正向情绪，不道德决策中激活的是负向情绪。研究发现，采用威胁性面孔作为负向情绪刺激诱发的 P2 潜伏期比正向情绪诱发的潜伏期更短[1]，P2 成分与对负性情绪更加敏感[2][3]，其反映了负性情绪自动加工的现象，负性情绪诱发了更大的波幅及更短的潜伏期，在认知资源紧张过程中，负性情绪总会得到优先加工[4]。本研究中之所以出现 P2 波幅更早的原因，可能是研究采用词汇判断需要一定的认知加工努力，在情绪面孔识别中激活的是基本情绪，这种基本情绪是当前面孔直觉的匹配。对常见的管理道德行为，可以直接通过认知匹配原理，但其中存在语义转换过程。格林通过 fMRI 的研究发现，道义性决策中激活的脑区更多、更加复杂，而功利性决策中激活的脑区相对较少。本研究从实验一、实验二、实验三中可知，道德决策加工激活的波幅均大于不道德决策激活的波幅，由此可见，在这种非卷入性的道德判断过程中，个体产生的道德和不道德决策与双加工理论及认知 - 情绪整合模型吻合。但是，对道德行为的判断产生的应该是正向情绪，不道德决策产生的是负向情绪，极端道德困境中产生的情绪都是负向情绪。因此，实验四中，由被试自己进行决策，这时候个体的卷入度相对更高，与格林、海德等人的研究比较类似，其诱发的脑电中，不道德决策反而更大，导致这一现象的原因是个体卷入程度不同，当被试进入决策状态时，其动机水平更高。当道德冲突与个体利益相关度较高时，个人欲望决定了道德决策的方向，当个体决定放弃个人欲望而做出道德决策时，被试出现更多的冲突及负向情绪体验。当个体卷入道德决策过程中时，个人欲望与道德冲突更加强烈，导致脑电波幅更大。

---

① HUANG Y X, LUO Y H. Attention shortage resistance of negative stimuli in an implicit emotional task, *Neuroscience Letters*, 2007, 412（2）: 134-138.

② CARRETIÉ L, MARTÍN-LOECHES M, HINOJOSA J A, et al. Emotion and attention interaction studied through event-related potentials, *Journal of Cognitive Neuroscience*, 2001, 13（8）: 1109-1128.

③ 吕勇、张伟娜、沈德立：《不同愉悦度面孔阈下情绪启动效应：来自 ERP 的证据》，载《心理学报》2010 年第 9 期，第 929-938 页。

④ 黄宇霞、罗跃嘉：《负性情绪刺激是否总是优先得到加工：ERP 研究》，载《心理学报》2009 年第 41 期，第 822-831 页。

管理道德加工早期阶段的差异并不显著，N1、N170 等成分的潜伏期与波幅差异并不显著，N1、P1 和 N170 作为视觉加工成分，反映了对刺激的早期注意过程。在 130～180 ms 时间窗，分析发现脑电位置效应有差异，左前脑放电较多，通过地形图也能看出道德决策中左前脑位置放电更多，激活程度更大，不道德决策中的脑电放电相对更少，道德行为引起的注意相对更高。主要的加工差异出现在刺激呈现后的 200 ms 以后，在 P2、P3、LPC（350～650 ms）及 N2 上差异较大，说明道德与不道德决策加工方式出现不同是在 200 ms 以后。P2 反映的是情绪的自动加工过程，P2 波幅的大小反映了对刺激加工的程度，波幅越大，说明注意越大。此外，P2 对负向情绪敏感，是情绪的早期加工阶段。负向情绪潜伏期要大于正向情绪潜伏，在实验一中，道德决策潜伏期明显大于不道德决策的潜伏期，因为道德决策产生的属于正向情绪，而不道德决策产生的是负向情绪，在潜伏期上与情绪的面孔识别类似。道德决策中产生的正向情绪导致其波幅更大，表明道德加工的情绪作用机制更加复杂，P2 成分反映的不仅仅是负向情绪加工，对正向情绪同样敏感，而且观察他人道德决策对个体的负向情绪诱发较小。N2 反映的是与冲突检测有关。在实验一、实验二与实验三中，N2 的波幅在不道德决策中比道德决策的负向偏移更大，负向情绪刺激反映冲突调控中需要更多的认知资源，负性情绪刺激对人类生存有重要意义，大脑对该类事件的加工存在偏向[①]，道德加工中道德决策与不道德决策相比，潜伏期更长，这是由道德决策产生的正性情绪导致的。对 230～280 ms 时间窗内的平均波幅进行分析发现，结果与 P2 波幅分析相同。不道德决策产生的负向偏移相对也会更大。刺激呈现后的 340 ms 左右出现了一个正向偏移，也就是 P3 成分，P3 成分容易受到情绪效价的影响[②]。上述实验一、二、三中道德决策的 P3 成分更大，P3 对负性情绪更加敏感，上述研究中道德行为的波幅更大，其引发的是正性情绪，同时 P3 与认知加工有关，其大小表明认知加工中认知资源更新的速度，在 340 ms 左右的 P3 道德反而更大，这可能是由道德决策中的情景记忆更新导致的。LPC 的分析表明，在刺激呈现后的 350～650 ms 内大脑放电差异较

① CARRETIÉ L, MARTÍN-LOECHES M, HINOJOSA J A, et al. Emotion and attention interaction studied through event-related potentials, *Journal of Cognitive Neuroscience*, 2001, 13（8）: 1109–1128.

② KEIL A, BRADLEY M M, HAUK O, et al. Large-scale neural correlates of affective picture processing, *Psychophysiology*, 2002, 39（5）: 641–649.

大，其中，左前脑位置放电差异较大。额叶位于左前位置，道德加工中从开始到 650 ms 内，左前脑的激活程度较大，管理道德加工的主要脑功能区可能位于其中，道义性决策激活了腹内侧前额叶（VMPFC）、颞上回和杏仁核及边缘系统，功利性决策激活了背外侧前额叶（DLPFC）。在整个过程中，道德决策激活的脑功能区程度均大于不道德决策脑功能区。

## 二、情绪与认知的交互作用

道德决策中，格林的双加工理与海德的认知－情绪整合理论都指出了情绪与认知的作用。海德认为，道德决策中情绪具有一定程度的主导作用，情绪对道德决策结果具有预测作用，人们是基于情绪导向的。人类的情绪活动与抑制控制过程存在着复杂的交互作用[1]，杏仁核、伏核、海马、眶额皮层、前扣带回及腹内侧前额叶等参与情绪活动，但是上述大脑位置同样参与到认知加工中[2]。

本研究通过对实验二与实验三两个实验进行重复测量分析发现，道德加工中情绪与认知加工存在交互作用。增加情绪负荷会抑制认知控制加工[3]，不道德决策中诱发的负性情绪体验加工，受到了负性情绪的影响，负性情绪与负向情绪都会在情境缓冲器中进行加工，先期负性情绪的作用，导致负向情绪加工更快，而道德决策中诱发的正向情绪与产生的负性情绪体验相互冲突，导致其整体波幅相对更大。增加认知负荷下，不道德潜伏期比道德潜伏期更长，表明不道德情绪加工更容易受认知负荷的影响。认知负荷的波幅在各个脑区位置均大于情绪负荷下诱发的脑电，认知负荷对道德决策中的正性情绪与不道德决策中的负性情绪都会产生影响。对实验一与实验二、实验三进行分析发现，情绪负荷会导致 P2、P3 等潜伏期缩短，认知负荷会导致其潜伏期更长，无认知负荷与情绪负荷的条件下潜伏期位于中间。情绪负荷下，波幅同样最小，认知负荷中等，无负荷下波幅最大。这表明诱发负性情

① ROWE G, HIRSH J B, ANDERSON A K. Positive affect increases the breadth of attentional selection, *Proceedings of the National Academy of Sciences of the United States of America*, 2007, 104（1）: 383-388.

② 刘烨、付秋芳、傅小兰：《认知与情绪的交互作用》，载《科学通报》2009 年第 18 期，第 2783-2796 页。

③ BADDELEY A. Working memory: Theories, models, and controversies, *Annual Review of Psychology*, 2012（63）: 1-29.

绪体验对道德与不道德都会产生影响，对不道德行为影响相对更大，这是由于负性情绪激活后，对不道德行为，负性情绪促进了大脑对不道德行为加工的速度；认知负荷导致情绪加工受到抑制，进而导致 P2 等潜伏期更久；情绪负荷与认知负荷都会影响道德加工的大脑加工，无负荷情景下道德加工波幅最大，说明情绪与认知在道德加工中交互影响，管理道德加工存在道德与认知双加工机制。在管理道德决策中，情绪起到了中介作用。

## 三、道德卷入的神经加工机制

研究发现，在不同的情景下，人类道德决策存在差异，不同的场景会诱发不同的情绪反应。主观意图影响道德决策，也就是说，人们是有意识地去做坏事以获得更大的利益，还是人们意识到坏的结果，但为了获得更大的利益不得已做出不道德决策。主观意图的差别会诱发不同程度的消极情感反应①。另外，直接性（directness）或者个人性（personalness），其内涵包括道德行为人与受害者之间的身体接触程度及带有伤害性的道德行为是有意的还是无意的②。本研究认为，当个体卷入道德决策中时，个体动机水平提高，诱发个体消极情绪体验。

在上述研究中，笔者针对管理道德加工中主观意图进行分析发现，当个体卷入道德决策中时，其电生理机制发生很大变化。海德的认知－情绪整合理论认为，情绪激活过程会更早，首先进入情绪的直接加工，然后进入认知控制的推理加工。当个体卷入道德判断中时，不道德决策的 P2 波潜伏期更长，波幅更小；当个体卷入管理道德两难困境中时，诱发个体消极情绪体验，同样个体道德决策时间明显增长，其潜伏期与索拉发现 P2 的潜伏期时间类似。个体无卷入状态道德加工 P2 成分潜伏期较短，个体情绪动机明显影响道德加工过程。在不同的情景下，个体道德加工机制不同，当个体卷入道德决策中时，其主观意图更加强烈，在整个加工过程中，P2、P3、LPC 的波幅更大，P2 成分对负性情绪更加敏感，其反映了负性情绪自动加工的现象，负

---

① YOUNG L, ADOLPHS R, TRANEL D, et al. Does emotion mediate the relationship between an action's moral status and its intentional status? Neuropsychological evidence, *Journal of Culture and Cognition*, 2006, 6（1）: 291−304.

② DIJKSTERHUIS A, NORDGREN L F. A theory of unconscious thought, *Perspectives on Psychological Science*, 2006, 1（2）: 95−109.

性情绪诱发了更大的波幅及更短的潜伏期；P3 波幅反映了对负性情绪偏向的抑制过程[①]，有无卷入不道德决策中个体产生的 P3 波幅均较大，不道德决策中产生的负性情绪受个体主观抑制，卷入中个体的主观抑制程度更大。

## 四、管理道德决策的反馈神经机制

在道德的形成与发展中，反馈占有重要地位。近年来，道德决策大多关注道德判断过程中的心理加工机制，而忽视了道德形成中重要的反馈机制。但对管理道德或不道德的行为给予惩罚或奖励时，个体的行为反应如何呢？对奖励与惩罚的研究主要集中在反馈相关负波和 P300 上。FRN 在刺激呈现后的 200~400 ms 内达峰值，是对结果评价，面对惩罚类的结果，其峰值更大，波幅更大。通过对 FRN 的脑区位置分析发现，其主要集中于前扣带回、内侧前额叶及海马、中脑多巴胺神经元。

哈罗德等人认为，FRN 是负性强化学习的信号通过中脑的多巴胺系统传输到前扣带回。EMT 认为，FRN 可能是对错误的行为或者负性结果导致的情绪动机意义的评价[②]，其对应的是敏感反应，对正确与错误不敏感，ACC（扣带回）不是对行为的结果评价，而是对行为造成的后果进行情绪动机意义的评价。

本研究发现，个体做出不道德决策行为时受奖励会产生更大的 FRN 波幅，不道德行为的 N1 波幅要远远大于其他类型的波幅。在 FRN 的研究中，N1 波幅大小与情绪动机存在关系，引起个体注意力越集中，其波幅相对越大，在这种预期背离较大的情境下，个体的注意力相对更大，N1 波幅越大。说明不道德行为奖励引起被试更大的关注。不道德决策奖励与惩罚之间差异显著，不道德奖励引起更大的波幅变化。道德行为受惩罚诱发的 FRN 波幅更大，比道德奖励更加敏感，引起更大的负向情绪，个体道德受到处罚时引起更大的不良反应，因此，如果个体做出了道德决策但被给予惩罚时，引起的个体不良情绪反应更大。在对脑区位置进行分析时发现，其与不道德行为奖励有着类似的位置。不道德行为的惩罚的脑电负波同样较大，总体上，道德

① CARRETIE L, MERCADO F, TAPIA M, et al. Emotion, attention, and the "negativity bias", studied through event-related potentials, *International Journal of Psychophysiology*, 2001, 41（1）: 75–85.

② GEHRING W J, WILLOUGHBY A R. The medial frontal cortex and the rapid processing of monetary gains and losses, *Science*, 2002, 295（5563）: 2279–2282.

奖励的波幅最小，这是因为道德受到奖励与个体预期一致，诱发的波幅相对较小，而且正性情绪可抑制负性情绪。道德加工中的道德行为与不道德行为引发个体不同情绪体验，进而导致个体通过情绪来调节自己的道德行为。

# 第四节 管理道德神经科学机制

本研究针对管理道德决策电生理机制展开研究，设计了一个行为实验与五个道德决策神经科学实验，行为实验主要探讨管理道德决策与非管理道德决策的眼动加工差异与影响因素。电生理实验为第七章的实验一、二、三和本章的实验四，主要关注管理道德决策加工的神经加工进程，本章实验五关注管理道德决策的反馈加工机制。经过分析与讨论，本研究得出以下五个结论。

## 一、管理道德决策神经加工机制

通过眼动与 ERPs 系统对管理道德决策中行为与电生理加工进行分析，探讨管理道德决策的加工机制，发现在管理道德决策中，道德决策诱发更大的 ERPs 波幅，管理道德决策神经加工机制更为复杂，激活的脑区相对更多。道德决策与不道德决策加工时间进程比较一致，有共同的神经基础。

## 二、管理道德决策情绪与认知交互机制

认知负荷影响管理道德加工增加了道德决策与不道德决策的加工时间，对管理道德加工存在抑制作用，对道德决策影响更大，并诱发了更大的波幅。情绪负荷影响管理道德加工减少了道德决策与不道德决策的加工时间，对道德决策具有促进作用，对管理不道德决策影响更大，促进了不道德决策加工速度，减少了不道德决策加工强度。管理道德决策中，情绪与认知相互影响，不道德决策加工受情绪影响较大，道德决策受认知影响较大。通过第七章的实验二与实验三分析发现，负性情绪体验会影响道德决策加工。

## 三、个体卷入度对管理道德加工的影响

个体卷入管理道德加工中，诱发个体消极情绪体验，个体动机水平影响道德加工，高动机水平诱发更强烈的情绪体验，延长了管理道德加工时间，对管理不道德决策影响更大，诱发消极的情绪体验。

## 四、管理道德加工的反馈神经机制

在管理道德加工中，对道德行为与不道德行为的奖励与惩罚都会产生FRN，管理道德决策受情绪动机与强化敏感性影响，管理道德决策对惩罚更加敏感。管理不道德决策受奖励时，诱发出的FRN波幅更大，管理不道德行为对惩罚更加敏感，对不道德决策反馈更加迅速。对不道德行为进行奖励，不会产生快乐感。道德惩罚比道德奖励产生的FRN更负，个体道德行为对惩罚产生更大的影响，道德行为奖励时个体产生的波幅较小。道德惩罚会诱发更大的不良情绪体验，对道德行为有重要的影响，因此，适当的道德奖励对正性情绪的提高有重要作用。

## 五、管理道德知情反馈神经模型

基于上述实验分析，本研究发现管理道德决策中情绪与认知交互发生作用，共同影响道德决策过程，情绪状态影响道德判断的加工进程；同时，个体的主观意图与动机水平同样影响道德决策，这是由个体面对的道德情景所致，不同情景状态下个体道德决策的加工存在差异；在道德反馈过程中，个体对不道德行为的奖励更加敏感。笔者认为，管理道德决策中，情绪与认知、道德情景与卷入度均会影响道德决策，因此，本研究立足上述实验数据提出管理道德决策知情权变模型。

研究发现，道德决策中多个脑功能区共同作用影响道德判断，道德决策中包含了道德认知、道德情景与道德意图等，同时，道德决策与个体的文化特征、组织特征等存在关联。对此，本研究提出管理道德问题权变知－情交互模型（如图8-20所示）。

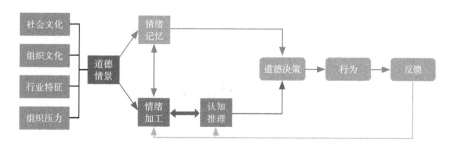

**图 8-19 管理道德问题权变知 – 情交互模型**

首先是道德情景因素。管理道德决策是企业的事情，人们做出道德决策时，会受到道德情景因素的影响，通过眼动实验的研究发现个体对不同类型的道德问题做出的决策存在差异，眼动加工方式也不同。这种情景因素包含社会环境、文化特征等，并存在两种类型的管理道德知识：日常管理道德行为（偷税、假冒）主要储存在 PFC 中后部；复杂的事情、需要审慎加工的管理道德问题（未见过的管理道德两难问题）储存于前 PFC，这类道德问题是指个体通过现有道德规范无法确定及个体利益与社会规范、集体利益相违背时。

其次，上述两类情景出现后，如果是基于日常的管理道德问题，则个体直接激活情绪记忆，与当前存在的记忆匹配，从而直接进入道德决策阶段，这一过程不需要意识参与的直觉加工过程；如果是基于非日常的管理道德问题，同样会激活个体情绪体验并激活与情绪加工相关的杏仁核、前额叶、伏核等，进而个体进入认知推理加工并激活海马、前额叶、背外侧前额叶、前扣带回等区域，个体的道德强度、心理控制源、场依存类型等个体变量和组织文化、工作压力及背景等情景变量。如果诱发的情绪体验与个体道德推理一致，那么个体能快速进入道德决策中；如果不一致，则情绪与认知相互影响来做出决策。

最后，个体进行道德决策并实施，个体做出行为后会受到别人（道德评价、惩罚奖励）或个体内心情感的影响。其中，一条路径反馈到情绪与认知加工中，如果个体做出的管理道德行为产生了不良的情绪体验，如对他人造成伤害，从而产生焦虑、恐惧、紧张等情绪，个体为减少上述不良情绪影响，会反馈到情绪与认知加工中进而改变道德行为；另一条路径反馈到情绪记忆中，通过与海马、杏仁核及前额叶链接而产生情绪记忆。

# 参考文献

【中文】

［1］安晓梅.法律之下的自由观［D］.沈阳：辽宁大学,2014.

［2］白露,马慧,黄宇霞,等.中国情绪图片系统的编制：在46名中国大学生中的试用［J］.中国心理卫生杂志，2005,19（11）.

［3］边沁.道德与立法原理导论［M］.时殷弘,译.北京：商务印书馆,2000.

［4］程炼.伦理学导论［M］.北京：北京大学出版社,2008.

［5］德鲁克.德鲁克论管理［M］.何缨,康志军,译.北京：机械工业出版社,2019.

［6］方克立.中国哲学大辞典［M］.中国社会科学出版社,1994.

［7］房宏君.浅议企业人力资源管理道德行为和道德评价［J］.科技管理研究,2011（7）.

［8］弗里曼.战略管理：利益相关者方法［M］.王彦华,梁豪,译.上海：上海译文出版社，2006.

［9］高日光,郭笑笑,郑凯霞.服务型领导对辱虐管理的作用机制：基于道德许可理论的视角［J］.当代财经,2021（1）.

［10］聂葛,王良美.基于利益相关者理论邓小平故里红色旅游可持续发展研究［J］.旅游纵览,2023（3）.

［11］胡国栋.道德领导的逻辑起点及其多元价值意蕴［J］.领导科学,2009（6）.

［12］黄宇霞,罗跃嘉.负性情绪刺激是否总是优先得到加工：ERP研究［J］.心理学报,2009,41（9）.

260

［13］黄倩.道德领导力的比较研究［J］.经营与管理,2023（5）.

［14］侯昭华,宋合义,谭乐.安全基地型领导对员工创造力的影响机制研究［J］.管理学报,2022（8）.

［15］蒋维乔.佛学纲要佛教概论［M］.上海：上海古籍出版社,2021.

［16］卡罗尔,巴克霍尔茨.企业与社会：伦理与利益相关者管理［M］.黄煜平,朱中彬,徐小娟,等,译.北京：机械工业出版社,2004.

［17］卡内基.财富的福音［M］.南京：译林出版社,2016.

［18］康德.纯粹理性批判［M］.蓝公武,译.北京：商务印书馆,1960.

［19］老子.道德经［M］.张景,张松辉,译注.北京：中华书局,2021.

［20］李冲.古典功利主义正义观及其限度［D］.郑州：河南大学,2015.

［21］金炳华.马克思主义哲学大辞典［M］.上海：上海辞书出版社,2003.

［22］李雪冰,罗跃嘉.情绪和记忆的相互作用［J］.心理科学进展,2007（1）.

［23］林志红.简论管理道德的基本内容及其特点［J］.广西大学学报（哲学社会科学版）,2002（5）.

［24］刘晓飞.自由软件运动背景下的自由软件伦理精神研究［D］.天津：南开大学,2010（7）.

［25］刘烨,付秋芳,傅小兰.认知与情绪的交互作用［J］.科学通报,2009（18）.

［26］刘雨昭,范培华.民主型领导对新生代员工工作激情的影响研究［J］.上海管理科学,2022（4）.

［27］吕勇,张伟娜,沈德立.不同愉悦度面孔阈下情绪启动效应：来自ERP的证据［J］.心理学报,2010（9）.

［28］马克思.资本论［M］.朱登,编译.北京：北京联合出版公司,2013.

［29］马少华.企业社会责任动机的国外研究综述与展望［J］.商业经济,2018（6）.

［30］买忆嫒,王乐英,叶竹馨,等.以德服人：伦理型领导与创业团队成

员的变动［J］.管理科学学报,2022（4）.

［31］密尔.论自由［M］.牛云平,译.北京：中央编译出版社,2016.

［32］莫申江,王重鸣.国外商业伦理研究回顾与展望［J］.外国经济与管理,2009（7）.

［33］倪云.科尔伯格道德认知发展模式对我国高校德育的启示［J］.佳木斯职业学院学报,2018（2）.

［34］牛莉霞,刘勇,李乃文.辱虐型领导对员工工作偏离行为的影响：有链式中介调节模型［J］.中国安全科学学报,2019（7）.

［35］宋希仁,陈劳志,赵仁光.伦理学大辞典［M］.长春：吉林人民出版社,1989.

［36］苏勇.管理伦理学［M］.北京：机械工业出版社,2017.

［37］唐志文,刘耀中.管理道德判断研究的认知神经趋向［J］.广东第二师范学院学报,2016（2）.

［38］万华,欧阳友全.基于辱虐型领导视角的强制性公民行为研究［J］.企业活力,2011（12）.

［39］王硕.管理者道德问题与企业人力资源管理［J］.合作经济与科技,2009（4）.

［40］魏景汉,罗跃嘉.事件相关电位原理与技术［M］.北京：科学出版社,2010.

［41］吴燕,余荣军,周晓林,等.自我主观标准决定执行任务和观察任务中的结果评价［J］.心理学报,2010（2）.

［42］徐光兴."漂流理论"与青少年犯罪的心理分析及其预防对策［J］.预防青少年犯罪研究,2013（1）.

［43］亚里士多德.形而上学［M］.郭聪,译.重庆：重庆出版社,2019.

［44］伊壁鸠鲁,卢克来修.自然与快乐：伊壁鸠鲁的哲学［M］.章雪富,编.包利民,刘玉鹏,王玮玮,译.北京：中国社会科学出版社,2018.

［45］于希勇.在公共幸福中实现公益：西方功利主义思想借鉴及超越［J］.理论界,2012（2）.

［46］张家仪.民主型领导方式的建构要素［J］.领导科学,1995（3）.

［47］赵红丹, 陈元华. 社会责任型人力资源管理如何降低员工亲组织非伦理行为：道德效力和伦理型领导的作用［J］. 管理工程学报, 2022（6）.

［48］庄子. 庄子［M］. 方勇, 译注. 北京：中华书局, 2015.

［49］中国管理科学学会. 管理大辞典［M］. 北京：中央文献出版社, 2008.

［50］周祖城. 论道德管理［J］. 南开学报, 2003（6）.

［51］朱贻庭. 伦理学大辞典［M］. 上海：上海辞书出版社出版, 2011.

## 【英文】

［1］AGID Y, BEJJANI B P, HOUETO J L, et al. Aggressive behavior induced by intraoperative stimulation in the triangle of Sano [J]. Neurology, 2002, 59（9）.

［2］ANDERSON R W, NYBORG K G. Financing and corporate growth under repeated moral hazard [J]. Journal of Financial Intermediation, 2011, 20（1）.

［3］ANTONIO Y, DELACRUZ M E, GALEAZZI E, et al. Oxidative radical cyclization to pyrroles under reducing conditions: Reductive desulfonylation of alpha-sulfonylpyrroles with tri-n-butyltin hydride [J]. Canadian Journal of Chemistry: Revue Canadienne De Chimie, 1994, 72（1）.

［4］BADDELEY A. Working memory: Theories, models, and controversies [J]. Annual Review of Psychology, 2012（63）.

［5］BARTELS D M. Principled moral sentiment and the flexibility of moral judgment and decision making [J]. Cognition, 2008, 108（2）.

［6］BJORK J M, KNUTSON B, HOMMER D W. Incentive-elicited striatal activation in adolescent children of alcoholics [J]. Addiction, 2008, 103（8）.

［7］BROWN M E, TREVIÑO L K, HARRISON D A. Ethical leadership: A social learning perspective for construct development and testing [J]. Organizational Behavior and Human Decision Processes, 2005, 97（2）.

［8］BROWN M E, TREVIÑO L K. Ethical leadership: A review and future directions [J]. The Leadership Quarterly, 2006, 17（6）.

［9］BUSH G, LUU P, POSNER M I. Cognitive and emotional influences in anterior cingulate cortex [J]. Trends in Cognitive Sciences, 2000, 4（6）.

［10］CAMERON C D, PAYNE B K, KNOBE J. Do theories of implicit race bias change moral judgments? [J]. Social Justice Research, 2010, 23（4）.

［11］CAMPANELLA S, GASPARD C, DEBATISSE D, et al. Discrimination of emotional facial expressions in a visual oddball task: An ERP study [J]. Biological Psychology, 2002, 59（3）.

［12］CARRETIÉ L, MARTÍN-LOECHES M, HINOJOSA J A, et al. Emotion and attention interaction studied through event-related potentials [J]. Journal of Cognitive Neuroscience, 2001, 13（8）.

［13］CARRETIE L, MERCADO F, TAPIA M, et al. Emotion, attention, and the "negativity bias", studied through event–related potentials [J]. International Journal of Psychophysiology, 2001, 41（1）.

［14］CHAPMAN H A, KIM D A, SUSSKIND J M, et al. In bad taste: Evidence for the oral origins of moral disgust [J]. Science, 2009, 323（5918）.

［15］CHEE M W L, SRIRAM N, SOON C S, et al. Dorsolateral prefrontal cortex and the implicit association of concepts and attributes [J]. Neuroreport, 2000, 11（1）.

［16］CLARK V, HILLYARD S A. Spatial selective attention affects early extrastriate but not striate components of the visual evoked [J]. Journal of Cognitive Neuroscience, 1996, 8（5）.

［17］CUSHMAN F, YOUNG L, HAUSER M. The role of conscious reasoning and intuition in moral judgment: Testing three principles of harm [J]. Psychological Science, 2006, 17（12）.

［18］DAVIS S K, HUMPHREY N. Emotional intelligence predicts adolescent mental health beyond personality and cognitive ability [J]. Personality and Individual Differences, 2012, 52（2）.

［19］DIJKSTERHUIS A, NORDGREN L F. A theory of unconscious thought [J]. Perspectives on Psychological Science, 2006, 1（2）.

［20］DONKERS F C L, NIEUWENHUIS S, VAN BOXTEL G J M. Mediofrontal negativities in the absence of responding [J]. Cognitive Brain Research, 2005, 25（3）.

［21］ESLINGER P J, ROBINSON-LONG M, REALMUTO J, et al. Developmental frontal lobe imaging in moral judgment: Arthur Benton's enduring influence 60 years later [J]. Journal of Clinical and Experimental Neuropsychology, 2009, 31（2）.

［22］ ETKIN A, EGNER T, PERAZA D M, et al. Resolving emotional conflict: A role for the rostral anterior cingulate cortex in modulating activity in the amygdala [J]. Neuron, 2006, 52（6）.

［23］ FENSKE M J, RAYMOND J E, KUNAr M A. The affective consequences of visual attention in preview search [J]. Psychonomic Bulletin & Review, 2004, 11（6）.

［24］ FENSKE M J, RAYMOND J E, KESSLER K, et al. Attentional inhibition has social-emotional consequences for unfamiliar faces [J]. Psychological Science, 2005, 16（10）.

［25］ FERRELL O C, GRESHAM L G. A contingency framework for understanding ethical decision making in marketing [J]. Journal of Marketing, 1985, 49（3）.

［26］ FISHBEIN M, AJZEN I. Belief, attitude, intention and behavior: An introduction to theory and research [M]. Reading, Addison-Wesley Publishing Company, 1975.

［27］ GEHRING W J, WILLOUGHBY A R. The medial frontal cortex and the rapid processing of monetary gains and losses [J]. Science, 2002, 295（5563）.

［28］ GIORGIO C, HUGO D CRITCHLEY, MATEUS J, et al. Regret and its avoidance: A neuroimaging study of choice behavior [J]. Nature Neuroscience, 2005, 54（8）.

［29］ GLENN A L, IYER R, GRAHAM J, et al. Are all types of morality compromised in psychopathy? [J]. Journal of personality Disorders, 2009, 23（4）.

［30］ GONZALEZ E G, ALLISON R S, ONO H, et al. Cue conflict between disparity change and looming in the perception of motion in depth [J]. Vision Research, 2010, 50（2）.

［31］ GREENE J D. Why are VMPFC patients more utilitarian? A dual-process theory of moral judgment explains [J]. Trends in Cognitive Sciences, 2007, 11（8）.

［32］ GREENE J D, CUSHMAN F A, STEWART L E, et al. Pushing moral buttons: The interaction between personal force and intention in moral judgment [J].

Cognition, 2009, 111（3）.

［33］GREENE J D, MORELLI S A, LOWENBERG K, et al. Cognitive load selectively interferes with utilitarian moral judgment [J]. Cognition, 2008, 107（3）.

［34］GREENE J D, NYSTROM L E, ENGELL A D, et al. The neural bases of cognitive conflict and control in moral judgment [J]. Neuron, 2004, 44（2）.

［35］GREENE J D, PAXTON J M. Patterns of neural activity associated with honest and dishonest moral decisions [J]. Proceedings of the National Academy of Sciences of the United States of America, 2009, 106（30）.

［36］GREENE J D, SOMMERVILLE R B, NYSTROM L E, et al. An fMRI investigation of emotional engagement in moral judgment [J]. Science, 2001, 293（5537）.

［37］HABER S N, KNUTSON B. The reward circuit: Linking primate anatomy and human imaging [J]. Neuropsychopharmacology, 2010, 35（1）.

［38］HAIDT J. The emotional dog and its rational tail: A social intuitionist approach to moral judgment [J]. Psychological Review, 2001, 108（4）.

［39］HUANG Y X, LUO Y H. Attention shortage resistance of negative stimuli in an implicit emotional task [J]. Neuroscience Letters, 2007, 412（2）.

［40］HAUSER M, CUSHMAN F, YOUNG L, et al. A dissociation between moral judgments and justifications [J]. Mind and Language, 2007, 22（1）.

［41］HINSON J M, WHITNEY P. Working memory load and decision making: A reply to Franco-Watkins, Pashler, and Rickard（2006）[J]. Journal of Experimental Psychology: Learning Memory and Cognition, 2006, 32（2）.

［42］HUNT S D, VITELL S J. The general theory of marketing ethics: A retrospective and revision [J]. Journal of Macromarketing, 1993（8）.

［43］JONES T M. Ethical decision making by individuals in organizations: An issue-contingent model [J]. Academy of Management Review, 1991（16）.

［44］KALSHOVEN K, DEN HARTOG D N, DE HOOGH A H. Ethical leader behavior and big five factors of personality [J]. Journal of Business Ethics, 2011, 100（2）.

［45］KEIL A, BRADLEY M M, HAUK O, et al. Large-scale neural correlates of affective picture processing [J]. Psychophysiology, 2002, 39（5）.

［46］KLIEMANN D, YOUNG L, SCHOLZ J, et al. The influence of prior record on moral judgment [J]. Neuropsychologia, 2008, 46（12）.

［47］KUTAS M, FEDERMEIER K D. Thirty years and counting: Finding meaning in the N400 component of the event-related brain potential（ERP）[J]. Annual Review Psychology, 2011, 62.

［48］LANGESLAG S J E, FRANKEN I H A, VAN STRIEN J W. Dissociating love-related attention from task-related attention: An event-related potential oddball study [J]. Neuroscience Letters, 2008, 431（3）.

［49］LEVENS S M, GOTLIB I H. The effects of optimism and pessimism on updating emotional information in working memory [J]. Cognition & Emotion, 2012, 26（2）.

［50］LOKEN D. Analyzing ethical decision making in marketing [J]. Journal of Business Research, 1989, 19（2）.

［51］LUO Q A, NAKIC M, WHEATLEY T, et al. The neural basis of implicit moral attitude: An IAT study using event-related fMRI [J]. Neuroimage, 2006, 30（4）.

［52］MAYER D M, AQUINO K, GREENBAUM R L, et al. Who displays ethical leadership, and why does it matter? An examination of antecedents and consequences of ethical leadership [J]. Academy of Management Journal, 2014，55（1）.

［53］McCLELLAND J L, ROGERS T T. The parallel distributed processing approach to semantic cognition [J]. Nature Reviews Neuroscience, 2003, 4（4）.

［54］McGUIRE J, LANGDON R, COLTHEART M, et al. A reanalysis of the personal/impersonal distinction in moral psychology research [J]. Journal of Experimental Social Psychology, 2009, 45（3）.

［55］MOLL J, DE OLIVEIRA-SOUZA R, GARRIDO G J, et al. The self as a moral agent: Linkling the neural bases of social agency and moral sensitivity [J]. Social Neuroscience, 2007, 2（3-4）.

［56］MOORE A B, CLARK B A, KANE M J. Who shalt not kill? Individual differences in working memory capacity, executive control, and moral judgment [J]. Psychological Science, 2008, 19（6）.

［57］NIEUWENHUIS S, HOLROYD C B, MOL N, et al. Reinforcement-related brain potentials from medial frontal cortex: Origins and functional significance [J]. Neuroscience and Biobehavioral Reviews, 2004, 28（42）.

［58］PHELPS E A, O'CONNOR K J, CUNNINGHAM W A, et al. Performance on indirect measures of race evaluation predicts amygdala activation [J]. Journal of Cognitive Neuroscience, 2000, 12（5）.

［59］PICTON T W. The P300 wave of the human event-related potential [J]. Journal of Clinical Neurophysiology, 1992, 9（4）.

［60］PIZZAGALLI D A, GREISCHAR L L, DAVIDSON R J. Spatio-temporal dynamics of brain mechanisms in aversive classical conditioning: High-density event-related potential and brain electrical tomography analyses [J]. Neuropsychologia, 2003, 41（2）.

［61］ROWE G, HIRSH J B, ANDERSON A K. Positive affect increases the breadth of attentional selection [J]. Proceedings of the National Academy of Sciences of the United States of America, 2007, 104（1）.

［62］RUDMAN L A. Sources of implicit attitudes [J]. Current Directions in Psychological Science, 2004, 13（2）.

［63］RUSHWORTH M F S, KOLLING N, SALLET J, et al. Valuation and decision-making in frontal cortex: One or many serial or parallel systems? [J]. Current Opinion in Neurobiology, 2012, 22（6）.

［64］SACHDEVA S, ILIEV R, MEDIN D L. Sinning saints and saintly sinners: the paradox of moral self-regulation [J]. Psychological Science, 2009, 20（4）.

［65］SARLO M, LOTTO L, MANFRINATI A, et al. Temporal dynamics of cognitive-emotional interplay in moral decision-making [J]. Journal of Cognitive Neuroscience, 2011, 24（4）.

［66］STARCKE K, POLZER C, WOLF O T, et al. Does stress alter everyday moral decision-making? [J]. Psychoneuroendocrinology, 2011, 36（4）.

［67］SUR S, SINHA V K. Event-related potential: An overview [J]. Industrial Psychiatry Journal, 2009, 18（1）.

［68］SWEENEY J C, SOUTAR G N. Consumer perceived value: The development of a multiple item scale [J]. Journal of Retailing, 2001（77）.

［69］TREVIÑO L K, BUTTERFIELD K D, McCABE D L. The ethical context in organizations: Influences on employee attitudes and behaviors [J]. Business Ethics Quarterly, 1998, 8（3）.

［70］TREVIÑO L K, YOUNGBLOOD S A. Bad apples in bad barrels: A causal analysis of ethical decision-making behavior [J]. Journal of Applied Psychology, 1990, 75（4）.

［71］VALDESOLO P, DESTENO D. Manipulations of emotional context shape moral judgment [J]. Psychological Science, 2006, 17（6）.

［72］VELASQUEZ M, CAVANAGH J, MOBERG D. Making business ethics practical [J]. Business Ethics Quarterly, 1995（5）.

［73］VOGEL E K, LUCK S J. The visual N1 component as an index of a discrimination process [J]. Psychophysiology, 2000, 37（4）.

［74］YEUNG N, SANFEY A G. Independent coding of reward magnitude and valence in the human brain [J]. Journal of Neuroscience, 2004, 24（28）.

［75］YOUNG L, ADOLPHS R, TRANEL D, et al. Does emotion mediate the relationship between an action's moral status and its intentional status? Neuropsychological evidence [J]. Journal of Culture and Cognition, 2006, 6（1）.

［76］ZHONG R, LI M, CHEN Q, et al. The P300 event-related potential component and cognitive impairment in epilepsy: A systematic review and meta-analysis [J]. Frontiers in Neurology, 2019, 10.

# 彩 图

## 第六章

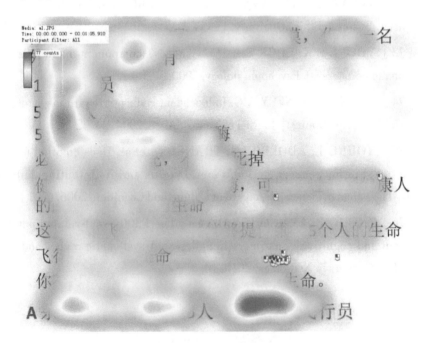

图6-2　被试眼动热点

第七章

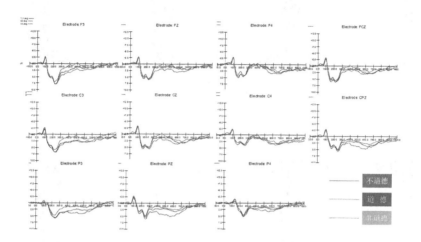

图 7-2　脑电总平均 1

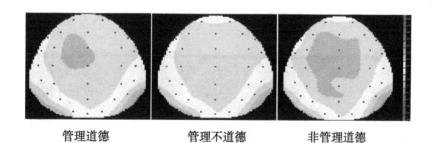

管理道德　　　　　　管理不道德　　　　　　非管理道德

图 7-3　ERPs 三种决策地形 1

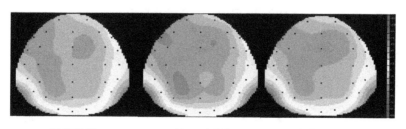

管理道德　　　　　　管理不道德　　　　　　非管理道德

图 7-4　ERPs 三种决策地形 2

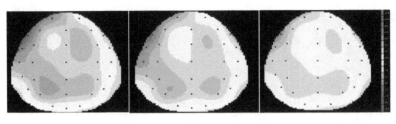

管理道德　　　　　　管理不道德　　　　　　非管理道德

**图 7-5　ERPs 三种决策地形 3**

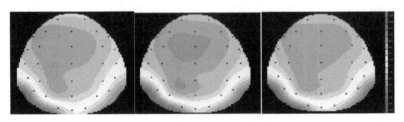

管理道德　　　　　　管理不道德　　　　　　非管理道德

**图 7-6　ERPs 三种决策地形 4**

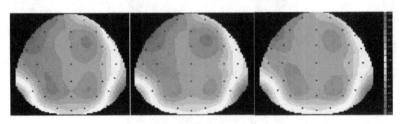

管理道德　　　　　　管理不道德　　　　　　非管理道德

**图 7-7　ERPs 三种决策地形 5**

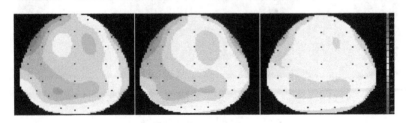

管理道德　　　　　　管理不道德　　　　　　非管理道德

**图 7-8　ERPs 三种决策地形 6**

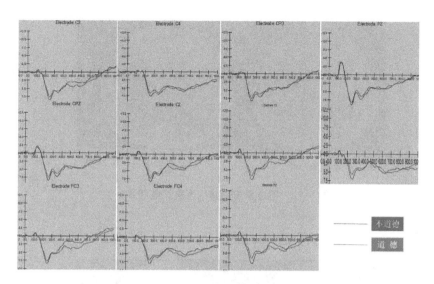

图 7-10　ERPs 管理道德与不道德决策总平均

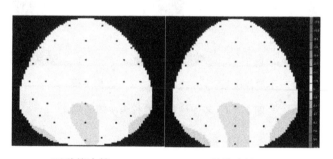

不道德决策　　　　　　　　　道德决策

图 7-11　不道德与道德行为决策地形 1

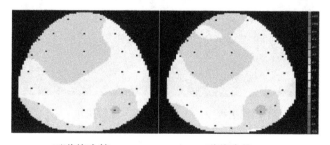

不道德决策　　　　　　　　　道德决策

图 7-12　不道德与道德行为决策地形 2

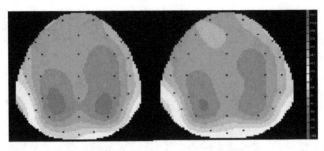

不道德决策　　　　　　　　道德决策

**图 7-13　不道德与道德行为决策地形 3**

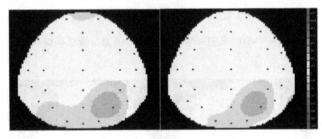

不道德决策　　　　　　　　道德决策

**图 7-14　不道德与道德行为决策地形 4**

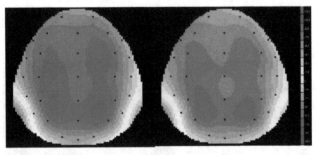

不道德决策　　　　　　　　道德决策

**图 7-15　不道德与道德行为决策地形 5**

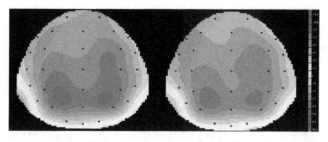

不道德决策　　　　　　　　道德决策

**图 7-16　不道德与道德行为决策地形 6**

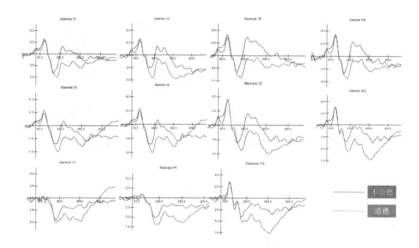

**图 7-18　脑电总平均 2**

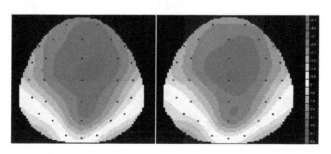

管理不道德决策　　　　　　管理道德决策

**图 7-19　管理不道德决策与管理道德决策地形 1**

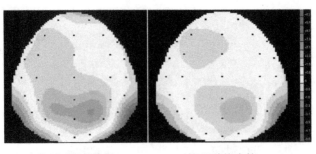

管理不道德决策　　　　　　　管理道德决策

图 7-20　管理不道德决策与管理道德决策地形 2

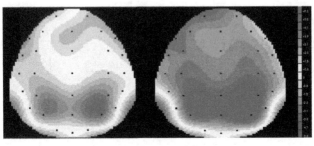

管理不道德决策　　　　　　　管理道德决策

图 7-21　管理不道德决策与管理道德决策地形 3

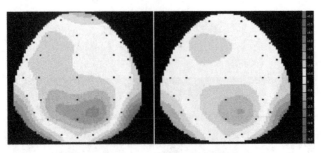

管理不道德决策　　　　　　　管理道德决策

图 7-22　管理不道德决策与管理道德决策地形 4

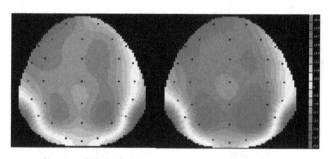

管理不道德决策　　　　　　　管理道德决策

**图 7-23　管理不道德决策与管理道德决策地形 5**

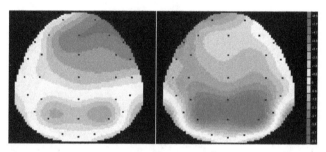

管理不道德决策　　　　　　　管理道德决策

**图 7-24　管理不道德决策与管理道德决策地形 6**

**第八章**

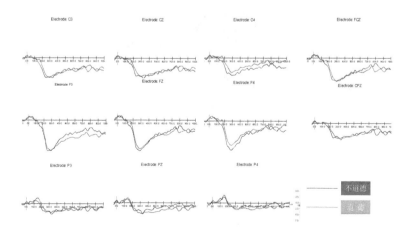

**图 8-2　管理道德自我决策总平均 1**

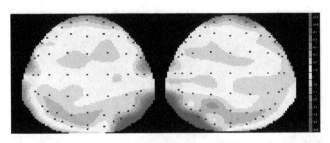

道德决策　　　　　　　　　不道德决策

**图 8-3　道德与不道德决策地形 1**

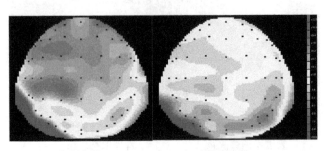

道德决策　　　　　　　　　不道德决策

**图 8-4　道德与不道德决策地形 2**

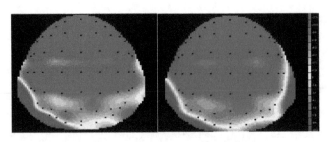

道德决策　　　　　　　　　不道德决策

**图 8-5　道德与不道德决策地形 3**

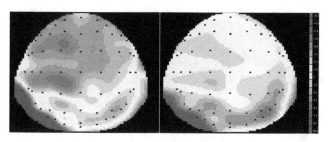

道德决策　　　　　　　　不道德决策

**图 8-6　道德与不道德决策地形 4**

道德决策　　　　　　　　不道德决策

**图 8-7　道德与不道德决策地形 5**

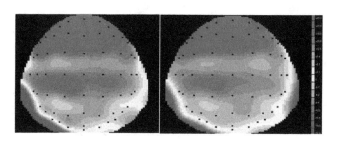

道德决策　　　　　　　　不道德决策

**图 8-8　道德与不道德决策地形 6**

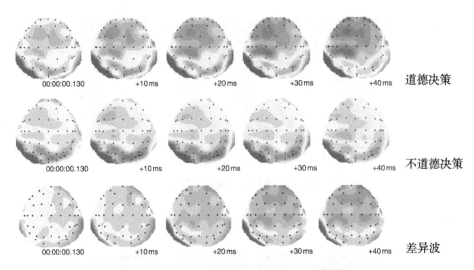

道德决策

不道德决策

差异波

**图 8-9　道德、不道德与差异波行为决策地形 1**

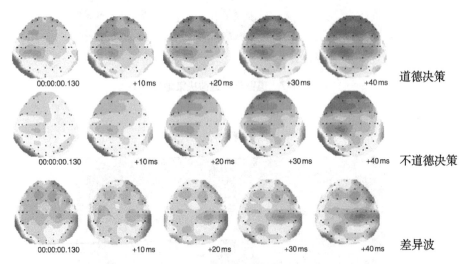

道德决策

不道德决策

差异波

**图 8-10　道德、不道德与差异波行为决策地形 2**

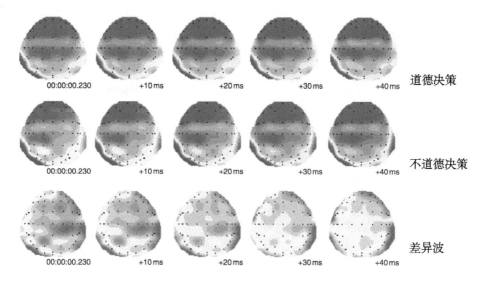

图 8-11　道德、不道德与差异波行为决策地形 3

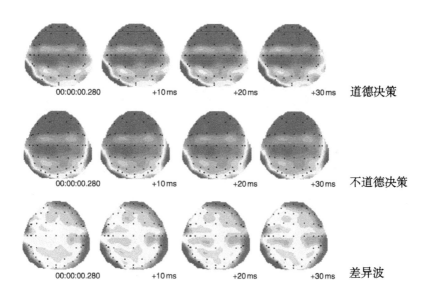

图 8-12　道德、不道德与差异波行为决策地形 4

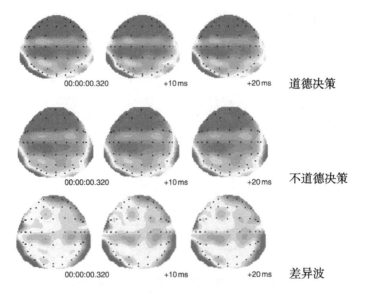

图8-13　道德、不道德与差异波行为决策地形5

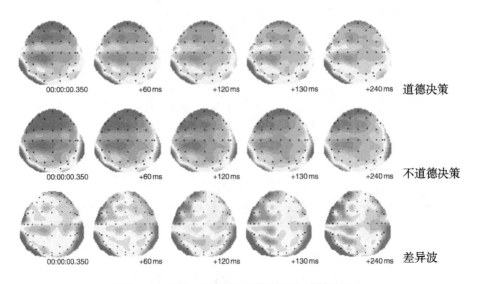

图8-14　道德、不道德与差异波行为决策地形6

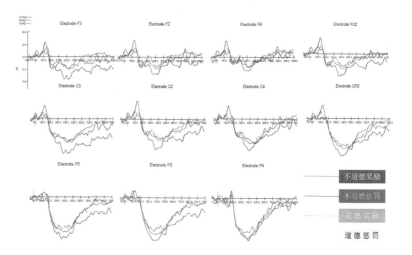

图 8-16 管理道德自我决策总平均 2

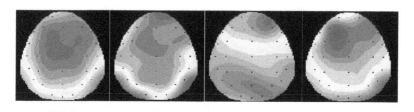

不道德奖励　　　不道德惩罚　　　道德奖励　　　道德惩罚

图 8-17　管理不道德奖励、不道德惩罚、道德奖励、道德惩罚地形 1

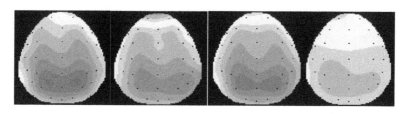

不道德奖励　　　不道德惩罚　　　道德奖励　　　道德惩罚

图 8-18　管理不道德奖励、不道德惩罚、道德奖励、道德惩罚地形 2